償却資産税の
しくみと実務

吉川宏延 著

税務経理協会

はしがき

　人口減少社会が到来し，地域コミュニティの崩壊がいわれて久しい。その中で，基礎的自治体として，総合的に住民サービスの提供の責務を担う市町村には，その行政能力を着実に高めることが期待されている。そのためには，行財政基盤の強化と行政の効率化を図ることが，何よりも重要な課題である。市町村財政をみると，住民税と並んで固定資産税が大きな柱となっている。このうち，償却資産に係る固定資産税（償却資産税）は，固定資産税収の2割程度を占めており，主要な税目の1つである。

　償却資産税の課税方式は，他の固定資産税と同じく，市町村が税額を決定し納税義務者に通知する，いわゆる「賦課課税方式」である。とはいえ，償却資産税については，他の固定資産税と異なり，所有者に申告義務が課され，納税義務者と課税団体との間の協力関係を前提としている。その申告対象となる事業に供される償却資産は，広範囲でかつ複雑なものとなっており，また，法人税・所得税との関連もあり，納税義務者・課税団体ともに，そのしくみを十分に理解しておく必要がある。

　そもそも，今日の地方税制度は，第2次世界大戦後のシャウプ勧告に基づく税制改革を出発点としている。シャウプ勧告の基本的な考え方の1つは，事務配分の上でも，税源配分の上でも，国と地方団体の間で分離独立させるということである。事務配分に関する単一段階主義，税源配分に関する独立税主義がこれである。地方自治の未熟な段階において，この考え方は，大いに啓蒙的役割を果たした。もっとも，わが国の「他力本願的な体質」を考えると，真に実現すべき理想であり，かつ現実の要請であるのかについては，懐疑的にならざるを得ない。

　実際，その後の税制は，税源の共有の方向に進んできている。住民税・事業税はもちろん，地方消費税の導入は，さらに税源の共有を進めることになった。いずれも，法人税，所得税および消費税という，国税の課税標準または税額を

もとに課税されている。また，地方税固有といわれる固定資産税についても，償却資産の評価は，税務会計における減価償却制度を参照しており，その分徴税費と納税協力費の増加が抑えられている。とりわけ，納税協力費は，事業者の事務負担であり，徴税費との合計額はできるだけ最小にならなければならず，そのためには，税制の簡素化が必要となる。

　ところが，実業界からは，償却資産になぜ税金をかけるのかという主張もある。ただ，これについては，償却資産があるから担税力があるというよりも，地域で経済活動している事業者に対して税負担を分けるときの基準の1つに償却資産があるということだと説明されている。さらに，企業課税を考えるときには，事業税や償却資産税といった税制が問題となる。特に，償却資産に対する課税は，明らかに資本集約的な産業に税負担が大きくなるものであり，重要な論点である。そこで，本書は，償却資産税に関する法制度の基礎とその実務対応について，その体系化を試みた。

　本書が，実務に携わる経理担当者，税理士および税務職員はもとより，地方税や減価償却制度に関心のある方々の参考になれば幸いである。なお，出版事情の厳しい中にもかかわらず，本書のような地味な著作の出版を引き受けてくださった株式会社税務経理協会に，心から謝意を表したい。また，本書の出版にあたり，第一編集部部長の小林規明氏をはじめ，多くの関係者の方にお世話になった。この場をお借りして，厚くお礼を申し上げたい。

平成28年8月
吉川宏延

目　　次

はしがき

凡　例

序　章 ……………………………………………………………… 1
 1　地方自治・分権の意義　1
 2　普通税と目的税　4
 3　目的税と受益者負担金　6
 4　目的税の3類型　9
 5　応益課税としての固定資産税　11

第1章　減価償却制度 ………………………………………… 15
第1節　税務上の沿革　　15
 1　明治期の減価償却制度　16
 2　大正期の減価償却制度　17
 3　昭和期の減価償却制度　18
 4　平成期の減価償却制度　22
第2節　減価償却の方法　　25
 1　平成19年3月31日以前取得分　25
 2　平成19年4月1日以後取得分　28
 3　リース資産の減価償却　33
 4　特別償却　36
 5　増加償却　39
第3節　減価償却資産の取得価額の特例　　40
 1　少額減価償却資産の一時償却　41
 2　一括償却資産の均等償却　43

3　中小企業者等の少額減価償却資産の一時償却　46
　　　4　圧縮記帳の制度　48

第2章　沿革と課税客体 …………………………………… 53
第1節　固定資産税の沿革　53
　　　1　土地に対する課税　54
　　　2　家屋に対する課税　58
　　　3　償却資産に対する課税　60
第2節　固定資産税の現代的意義　62
　　　1　固定資産税制度の現状　63
　　　2　固定資産税の性質　66
　　　3　固定資産税と応益原則　68
第3節　償却資産税の課税客体　70
　　　1　課税客体となる償却資産　70
　　　2　事業の用に供することができる資産　72
　　　3　減価償却費が損金算入されない償却資産の取扱い　75
　　　4　美術品等の取扱い　77
　　　5　遊休資産と用途廃止資産の取扱い　78
第4節　課税客体となる土地・家屋　79
　　　1　土地と償却資産の区分　79
　　　2　税務会計上の取扱い　80
　　　3　家屋と償却資産の区分　82
　　　4　家屋に取り付けた附帯設備の取扱い　83

第3章　納税義務者と課税団体 …………………………… 87
第1節　納税義務者の法的構造　87
　　　1　所有者課税の原則　88
　　　2　台帳課税主義の原則　89

3　台帳課税主義の例外　91
　　　4　みなし所有者課税　92
　第2節　償却資産税の納税義務者　96
　　　1　所有者課税の原則と台帳課税主義　97
　　　2　家屋の附帯設備に係る納税義務者　99
　　　3　信託と代物弁済　100
　　　4　所有権留保付売買に係る償却資産　102
　　　5　リース資産に対する償却資産税の納税義務者　103
　　　6　納税義務の承継　105
　第3節　償却資産税の課税団体　107
　　　1　課税権者　107
　　　2　一般償却資産　109
　　　3　移動性・可動性償却資産　110
　　　4　配分資産　112
　　　5　大規模償却資産　115

第4章　課税標準と特例措置　117
　第1節　課税標準　117
　　　1　適正な時価　117
　　　2　総務大臣の指定する償却資産　119
　第2節　課税標準の特例　120
　　　1　大規模償却資産の課税標準の特例　120
　　　2　新設大規模償却資産の課税定額の特例　124
　　　3　公益事業等に対する課税標準の特例　125
　　　4　東日本大震災に係る被災代替資産の特例　129
　　　5　新たな機械装置の投資に係る固定資産税の特例　130
　第3節　税率　133
　　　1　標準税率　133

       2　意見聴取制度　135
　第4節　非　課　税　136
       1　人的非課税　137
       2　物的非課税　138
       3　課　税　免　除　141
       4　課税免除の事例　143
       5　減　　　免　146
　第5節　免税点制度　150
       1　固定資産税における免税点　151
       2　少額償却資産の取扱い　155

第5章　資産評価制度　157
　第1節　償却資産の評価　158
       1　評価の基本　158
       2　前年中に取得した償却資産　160
       3　前年前に取得した償却資産　163
       4　新たに課税される前年前に取得した償却資産　166
　第2節　評価の要素　167
       1　取得価額　167
       2　取得価額の算定　169
       3　取得価額が明らかでない場合　175
       4　耐　用　年　数　177
　第3節　評価額の修正　182
       1　控除額の加算　183
       2　評価額の最低限度　185
       3　評価額の補正　187
       4　物価の変動に伴う取得価額の補正　190

第4節　改　良　費　　　　　　　　　　　　　　　　　　　190
　　1　区分評価方式　　191
　　2　資本的支出と修繕費の区分　　193

第6章　賦課徴収と申告制度 ……………………………………… 199
第1節　償却資産の申告　　　　　　　　　　　　　　　　　200
　　1　償却資産税における申告制度　　200
　　2　申告方法　　205
　　3　その他の申告等に関する書類　　209
第2節　償却資産の実地調査　　　　　　　　　　　　　　　211
　　1　質問検査権　　211
　　2　償却資産に係る申告義務違反に対する制裁　　214
　　3　資産なし・資産の増減なしの申告　　216
　　4　申告内容の確認　　219
第3節　実地調査の進め方　　　　　　　　　　　　　　　　220
　　1　実地調査の準備　　220
　　2　実地調査の実施　　225
　　3　実地調査の事後処理　　227
第4節　賦　課　徴　収　　　　　　　　　　　　　　　　　229
　　1　納　期　　229
　　2　徴収の方法　　231
　　3　納税管理人　　233
　　4　救済制度　　236

参 考 文 献 ……………………………………………………………… 239

索　　引 ……………………………………………………………… 243

―― 凡　例 ――

　本書中に引用する法令等については，つぎの略称を使用している。たとえば，法348②一は，地方税法第348条第2項第1号のことである。

法＝地方税法
令＝地方税法施行令
則＝地方税法施行規則
取扱通知（県）＝地方税法の施行に関する取扱いについて（道府県税関係）
取扱通知（市）＝地方税法の施行に関する取扱いについて（市町村税関係）

所税＝所得税法
所税令＝所得税法施行令
所税則＝所得税法施行規則
所基通＝所得税基本通達
税通＝国税通則法
税特措＝租税特別措置法
税特措令＝租税特別措置法施行令
措通＝租税特別措置法通達
耐令＝減価償却資産の耐用年数等に関する省令（耐用年数省令）
耐通＝耐用年数の適用等に関する取扱通達（耐用年数通達）
直所3―8通達＝消費税法等の施行に伴う所得税の取扱いについて
直法2―1通達＝消費税法等の施行に伴う法人税の取扱いについて
法税＝法人税法
法税令＝法人税法施行令
法税則＝法人税法施行規則
法基通＝法人税基本通達

行集＝行政事件裁判例集
刑集＝最高裁判所刑事判例集
民集＝最高裁判所民事判例集
訟月＝訟務月報
判時＝判例時報
行録＝行政裁判所判決録

序　章
Introductory chapter

　一般に，所得再分配や経済の安定化は国家財政の機能であり，地方財政の中心的役割は，利益の帰属が地域的に限定される行政サービスの供給にあるといわれている。地方税については，行政サービスの財源を調達するための租税を各納税者にいかに公平に配分するかに神経を集中させるべきであり，租税の負担配分は応益原則を適用すべきだという考え方が成り立つ。まして，地方創生，地方分権改革の推進が大きな政治課題となっている今日，受益と負担の一致を求める観点から応益課税が重視される。応益課税の代表例として，固定資産税がよくあげられる。

1　地方自治・分権の意義

　地方自治は，住民の日常生活と切っても切れない関係にある。生まれた時の出産届など戸籍に始まり，保育所，学校，医療，消防，警察，公園，道路，上下水道など，地方行政を通じて日常生活は成り立っている。このことは，地域住民が一番よく知っている。地方行政の守備範囲は，福祉国家の理念の下に急激に拡大し，住民生活との接点をますます広めてきた。地方行政は，都道府県と市町村が広範な権限と責任をもって実施しており，とりわけ基礎的自治体である市町村の役割が重要である。

　地方自治を一言でいえば，「住民生活に密接にかかわる地域の共通のしごとを，国家の行政から切り離して地域共同体の手に委ね，地域住民の意思と責任

に基づいて自主的に処理させる地方行政のやり方」と定義することができる[1]。つまり，地方自治とは，文字どおり「地域」のことを「自ら治める」ことを意味する。第2次世界大戦後，地方自治については，「地方公共団体の組織及び運営に関する事項は，地方自治の本旨に基いて，法律でこれを定める」と，日本国憲法92条で保障されている。

日本国憲法制定の当初から学界の通説として，「地方自治の本旨」は，①国から独立した地方団体が存在してそれに十分な自治権が保障されなければならないという「団体自治」の原理と，②各地方団体の中では住民主体の自治が行われなければならないという「住民自治」の原理からなると解されてきた。団体自治は地方自治を国など地方団体の外に対して保障要求する対外的自治の原理であり，住民自治は各地方団体における内部的自治の原理であるから，両々相まつべき「車の両輪」であろう[2]。

平成7年1月17日に発生した阪神・淡路大震災の翌年，松下圭一教授は，「官治・集権政治による東京への一極集中は，日本の近代化ないし経済成長には高能率にみえました。だが，今日では，日本の大都市圏における高地価・高物価さらに環境破壊をもたらすとともに，国土構造を地震，テロあるいは国際貿易破綻に脆い構造にしてしまいました。それゆえ，自治体主導の分権化による国土構造の多核分散化，つまり自治・分権政治への転換が緊急の課題となります」と指摘していた[3]。

ところが，東京圏の人口は，図表1に表示したように，平成7年以降においても増加が続いている。こうした状況の中，一方で，「人口の流出 → 地域経済の縮小 → 財政力の低下 → 行政サービスの低下 → 居住環境の悪化 → 人

---

1) 原田尚彦『地方自治の法としくみ』4頁（学陽書房，全訂3版，2001年）。
2) 兼子仁『新地方自治法』37～38頁（岩波新書，1999年）。ちなみに，歴史的には，団体自治は，主にプロイセン帝国以来のドイツで市町村自治が国の監督体制に抗して推進したことに伴って形成された考え方である。これに対して，住民自治は，イギリスにおける中世都市の市民自治の伝統に発し，20世紀にかけてアメリカでの直接民主主義的自治制度の発展を裏付けた考え方である。
3) 松下圭一『日本の自治・分権』59頁（岩波新書，1996年）。

序　章

図表1　三大都市圏人口の全国シェア推移

単位：千人（％）

年	東　京　圏	関　西　圏	名古屋圏	総　人　口
大正14	8,695 （14.6）	7,505 （12.6）	4,560 （7.6）	59,737 （100）
昭和10	11,285 （16.3）	9,543 （13.8）	5,264 （7.6）	69,254 （100）
20	9,368 （13.0）	8,007 （11.1）	5,771 （8.0）	71,998 （100）
30	15,424 （17.3）	10,951 （12.3）	6,839 （7.7）	89,276 （100）
40	21,017 （21.4）	13,896 （14.1）	8,013 （8.2）	98,275 （100）
50	27,042 （24.2）	16,773 （15.0）	9,418 （8.4）	111,940 （100）
60	30,273 （25.0）	17,838 （14.7）	10,231 （8.5）	121,049 （100）
平成7	32,577 （25.9）	18,260 （14.5）	10,809 （8.6）	125,570 （100）
17	34,479 （27.0）	18,477 （14.5）	11,229 （8.8）	127,768 （100）
26	35,920 （28.3）	18,360 （14.5）	11,321 （8.9）	127,082 （100）

（注）1．構成比は，小数点第2位以下四捨五入。
　　　2．人口は，各年10月1日現在による。
　　　3．東京圏は埼玉，千葉，東京，神奈川の4都県，関西圏は京都，大阪，兵庫，奈良の4府県，名古屋圏は岐阜，愛知，三重の3県である。
（出所）　総務省統計局「人口推計」に基づき，筆者が作成。

口の流出」という負の連鎖が地方にとどまらず，大都市にも起こり始めている。他方で，東京圏では，過集積による弊害が発生し，その解消のために巨額の投資が必要になっている。

　もちろん，東京圏に人や企業が集中するのは，市場メカニズムであって，それを抑えることは国民経済にとって望ましくないという主張がある。しかし，このまま東京一極集中が続き，他の大都市の経済中枢機能が失われていくと，日本経済それ自体が破綻しかねない。大都市が業務中枢性を維持・発展できるかどうかは，周辺都市を含めた大都市圏域全体の盛衰にかかわる課題であり，地域中枢都市と周辺都市は，いわば運命共同体なのである。

　第30次地方制度調査会答申をみると，「三大都市圏では，このように増加する行政課題に対応しつつ，経済の成熟化，グローバル化の進展など，構造的な転換期を迎える中で，引き続き我が国の経済をけん引する役割を果たすことが求められている」との記述があり，経済的側面からの大都市の重要性を捉え，地方制度に活かすことを提言している[4]。

地域政策としては，公的資源の配分の変更や地方再生，地方分権改革の推進による大都市ガバナンスの強化によって，地域中枢都市のもつポテンシャルとチャンスを活かすことである。地方分権改革の拠り所である「補完性の原理」は，たしかに重要である[5]。しかし，地域政策のパラダイムが大きく変化している現在，「地域が元気になってこそ，国も元気になる」という当たり前の考え方に立ち戻ることこそが重要である。地方自治・分権は，成長戦略の効果をあげるための環境整備と位置付けるべきである[6]。具体的には，住民に身近な行政サービスを適切に提供することや，住民の意思を行政運営に的確に反映させることである。

いわば市町村は，地域住民にとって最も身近な「政府」である。中央政府の地方行政機関ではなく，「政府」であるためには，政治的代表機関と並んで独立の税源に基づく課税権の確立が，不可欠の条件である。昭和24年のシャウプ勧告では，「道府県税に対して市町村が附加税を設ける制度はこれを廃止すること。都道府県と市町村は，独立の税目をもつべきである」と述べ，地方税体系の整備と地方財源の強化が主張された[7]。この勧告によって，地方独立税に基づく市町村の課税自主権が法制度上の原則として確立された。市町村の基幹税が固定資産税であるのは，この具体的な表れである。

2 普通税と目的税

地方税法は，市町村税を普通税と目的税とに区分する（法5①）。普通税は，

---

4) 地方制度調査会『大都市制度の改革及び基礎自治体の行政サービス提供体制に関する答申』2頁（2013年）。
5) なお，補完性の原理は，一般的に，①より狭域の主体の自由意志と自己の判断に基づく活動の自由をより広域の主体が制限すべきではないという権力抑制の発想と，②より狭域の主体の判断と活動に限界がある場合により広域の主体が補完するという権力統合の発想との，2つの考え方を内包している。
6) 林宜嗣「東京一極集中と第二階層都市の再生」経済学論究68巻3号267〜268頁（2014年）。
7) 連合国最高司令官本部（総合司令部民間情報教育局訳）『シャウプ使節団日本税制報告書』第1編第2章A節（1949年）。

その収入を一般的な使途に充てるために課される租税をいい，一方，目的税は，その収入を特定の使途に充てる目的で課される租税である。資産に課する普通税としては，固定資産税という法定税がある。これに対して，資産に課する目的税としては，都市計画税という法定任意税がある[8]。

目的税は，一般的な租税と異なり，「ある特定の税収」と「ある特定の支出」とに何らかのリンクを設定する。これには，用途目的税と作用目的税がある。このうち，用途目的税とは，税収の使途を特定化するものであり，税収の目的使用というべき本来の目的税である。他方，作用目的税は，税収を目的とするよりも，課税によって社会政策や経済政策などの非国庫的目的を達成するために課税される政策上の目的税である。また，詳しくはあとでみるが，目的税の特性である使途指定を根拠付ける理由に基づいて，目的税のタイプを3つに分類することもできる。

ところで，租税の意義を思い起してみると，田中二郎博士は「租税とは，国又は地方公共団体が，特別の給付に対する反対給付としてではなく，これらの団体の経費に充てるための財力調達の目的をもって，その課税権に基づき，法律の定める課税要件に該当するすべての者に対し，一般的標準により，均等に一般人民に賦課する金銭給付である」と定義している[9]。

この定義は，つぎの5つに分けて説明される。

イ　租税は，金銭給付であること

ロ　租税は，国または地方団体が統治権の主体として有する課税権に基づいて課す権力的課徴金であること

ハ　租税は，特別の給付に対する反対給付の性質をもたず，一方的に課徴されるものであること

ニ　租税は，法律の定める課税要件に該当するすべての者に対して，一般基

---

8) 都市計画税の概要については，第2章第2節1を参照のこと。
9) 田中二郎『租税法』1〜2頁（有斐閣，1968年）。もちろん，租税は，必ずしも一般経費に充てることを目的とするとは限らず，特定の経費に充てる目的で課徴されること（目的税）もある。

準により，均等に課税されること

ホ　租税は，財力の調達を本来の目的とすること

　目的税との関連で注目されるのは，上記ホの定義である。これによれば，租税は財力の調達を目的としているとされるので，目的税も租税として認知される。しかし，これでは，受益者負担金も租税として認知されてしまう。そこで，この定義を「租税は，一般経費を支弁する目的で徴する」と変更する説もある。しかし，これでは，受益者負担金は租税ではなくなるが，目的税も租税の定義からはずれてしまう。このようなジレンマのため，この定義を「租税は，一般経費を支弁する目的で徴するものである」と読み替えておいて，学説における租税の意義と現実に「税」と呼称されているものとは，後者のほうが広範囲であるという，歯切れの悪い結論となっている[10]。

　もっとも，主たる「税」は，使途の特定されない普通税である。目的税は，住民の必要とする特定の目的に充てる財源を確実に確保したい場合や，使途について受益または原因関係のある者を納税者とすることにより納税者の負担意識を明確にしたい場合，などに採用する意味がある。多数税目主義の流れの中で，目的税は，その活用によっては財源の確実な確保，納税者意識の維持のためにも有効であるといえよう[11]。

3　目的税と受益者負担金

　一般論としては，租税と受益者負担金とは，その根拠がつぎのように異なっている。すなわち，租税は，国または地方団体の一般経費に充てるため，一般

---

10)　地方税法総則研究会編『逐条問答地方税法総則入門』46頁（ぎょうせい，新訂版，1994年）。そこでは，「目的税は，財政需要の優先度等を含め，財政の資源配分調整機能を有効に生かす見地から，問題があるところであり，常に見直しを図るべきである」と述べている。これに対して，田中二郎博士は，「目的税は，今日では例外的にのみ認められているものであるが，その用途が具体的であるという利点もあ（る）」と指摘している（田中・前掲注9）5頁）。

11)　碓井光明『要説地方税のしくみと法』36頁（学陽書房，2001年）。ただし，現実の目的税がその存在する根拠を有しているかどうかは，十分に検討しなければならない。

の私人に対して，その負担能力に応じて課すものである。他方，受益者負担金は，特定の事業の経費に充てるために，当該事業によって特別の利益を受ける者に対して，その受益に応じて課す点において差異がある。また，使途が特定されている目的税についても，受益者に課すものとは必ずしも決まっていないし，受益に応じてではなく，担税力に応じた課税が可能という点に差異があると考えられている[12]。

また，裁判例においても，「受益者負担金は，特定の公益事業の実施により特定の者が特別の利益を受けることを理由として，当該受益者に対し，その特別利益を基準としかつ限度として，当該事業に要する費用の一部を負担させる目的で賦課されるものであり，租税は，国又は地方公共団体の経費が必要であることを理由として，特別の給付に対する反対給付としてではなく，法律が定める要件に該当する総ての者に対し，負担能力についての一般的基準により，これらの団体の財力調達の目的で賦課されるものである。両者は，賦課の理由及び目的を異に（する）」と判示している[13]。

現行の目的税制度は，課税の根拠を受益者負担原則に求めつつ，負担配分についても一定の対応関係に基づくものとなっている。たとえば，都市計画税は，都市計画区域の整備にかかる費用について，当該地域に立地する法人や個人に負担を求めるものであり，都市のインフラ整備によって得られる受益に着目し，それに対する応分の負担を広く求めるという考え方にたっている。

ある行政サービスが特定の者に特別の利益を与えている場合に，その受益者に受益の程度に応じて負担させ，その行政サービスの費用に充てるというのが受益者負担原則の基本原理である。これは，一方では特別の受益者に利益のただ乗りを認めないという消極的な側面と，他方では行政サービスに必要な財源を効率的に配分するという積極的な側面とがある[14]。

---

[12] 三木義一『受益者負担制度の法的研究』41〜42頁（信山社出版，1995年）。
[13] 神戸地判昭和57年4月30日判時1058号40頁。
[14] 林栄夫ほか編『現代財政学体系2 現代日本の財政』152〜153頁〔和田八束〕（有斐閣，1972年）。

もっとも，この原理は広範な内容を含んでおり，財政学では大きく狭義，中義および広義の3つに分けられる。まず，狭義には，開発利益の還元を意味する。元来，受益者負担金制度は，これを目的として制定されている。つぎに，中義には，狭義の受益者負担金のほか，いわゆる「原因者負担金」もこのカテゴリーに属する。そして，広義には，行政サービスの費用を受益の程度に応じて配分するという，応益原則と同義であると考えられ，目的税もこの一種であるとされている。

　このように，財政学における議論では，応益原則は受益者負担原則と同意義のものとして捉えられている。そのため，目的税と受益者負担金との区別が困難となっているのである。そこで，目的税は「一定利益」を課税の根拠とし，受益者負担金の場合は「特別利益」を前提とすることと，それぞれの依拠する賦課原理とを併せて考えてみると，目的税は応益原則を課税の根拠とし，負担配分はそれに応能原則が加味される場合がある。これに対して，受益者負担金の場合は「特別利益」に賦課の根拠が見出されることから，受益者負担原則を前提とするものであり，また，負担配分も受益者負担原則に応じて行われる。

　これらを前提とすると，目的税の依拠する応益原則と受益者負担金の基礎をなす受益者負担原則とは，これまで同義のものとして考えられてきたが，その前提とする利益の程度に違いがあることから，両原則は異なる原理なのではないだろうか，と反論することができる。すなわち，応益原則は，課税の根拠を与える程度の緩やかな利益関係を前提とするのに対して，受益者負担原則は，利益関係が特別であることが要請されると考えるのである[15]。

15）　伊川正樹「目的税に関する基礎的考察」名城法学51巻4号18～19頁（2002年）。たとえば，地方自治法上の「特に利益を受ける者から，その受益の限度において」（自治224）や，都市計画法上の「著しく利益を受ける者があるときは，その利益を受ける限度において」（都計75①）など，受益者負担金について定める規定においても見出すことができる。

4　目的税の3類型

使途指定を根拠付ける理由についてみていくと，目的税は以下の3類型に区分されることが明らかになり，同じ目的税の範疇に含まれる税目でも，かなり異なった性格をもつことがわかる[16]。

(1)　価格代替税

第1の理由は，公共財のもたらす利益の個人への帰属が比較的明確であって，本来ならば，価格ないしは料金によって受益者から負担を求めることができる場合に，料金の徴収費が非常にかかるなどの理由から，租税によって代替するケースである。このタイプの目的税は，使途指定という特性のほかに「価格代替税」という性格をもつことになる。

これは，行政サービスから得る受益が特定個人に帰着し，かつ，その大きさをある程度まで測定できる場合を想定したもので，あたかも私的財のように各主体に帰着する受益に応じた負担を求めるという考え方である。実際には，行政サービスは受益をすべて個人に帰着することは難しいが，特定の行政サービスについて，社会的・間接的利益と個人的・直接的利益の両方を受け取っているとするならば，その両方を区分して，それぞれにあった方法で負担を求めるという考え方が成立する。その際，前者については社会的便益により，後者については受益者負担金的な方法で負担を求めることになる。

(2)　負担配分税

第2の理由は，使途指定に基づいて供給される公共財にかかる費用に対する負担配分を考える場合，最も適切な負担配分をもたらすとみなせる税目を選び，それを目的税とするケースである。このタイプの目的税は，価格代替税のように，税目と使途指定との間に直接の関係は見出されないが，税目と使途との結び付きについて，納税者からある程度の理解を得ることができる。

こうした負担配分税は，ある行政サービスから得られる受益が社会全体に広がるものの，特定個人への帰着を測定することが難しいという場合に，社会全

---

[16]　牛嶋正『これからの税制目的税―新しい役割―』3〜6頁（東洋経済新報社，2000年）。

体にわたっての受益にかかる負担を，何らかの課税標準により近似的に評価しようというものである。ここでは，特定の公共財から得られる直接的利益が，ある地域社会に明らかに存在する場合の，社会全体でみた受益と負担が課題となる。便益が特定領域に限定される公共財にかかる費用負担を，その便益を享受する複数主体で賄うという考え方である。

(3) 課税都合税

第3の理由は，先に使途が決められていて，それに必要な財源をどのように調達するかを考える場合，最も負担の求めやすいところに税源を求めていこうとするケースである。このタイプの目的税は，目的税の性格を曖昧にし，目的税に対する評価を落としていることは明らかであり，予算編成における硬直性を増大させるだけでなく，税制全体に歪みをもたらしている。

こうした課税都合税は，単に使途を特定した目的税であり，受益と負担の関係については一切言及しないものである。目的税が本来，租税がもつ無償性という性格を貫くのであれば，受益と負担の対応については，一切考慮する必要はない。使途についても，たとえば「環境目的」など，個別具体的な事業に特定することが難しい分類を用いれば，その性格は普通税とほとんど変わらないものとなる。

(4) 若干の指摘

いずれにせよ，目的税であっても，租税であるかぎり，公平・中立・簡素の租税原則の適用を受け，それを充足しなければならない。とりわけ，公平の原則については，もし，それが満たされなければ，税制に組み込むことは難しいであろう。使途指定という目的税の特性から，利益説にたって公平性を考えると，価格代替税が公平に最も適合した目的税となり，次いで負担配分税となる。これに対して，使途と何ら関連をもたない課税都合税は目的税の本来の性質に適合しないばかりでなく，公平の原則に反するものであるため，その創設は厳に慎むべきである。

しかし本来，公共財がもたらす利益の帰属が特定の個人に向かうことが例外であって，公共財として供給される理由が不特定多数の個人への利益の帰属に

あることを考えると，価格代替税としての目的税が地方税において主要税目となりうる可能性はきわめて少ないといわざるを得ない。負担配分税としての目的税のほうが，導入可能な税目が多いとみられる。なぜなら，負担配分税については，受益と負担の関係が価格代替税ほど厳密さが要求されないからである。

ただ，受益と負担のわずかな関係をことさら強調して目的税化を進めるときは，場合によっては課税都合税になってしまうおそれがある。このように，不確定な要素が含まれるかぎり，負担配分税が公平を確保するためには，利益説または能力説のいずれの立場にたっても，かなり思い切った前提をいくつか想定する必要がある[17]。それらの前提が大多数の納税者の同意を得たとき，はじめて負担配分税としての目的税の導入がありうるのであろう。

5　応益課税としての固定資産税

このように，目的税は，特定行政との対価性を予定され，予算上その特定財源として定められた特定税目である。これに対して，普通税である地方税が「応益税」だというのは，地方行政全般的な応益性を意味し，特定行政との対価性とは全く異なる[18]。地方行政の効率性を重視する立場からは，住民にコスト意識をもたせることができる応益原則が推奨される。だが，応益原則が完全に実行できるには，住民の受ける便益が確定されねばならず，また，便益の及ぶ範囲も確定されねばならい[19]。

---

17) 利益説とは，税負担は，行政サービスの提供から受ける利益の対価であると考える説をいう。これに対して，能力説とは，租税は人々の支払能力に応じて負担すべきであるとする説である。
18) 兼子仁「地方税の応益税的本質について―地方税制を抜本改革する立法論―」税70巻1号11～12頁（2015年）。もちろん，市町村の生活・事業基盤づくり行政に対する住民の受益にかかる「応益地方税」には，一般的な行政対価性があるとも目されよう。地方行政が「地域の特性」に応じた具体的選択の結果であるだけ，そう見えやすい面もあろう。しかしながら，国の雑多な全国的行政の財源負担である「応益国税」の非対価性とは，異質であるに違いない。
19) 林健久編『地方財政読本』120頁〔片桐正俊〕（東洋経済新報社，第5版，2003年）。

ただ，厳密な応益原則の適用は，行政サービスの受益が「誰に」「どの程度」帰属したかを正確に知ることができないかぎり不可能である。しかし仮に，受益が正確に把握できるのであれば，租税ではなく使用料や手数料といった受益者負担金を適用するほうが望ましい。したがって，地方税における応益原則は，行政サービスの受益を反映しやすいと考えられる税目によって，地域住民が広く負担を分かち合うという程度に柔軟に解釈すべきであろう[20]。

　実際，総務省は，「固定資産税は，応益負担の原則に立脚した税である。市町村の区域内に土地，家屋及び償却資産が所在する事実と市町村の行政サービスとの間には深い関連性があるので固定資産税は応益原則を最も具現しているものである」と述べ，固定資産税はこうした緩やかな解釈で応益原則を満たすと捉えられてきた[21]。たしかに，厳密な受益と負担の関係を固定資産税に期待することはできないとしても，応益性をより具体的にイメージすることは，固定資産税のあり方を探る上で重要である。

　まず，土地というのは，周辺の地域環境の変化に伴って収益性や利便性などの利用価値が変化し，土地需要を変化させることによって地価が変動する。たとえば，上下水道・生活道路等の生活関連型社会資本は，住民の快適性や利便性を向上させ，居住用資産の利用価値を高め土地需要が増加する。また，幹線道路や港湾といった産業基盤型社会資本ストックの整備は，事業用資産の収益性を向上させ，土地需要を増加させる。土地需要の増加は地価を上昇させることになるから，地価に課税する固定資産税が応益課税の性格をもつという考え方は，きわめて説得的である[22]。

---

20)　林宜嗣「応益課税としての固定資産税の評価」経済学論究58巻3号268～269頁（2004年）。

21)　自治省税務局編『地方税制の現状とその運営の実態』442頁（地方財務協会，1981年）。詳しくは，第2章第2節3を参照のこと。

22)　林・前掲注20) 269～272頁。もちろん，地価は，都心部からの距離，経済活動の集積状況，自然環境といった行政サービス以外の要因にも影響されるのであるから，地価に課税する固定資産税は応益課税の公平性を満たさないのではないか，という反論もある。この場合，応益課税の観点から固定資産税の公平性を達成しようとするなら，地価それ自体に課税するのではなく，行政サービスによる地価形成分

また，応益課税の本質論の視点から，兼子仁教授は，「課税台帳を大いに応益税的に種別化させるべきですね。というのは，生活者住民の居住資産と事業者住民の事業資産とで行政応益が全くちがうはずなので，"用途別課税"にふさわしい台帳編制にすべきだからです。…。しかもその際に，『住家』・住宅地という居住資産と，事業用土地・建物・償却資産とを，はっきり用途別課税しようとすると，これまでの『土地・家屋』という台帳表示が居住用資産と事業用資産を一緒くたにしていたことを抜本改革しなくてなりません」と述べ，用途別課税を提案している[23]。

　もっとも，固定資産税の土地・家屋課税台帳は，民法において「土地及びその定着物は，不動産とする」（民86①）と規定され，そこに居住資産と事業資産とが一緒くたに込められている不動産制度をベースに「登記簿に登記されている土地・家屋」（法381①・③）を媒介にしてきた。もっとも，民法には，もともと行政サービスの応益性の観点はないので，固定資産税制度をそれに直結させていることが，本質な問題なのかもしれない。

　他方，償却資産は，土地・家屋と異なり，不動産登記簿はなく，事業の用に供することができるものに限られている。この点では，行政サービスの便益の反映にもなっている。そこで，次章以下では，償却資産に係る固定資産税（償却資産税）に関する法制度の基礎とその実務対応について，テーマ別に整理・検討することにしたい。第1章は「減価償却制度」を，第2章は「沿革と課税客体」を，第3章は「納税義務者と課税団体」を，第4章は「課税標準と特例措置」を，第5章は「資産評価制度」を，第6章は「賦課徴収と申告制度」を，それぞれテーマとして取り上げている。

に課税するほうが望ましいことになる。
23）　兼子仁＝編集局「インタビュー地方税務をめぐる"数寄ばなし"―兼子仁東京都立大学名誉教授に聞く―」69巻9号165～166頁〔兼子発言〕（2014年）。

第1章　減価償却制度

chapter 1

　最初に，償却資産税と深い関係のある，減価償却制度について整理・検討することにしたい。減価償却制度は，一方で，旧商法上の「相当ノ償却」（旧商34二）という要請に基づいて構築されたため，会社法や企業会計の影響を受けやすく，資産概念や費用化に関する租税法としての理論が発達しにくい面がある。他方で，減価償却概念の形成過程において，租税法が大きな影響を与えており，減価償却資産の範囲を明確にし，その取得価額の配分に関し残存価額，耐用年数および償却率を法定化するとともに，償却限度額の計算方法が定められている。

第1節　税務上の沿革

　減価償却には，期間費用として配分するという目的のほかに，減価償却資産が使用に耐えられなくなるまでに，当該資産に投下された資本の回収を図る必要があるため，減価償却により減価していく実態に合わせた償却額を計上することにより，当該資産の設備更新のために必要な取替資金を準備できるという意味で，投下資本を回収する機能（固定資産の流動化）も併せ持っている。減価償却について租税法上明確に規定がなされたのは，昭和22年の法人税法全文改正においてである。もっとも，減価償却そのものについては，明治30年代に税務執行上，すでに認められていた。

1 明治期の減価償却制度

　固定資産の減価償却が，課税所得の計算上大きな問題として提起されるのは，明治32年に第一種所得税として法人課税が創設されてからのことである。所得税が創設されたのは明治20年であったが，創設当初は法人には課税されず，個人のみが課税対象となっていた。明治20年の所得税法では，減価償却費の損金算入を認めていなかったものの，特に減価償却についての問題は提起されなかったようである[1]。

　明治32年の第一種所得税法上，総益金および総損金の概念について何らの規定も置かれていなかったことがきっかけとなり，減価償却費を損金に認めるか否かの議論が起こったのである[2]。しかし，当時の税務当局は，従来の収支確定主義的立場にたち，現実に法人の支出として損失が現れないかぎり，租税法上の損金として承認し難いという主張となり，減価償却は現実の支出を伴わず，償却金は他日経営上の諸目的に使用されるので損金と認め難いとして減価償却費の損金算入を認めなかった[3]。

　その後，明治36年に至って，日本郵船株式会社・大阪商船株式会社等の海運会社が，会社計算上計上していた「船舶減価引除金」や「船舶減価償却金」などの損金算入が，税務当局によって否認されたことから行政訴訟となり，裁判の結果国側が敗訴し，船舶についての規則的償却が認められることになった。

---

1) その理由としては，当時，個人事業者の会計はまだ収支計算の段階にとどまっており，また，それに相応した体系をもって税務会計も構成されていたので，両者の間にこれという食い違いがなかった点があげられる（高寺貞男『明治減価償却史の研究』226頁（未来社，1974年））。
2) 高寺・前掲注1) 229頁。
3) 木村和三郎『減価償却論』108頁（森山書店，新版，1981年）。たとえば，明治33年の日本絹綿紡績株式会社事件では，「機械建物消却金ハ現實事業度内ニ於テ費消シタルモノニ非スシテ原告會社カ將來ノ用途ヲ豫期シ之カ爲メ會社ノ利益金ノ中ヨリ積立タル金額ニ外ナラス…本件ノ如キ金額ハ孰レモ會社ノ利益金ニ就テノ處分タルニ外ナラサルヲ以テ前顯法條ニ所謂總損金ノ中ニ包含スヘキモノニ非ス」として，減価償却は認められないと判示している（行判明治33年11月14日行録41巻8頁）。

もっとも，行政裁判所は，「本件船舶ノ如キハ其時價ヲ定ムルコト至難ノモノナルヲ以テ原告ニ於テ一定ノ標準即其堪用年限ヲ定メ年々其價額ヲ遞減スルハ相當ノ方法ト謂フヘク又建物ハ自ラ普通ノ相場アルモノナレハ船舶ノ例ニ倣フヘキモノニアラサルモ亦其價格ニ幾分ノ變動ナキヲ得ス然ルニ被告ニ於テ單ニ原告ノ算定宜シキヲ得ストノ理由ヲ以テ總テ右引除金ヲ益金ニ計算シタルハ正當ノ處分ト謂フヲ得ス」と判示している[4]。この判決の考え方の基底には，減価償却費を認めたというよりも，あくまでも時価評価に基づく資産の評価損を認めたものであると解するほうが妥当なものがあった。

　明治39年には，大蔵省内の税法審査委員会が減価償却の問題を公式に議論し，船舶運送業の船舶・倉庫業の倉庫の減価は経費として所得より控除すべきとした整理案をまとめた。次いで，税法整理案審査委員会が税法審査委員会の整理案を原案として審議を行い，控除の範囲を拡張して動力により運転する機械の減価を経費と認めることにして，整理案は議会に提出された。ところが，財政上の理由から，法律は成立しなかった。こうした経緯を背景にして，減価償却費の損金算入を法律改正ではなく，通達で認めることになった。

2　大正期の減価償却制度

　大正期に入り，船舶以外の固定資産についても，減価償却が税務執行上認められるようになった。しかし，その損金算入額の認定は，各税務署によってまちまちであった。そのため，大正7年4月22日付「法人所得税営業税事務規程」の改正によって，その統一化が暫定的に行われた。また，つぎのような，主秘第177号「固定資産ノ減価償却及時価評価損認否取扱方ノ件」が，税務当局の内規として部内に出された。

　イ　減価償却の算出方法は定率法を原則とし，残存価額は定率法のみ取得価額の10％とすること
　ロ　各事業年度の償却不足額の繰越しと充足については，会社が自由に行え

---

4) 行判明治36年7月10日行録14巻619頁。また，同旨の判決として，行判明治36年7月10日行録14巻606頁，行判明治36年12月25日行録14巻967頁がある。

ること
　ハ　資産の種類ごとに分けて堪久年数を定め，機械装置は約60種類に分けること[5]
　ニ　堪久年数表にない固定資産については，事実認定をして堪久年数を決定すること

　主秘第177号通牒によって，はじめて租税法上の減価償却を認めたものとする見解が一般的であり，現行の減価償却制度のはしりであるとされている。この時期にようやく，欧米から会計学の理論が導入されるようになり，その中から減価償却の概念を学び，実務上もその概念が普及されてきた。しかし当時，会計学者の中にも，固定資産の減価償却を資産の評価の一手法とみることについて支持する見解もあり，減価償却をめぐって定説がなく，論争が行われていた。当時の減価償却の概念は，今日のようなものではなく，保守的な考えに基づく利益の留保に近いものとして取り扱われていたのである。

3　昭和期の減価償却制度

　昭和期に入り，昭和2年の改正では，主秘第1号通牒が公布され，はじめて減価償却の認否について一応の基準が示されることになった。これによって，減価償却費が直接損金の額に算入する旨が定められた。もっとも，主秘第1号通牒は，大正7年の主秘第177号通牒の改訂版にすぎず，大幅な改正といえるものではなかった。

（1）第2次世界大戦前後

　主秘第177号通牒では，固定資産の堪久年数表が定められ，その後長く改正されることがなかった。この堪久年数表が，はじめて改正されることになったのは，約20年後の昭和12年である。この間において，技術的陳腐化・経済的陳腐化による業界からの耐用年数短縮の強い要望があり，税務当局側も，昭和5，6年頃から耐用年数の検討を始めていたようである。しかし，遂に全面改

---

[5]　もちろん，堪久年数は，一般に公表されていないものの，事実上は解説書等において示されていた。

正はされなかったが，主秘第177号通牒の堪久年数表については，当時の税務当局も，堪久年数が実態に適合しないということを，かなり認識していたと思われる。

昭和13年には，固定資産の更新を早め利益圧縮により課税の繰延べと特定産業の保護・育成を目的として，金属鉱業など時局産業用の固定資産について堪久年数の短縮・割増償却が行われた。さらに，翌14年には，特別償却制度が新設された。30業種にわたり，事業用の建物（工場用以外のものを除く），機械その他の設備と船舶について，新設，増設または製造した固定資産の取得価額の3分の1を3年間に均等償却し，残りを普通償却することが認められた。

その後，昭和17年に，会社経理統制令の耐用年数は租税法上の耐用年数に統一され，租税法上の耐用年数が整備された。また，それに伴い，固定資産を有形固定資産と無形固定資産に大別し，有形固定資産は建物，構築物，機械装置など6種類に分類された。

第2次世界大戦後，昭和22年には，申告納税制度の全面的採用に伴って，一応公表はされていた。とはいえ，取扱内規にすぎない固定資産の減価償却規定が，租税の民主化の見地から，法制化されることになり，はじめて法人税法施行細則に規定された。この改正においては，償却規則の法制化と同時に，固定資産の耐用年数表の全面的改正が行われている。翌23年の改正では，間接法による償却が認められた。もっとも，大蔵省（現財務省）は，この耐用年数の改正は暫定的なもので，実情に即した耐用年数を定める必要があると考えていたようである。

（2） シャウプ税制

昭和24年のシャウプ勧告は，「(①) 異なった資産に対しては，数種の方法の使用を税務当局の甚だしい制限を受けずに使用し得る合理的な範囲の自由が与えられる（こと）…(②) 大蔵省は，減価償却の方法に関する研究をなすこと，(③) 更に個人および法人の納税者が，使用を許される数種の方法および納税者が一定種類の資産に関して特定方法を選択した後に，一の方法から他の方法に変更することを許される一般的な条件を示す適当な通牒が出されること

…(④)評価と資産の耐用年数とは非常に特殊化された性質の問題であるので,これらの特殊問題を取扱うために大蔵省に必要な技術者を増加すること」を提案した[6]。

昭和26年には,法定耐用年数について重要な改正が行われた。この改正は,前年にシャウプ勧告によって,法人税法が近代的企業会計に対応するように改正・整備されることになったことに伴い,減価償却の基礎である耐用年数についても,合理的な基準による洗い直しの必要が生じたため,見直しが行われることになったものである[7]。他方,企業設備の近代化を図る狙いから,特別償却制度が次々と新設され,法人税負担の大幅な軽減を通じて企業設備の更新に大きな役割を果たした。

昭和30年代に入り,機械設備の経済的陳腐化が速いので耐用年数が技術革新の状況を反映していないとして,産業界から耐用年数の短縮を求める強い要望があった。昭和39年度税制改正においては,法人の内部留保と企業設備の更新を図る施策として税率の軽減なども考えられるものの,むしろ耐用年数の短縮によって企業設備の更新に重点を置くことになった[8]。

---

6) 連合国最高司令官本部〔総合司令部民間情報教育局訳〕『シャウプ使節団日本税制報告書』第2編第7章E節(1949年)。

7) この改正における基本的な方針について,当時の大蔵省主税局の立案担当者,忠佐市博士は,「固定資産の減価償却の問題が,単に税法上のみの観点から取りあげらるべき問題でないことは,いまさらいうまでもないことである。すなわち,(1)固定資産に対して投下された費用を,期間的費用として配分して,企業の一定時における財政状態および一定期間における経営成績をあきらかにし,かつ,現在および将来の出資者ならびに債権者等の利害を公正に調整して企業経理の適正化を図ろうとする見地,(2)固定資産について投下された資本を期間的に回収して,その維持,蓄積を図ろうとする国民経済的な見地,(3)そして租税負担の公正化を実現しようとする税法上の見地から,総合的にそれが論ぜられなければならない。したがって今回の耐用年数の改訂における調査方針としては,税法上の要請の面からそれをとりあげるというよりも,まず,企業経理上の要請の面からそれをとりあげておいて,必要に応じて税法上の要請をそれに加味する,という基本的な線が考えられていた」と説明している(忠佐市「税法上の固定資産耐用年数論(1)」會計59巻6号86～87頁(1951年))。

8) 武田昌輔「昭和39年度の法人税の改正」産業経理24巻5号94～98頁(1964年)。

イ　償却可能限度額を取得価額の5％（改正前10％）とすること
ロ　償却方法の選択を設備の種類等ごとに認めること
ハ　償却不足の繰越しを3年（改正前5年）とすること
ニ　少額資産について3万円（改正前1万円）未満のものは固定資産に計上しないことができること
ホ　特殊な型等については，生産高比例法に準ずる方法により償却すること

（3）　昭和40年の全文改正以後

昭和40年には，法人税法全文改正に伴い，つぎの整備が図られた。

イ　減価償却資産の範囲を明らかにすること
ロ　減価償却資産の取得価額について整備を図り，合併または出資により受け入れた資産の取得価額を明確にすること
ハ　減価償却費は損金経理をしたものにかぎり認めることとし，簿外売上等で取得した資産についての，みなし償却制度の適用を廃止すること
ニ　残存価額を一表として耐用年数省令において定めること

この改正で，償却方法を変更する場合には，税務署長の承認を受けなければならないことになった。法人税法上継続性の原則が要求され，企業利益と課税所得との関係に関する基本原則が確立された。減価償却費を損金経理したものにかぎり認めることと，継続性の原則を要求することから，法人の恣意性を徹底的に排除するという現行の減価償却理論が確立したと考えられる。要するに，減価償却の法令化は，商法（現会社法）の要請に基づくものであり，損金経理は不可欠であったわけである[9]。

これを踏まえて，昭和42年度税制改正では，企業会計と法人税法の調整を行い，税制を簡素化するために，つぎのような大幅な改正が行われた。

イ　国税局長の承認を条件として，特別な償却方法を選択できること
ロ　耐用年数の短縮および増加償却につき，基準の緩和や手続の簡略化がな

---

9)　岡村忠生「わが国における改正の経緯と理由」税研31巻3号33頁（2015年）。なお，法令は，償却の対象や方法について個別具体的に規律を行うものとして定立された。そこには，納税者の判断や立証等の負担を避ける姿勢が認められる。

されること
　ハ　期中取得の2分の1簡便法の対象資産を拡大すること
　ニ　陳腐化資産の償却限度額の特例が認められること
　ホ　普通償却の償却不足額の繰越しが認められなくなること

　この改正では,「普通償却については,償却不足額は生じない」という考え方が確立されたので,それまでの「償却範囲額」の用語が「償却限度額」に改められ,引当金経理が禁止されたのである[10]。その後,昭和45年度税制改正では,29種類の特定設備の耐用年数の見直しが行われ,簡素化と弾力化が図られた。また,即時償却が認められる少額減価償却資産の限度額が5万円(改正前3万円)未満に引き上げられた。

　さらに,昭和49年度税制改正では,物価の上昇・経済規模の拡大等を考慮して,損金算入される少額減価償却資産の取得価額を10万円(改正前5万円)未満に引き上げられた。なお,当初の取得価額が5万円未満の減価償却資産で,帳簿価額の残っているものがある場合,3年以内に任意償却して損金算入できることとされた。また,少額減価償却資産の取得価額基準については,10年余り10万円未満に据え置かれたが,かなりの物価上昇があったことや税制の簡便化を図ることが適当であるとする見地から,昭和63年度税制改正によって,20万円(改正前10万円)未満に引き上げられた。

4　平成期の減価償却制度

　法人税法上の減価償却は,会計学上の減価償却のように,必ずしも理論に沿ったものではない。減価償却は,人為的に固定資産の価値減少分を費用として見積もる手続であるから,その金額をいくらとするかにつき,法人の恣意が介入することは否めない。これは,課税の公平維持を最大の目標とする法人税にあっては,できるだけ避けなければならない問題である[11]。もっとも,そ

---

10)　岡村・前掲注9)33~34頁。もちろん,事実として償却が相当な額を下回ったときを含めて「償却不足額は生じない」と言い切ったことには,無理があったかもしれない。

こには，その時々の課税主体の財政政策・産業政策等の政策論的な思考が介在する。平成元年以降の法人税改革は，「課税ベースの拡大と税率の引き下げ」を基本方針に行われてきた。

　こうした中で，政府税制調査会（政府税調）は，『法人課税小委員会報告』（平成8年11月）において，「減価償却をどのような手続きによって実施するかにより課税所得に大きな違いが生じる…。同じ有形減価償却資産の償却であっても，定額法と定率法のいずれを選択するかによって，毎期の償却額に大きな違いが生じることから，課税上の取扱いとしては，資産の種類に応じて最も適切と考えられる方法に一本化することが望ましい」と提言した[12]。

　これを受けて，平成10年度税制改正では，法人税の課税ベースの適正化の観点から，つぎのような減価償却の改正が行われた。

　　イ　建物の償却方法は定額法のみによることとし，平成10年3月31日以前に取得したものは，従来どおり定額法または定率法の選択適用とすること
　　ロ　建物の耐用年数をおおむね10％から20％程度短縮し，最長のものでも50年を限度とすること
　　ハ　少額減価償却資産の取得価額基準を10万円（改正前20万円）未満に引き下げること[13]

---

11)　成松洋一『新減価償却の法人税務』7～8頁（大蔵財務協会，2007年）。そこでは，「法人税の減価償却は，会社法や企業会計のそれに比べれば画一的で弾力性に乏しいといわれる。しかし，これは一面では，大量・回帰的な税務行政や企業実務の簡素化に配慮したものである」と述べている。これに対して，武田隆二博士は，「税法における減価償却制度は，期間的に費用化すべき金額を事実に即して客観的に規定できないところから，減価償却額を決定する要素を予め定め，償却限度額を損金算入の上限として定めることによって，その範囲内で企業が自主的に費用化額を決定することは認めるが，償却限度額を超える費用化額は損金としない，という方式をとっている。そこで，各期の償却限度額を具体的に決定するための要素として，①耐用年数，②償却方法，および，③残存価額が法定されている」と説明している（武田隆二『法人税法精説』331頁（森山書店，平成9年版，1997年））。

12)　税制調査会『法人課税小委員会報告』34頁（1996年）。

13)　なお，20万円未満の資産については，事業年度ごとに一括して3年間で損金算入する方法を選択できる。

ニ　事業年度の途中で事業の用に供した機械装置等に認められている，初年度2分の1簡便償却制度を廃止すること
　ホ　ファイナンス・リース取引に該当するリース取引の賃貸資産で，非居住者または外国法人の国外において行われる業務の用に供される資産（国外リース資産）の償却方法は，リース期間定額法とすること

　その後，平成15年度税制改正では，中小企業の少額減価償却資産の取得価額の損金算入の特例制度を創設することとされ，中小企業者等が，平成15年4月1日から平成18年3月31日までの間に，取得価額30万円未満の減価償却資産を取得した場合には，取得価額の全額の損金算入を認める措置が講じられた。少額減価償却資産の特例は，平成18年度税制改正において，損金算入額の上限を300万円としたうえで，平成30年3月31日まで延長されている。

　このように，平成19年度税制改正まで，減価償却制度に関する大きな改正はなく，翌20年度税制改正と合わせて，実に40年余年ぶりの大改訂がなされた。つまり，平成19年度税制改正において，法定耐用年数や資産区分については，使用実態を踏まえた見直しを行うとともに，法定耐用年数の短縮特例の手続簡素化について検討するとされた。これを受けて，翌20年度税制改正では，項目数が多い耐用年数省令別表2（機械装置の耐用年数表）について資産区分の整理を行うとともに，法定耐用年数の短縮特例について手続の簡素化を行うなどの見直しが行われた。

　さらに，平成28年度税制改正では，平成10年度税制改正における建物の償却方法の定額法への一本化の際，その対象外とされた建物附属設備および構築物について，平成28年4月1日以後に取得したものの償却方法は定額法のみとされた。もっとも，機械装置や工具器具備品などについては，①初期段階での生産性が高いなど定率法が馴染む面があること，②投資拡大に向けた政策対応と不整合感が強いこと，③特に生産設備等の新陳代謝を促進すべき中小企業への影響が懸念されることなどから，これらの資産の定額法への一本化は，引き続き慎重に検討すべき課題とされた。この改正によって，資産の種類ごとの質的な差を重点化する制度となっている[14]。

第2節　減価償却の方法

　平成19年度税制改正により，平成19年3月31日以前に取得した減価償却資産と翌4月1日以後に取得した減価償却資産とで，法人（または個人事業者）が選定できる償却方法が異なる。前者の資産に選定できる償却方法には，それぞれ「旧」が冠され，旧定額法や旧定率法などとなった。一方，後者の資産に選定できる償却方法が，従来の定額法や定率法などの名称を引き継いでいる。

1　平成19年3月31日以前取得分

　法人税においては，償却限度額の範囲内であれば，その損金経理いかんにより法人は自由に償却額を設定することができる。法人税では，全く減価償却費を計上しないことも可能な「任意償却」である。法人が損金経理をしていないのに，税務署長が進んで減価償却費の損金算入を認めるようなことはない。これに対して，所得税では，個人事業者が償却費を計上したかどうかにかかわらず，減価償却資産が業務の用に供されているかぎり，償却費は必要経費に算入される（所税49①）。個人事業者が償却費を計上していなければ，税務署長が進んで減価償却費の必要経費への算入を認めるという「強制償却」である[15]。

（1）旧定額法

　旧定額法とは，減価償却資産の取得価額からその残存価額を控除した金額に，

---

14) 財務省『平成28年度税制改正の解説』307～308頁（2016年）。
15) 成松・前掲注11）9～10頁。なぜなら，個人事業者は，必ずしも帳簿が十分でなく，任意償却にすると，減価償却計算に必要な年末における取得価額や帳簿価額が明確にならないことが少なくない事情による。とすると，適正な課税所得計算上の減価償却費は，任意償却によることが原則であり，強制償却は便法であると考えられる。また，損金算入の上限を定め，限度額までの計上を任意とする制度は，一般に租税回避防止の意図あるいは国庫主義に基づく税収安定装置と理解される（成道秀雄「減価償却課税制度の見直しの論点」税研22巻1号39頁（2006年））。実際，事業所得者の確定申告367万8,227人に対して，減額更正3,053人で，その割合は0.1％に満たず，強制償却を担保していないことが窺える（国税庁長官官房企画課『税務統計—2申告所得税関係—平成26年分』13頁（2015年））。

その減価償却費が毎年同一となるように当該資産の耐用年数に応じた「旧定額法の償却率」を乗じて計算した金額を各事業年度の償却限度額（または各年分の償却費）として償却する方法をいう（法税令48①一イ（1），所税令120①一イ（1））。

《算　式》

　　償却限度額＝（取得価額－残存価額）×旧定額法の償却率

　なお，旧定額法の償却率は，「1／耐用年数」により計算される。この償却率は，法人税の減価償却にあっては，図表2に表示したように，すでに耐用年数に応じて個々に計算し法定されている（耐令4①）。また，法人の事業年度が1年に満たない場合には，旧定額法の償却率に当該事業年度の月数を乗じてこれを12で除したものによる（耐令4②）。

《算　式》

　　適用償却率＝旧定額法の償却率×当該事業年度の月数÷12[16]

図表2　平成19年3月31日以前の償却率

耐用年数	旧定額法	旧定率法	耐用年数	旧定額法	旧定率法
2	0.500	0.684	14	0.071	0.152
3	0.333	0.536	15	0.066	0.142
4	0.250	0.438	16	0.062	0.134
5	0.200	0.369	17	0.058	0.127
6	0.166	0.319	18	0.055	0.120
7	0.142	0.280	19	0.052	0.114
8	0.125	0.250	20	0.050	0.109
9	0.111	0.226	21	0.048	0.104
10	0.100	0.206	22	0.046	0.099
11	0.090	0.189	23	0.044	0.095
12	0.083	0.175	24	0.042	0.092
13	0.076	0.162	25	0.040	0.088

（出所）　耐用年数省令別表7（減価償却資産の償却率表）に基づき，筆者が作成。

---

[16]　なお，月数は，暦に従って計算し，1月に満たない端数を生じたときは，これを1月とする（耐令4③）。

(2) 旧定率法

旧定率法とは，減価償却資産の取得価額から前事業年度までに損金算入された減価償却費の累積額（既償却額）を控除した金額（期首帳簿価額）に，その減価償却費が毎年一定の割合で逓減するように当該資産の耐用年数に応じた「旧定率法の償却率」を乗じて計算した金額を各事業年度の償却限度額（または各年分の償却費）として償却する方法をいう（法税令48①一イ(2)，所税令120①一イ(2)）。

《算　式》

　　償却限度額＝(取得価額－既償却額)×旧定率法の償却率

この場合，減価償却資産につき評価換え等が行われたことにより帳簿価額が減額されたときは，すでに損金算入された金額には，帳簿価額が減額された金額を含む（法税令48②）。また，旧定率法の償却率も，上記(1)と同様，図表2に表示したとおり，すでに耐用年数に応じて個々に計算し法定されている（耐令4①）。なお，法人の事業年度が1年に満たない場合には，法定耐用年数に12を乗じてこれを当該事業年度の月数で除して得た耐用年数に対応する旧定率法の償却率による（耐令4②）。

《算　式》

　　改定耐用年数＝法定耐用年数×12÷当該事業年度の月数[17]

(3) 既償却額による償却限度額の特例

前事業年度までの各事業年度（または前年分までの各年分）においてした既償却額が償却可能限度額に到達している場合には，1円を控除した金額を60で除し，これに当該事業年度以後の各事業年度の月数を乗じて計算した金額（または5で除して計算した金額）をもって，各事業年度の償却限度額（または各年分の償却費）とされる（法税令61②，所税令134②）。

《算　式》

　　償却限度額＝(取得価額－取得価額×95％－1円)÷60×各事業年度の月数

---

17) 前掲注16)と同じ。

> 〔計算例〕
> ◆既償却額が取得価額（100万円）の95％相当額に達した場合
> （法　人　税）
> 　（1,000,000円－950,000円－1円）÷60×12＝9,999円（1円未満切捨て）
> （所　得　税）
> 　（1,000,000円－950,000円－1円）÷5＝10,000円[18]

　もっとも，所得税法上の「減価償却資産の取得価額からその取得価額の100分の95に相当する金額及び1円を控除した金額を5で除して計算した金額」（所税令134②）と，法人税法上の「当該資産の取得価額からその取得価額の100分の95に相当する金額及び1円を控除した金額を60で除し，これに当該事業年度以後の各事業年度の月数を乗じて計算した金額」（法税令61②）との規定の表現は，ほぼ同じである。

　したがって，年に僅か1円の差額であるから，法人も個人事業者とほぼ同じ計算をしても問題ないと思われる。もっとも，租税法の条文によると，計算例のとおりとなる。個人事業者は，法人と異なり，強制償却であることが，この僅かな相違の事由とも考えられる[19]。

2　平成19年4月1日以後取得分

　平成19年度税制改正では，国際的なイコールフッティングを確保し，わが国経済の成長基盤を整備する観点から，償却可能限度額や残存価額の廃止など，減価償却制度の抜本的な見直しが行われている。なお，政府税調は，『平成19年度の税制改正に関する答申―経済活性化を目指して―』（平成18年12月）において，「固定資産税における償却資産については，資産課税として，課税対

---

[18]　ただし，未償却残高が1円になるまで償却するので，5年目の減価償却費は，9,999円となる（個人課税課情報第8号平成19年9月14日6頁）。
[19]　森田政夫『問答式：固定資産・減価償却の税務と会計』160～161頁（清文社，2008年）。

象の資産価値を評価するために減価を行っているものであり,法人税の減価償却とは趣旨が異なる。今後,その評価方法については,税の性格を踏まえ,検討していく必要がある」と提言している[20]。

図表3　平成19年4月1日以後の償却率・保証率

耐用年数	定額法	定率法(～平成24年3月31日)			定率法(平成24年4月1日～)		
	償却率	償却率	改定償却率	保証率	償却率	改定償却率	保証率
2	0.500	1.000	—	—	1.000	—	—
3	0.334	0.833	1.000	0.02789	0.667	1.000	0.11089
4	0.250	0.625	1.000	0.05274	0.500	1.000	0.12499
5	0.200	0.500	1.000	0.06249	0.400	0.500	0.10800
6	0.167	0.417	0.500	0.05776	0.333	0.334	0.09911
7	0.143	0.357	0.500	0.05496	0.286	0.334	0.08680
8	0.125	0.313	0.334	0.05111	0.250	0.334	0.07909
9	0.112	0.278	0.334	0.04731	0.222	0.250	0.07126
10	0.100	0.250	0.334	0.04448	0.200	0.250	0.06552
11	0.091	0.227	0.250	0.04123	0.182	0.200	0.05992
12	0.084	0.208	0.250	0.03870	0.167	0.200	0.05566
13	0.077	0.192	0.200	0.03633	0.154	0.167	0.05180
14	0.072	0.179	0.200	0.03389	0.143	0.167	0.04854
15	0.067	0.167	0.200	0.03217	0.133	0.143	0.04565
16	0.063	0.156	0.167	0.03063	0.125	0.143	0.04294
17	0.059	0.147	0.167	0.02905	0.118	0.125	0.04038
18	0.056	0.139	0.143	0.02757	0.111	0.112	0.03884
19	0.053	0.132	0.143	0.02616	0.105	0.112	0.03693
20	0.050	0.125	0.143	0.02517	0.100	0.112	0.03486
21	0.048	0.119	0.125	0.02408	0.095	0.100	0.03335
22	0.046	0.114	0.125	0.02296	0.091	0.100	0.03182
23	0.044	0.109	0.112	0.02226	0.087	0.091	0.03052
24	0.042	0.104	0.112	0.02157	0.083	0.084	0.02969
25	0.040	0.100	0.112	0.02058	0.080	0.084	0.02841

（出所）　耐用年数省令別表8～10（減価償却資産の定額法・定率法の償却率,改定償却率及び保証率の表）に基づき,筆者が作成。

20)　税制調査会『平成19年度の税制改正に関する答申―経済活性化を目指して―』3頁（2006年）。

(1) 定額法

改正後の定額法は，取得価額に直接定額法の償却率を乗ずることになった。具体的には，減価償却資産の取得価額に，その減価償却費が毎年同一となるように当該資産の耐用年数に応じた「定額法の償却率」を乗じて計算した金額を，各事業年度の償却限度額（または各年分の償却費）として償却を行うもので，耐用年数経過時点において残存簿価1円まで償却できる（法税令48の2①一イ（1），所税令120の2①一イ（1））。また，定額法の償却率についても，改正前は，「1／耐用年数」の計算結果の小数点4位以下を切り捨てていたが，これを切り上げることになった[21]。

《算 式》

　償却限度額＝取得価額×定額法の償却率

〔計算例〕
◆取得価額：100万円，耐用年数：10年，定額法の償却率：0.100
（1～9年目の減価償却費）
　1,000,000円×0.100＝10,000円
（10年目の減価償却費）
　期首帳簿価額－1円＜1,000,000円×0.100 ⇒ 99,999円

---

(2) 定 率 法

改正後の定率法は，減価償却資産の取得価額に，その減価償却費が毎年一定の割合で逓減するように当該資産の耐用年数に応じた「定率法の償却率」を乗じて計算した金額（調整前償却額）を，事業供用1年目の償却限度額（または償却費）として償却を行い，2年目以後は，当該資産の期首帳簿価額（＝取得価額－既償却額）に「定率法の償却率」を乗じて計算した金額（調整前償却額）を各事業年度の償却限度額（または各年分の償却費）として償却を行う[22]。

21）　財務省『平成19年度税制改正の解説』249頁（2007年）。
22）　財務省・前掲注21）250～251頁。

《算　式》

　（調整前償却額≧償却保証額）

　償却限度額＝(取得価額－既償却額)×定率法の償却率

　その後，各事業年度（または各年分）の「調整前償却額」が，当該資産の取得価額に「保証率」を乗じて計算した「償却保証額」に満たない場合は，原則として，その最初に満たないことになる事業年度の期首帳簿価額（＝取得価額－既償却額）である「改定取得価額」に，その減価償却費がその後毎年同一となるように当該資産の耐用年数に応じた「改定償却率」を乗じて計算した金額を，各事業年度の償却限度額（または各年分の償却費）として償却を行うもので，耐用年数経過時点において残存簿価1円まで償却できる（法税令48の2①一イ（2），所税令120の2①一イ（2））。

《算　式》

　（調整前償却額＜償却保証額）

　償却限度額＝改定取得価額×改定償却率

〔計算例〕
◆取得価額：100万円，耐用年数：10年，定率法の償却率：0.200
　改定償却率：0.250，保証率：0.06552
（1～6年目の減価償却費）
　　1,000,000円×0.200＝200,000円 ⇒ 期末簿価800,000円
　　　800,000円×0.200＝160,000円 ⇒ 期末簿価640,000円
　　　640,000円×0.200＝128,000円 ⇒ 期末簿価512,000円
　　　512,000円×0.200＝102,400円 ⇒ 期末簿価409,600円
　　　409,600円×0.200＝ 81,920円 ⇒ 期末簿価327,680円
　　　327,680円×0.200＝ 65,536円 ⇒ 期末簿価262,144円
（7～9年目の減価償却費）
　　調整前償却額＝262,144円×0.200＝52,429円（1円未満切上げ）
　　償却保証額＝1,000,000円×0.06552＝65,520円
　　　⇒　調整前償却額＜償却保証額
　　262,144円×0.250＝65,536円
（10年目の減価償却費）
　　期首帳簿価額－1円＜262,144円×0.250　⇒　65,535円

（3） 資本的支出

　減価償却資産に修理・改良等を行った場合，その支出のうち，資産価値を高め，または耐久性を増すことになるものは，資産価額を構成する支出（資産構成支出）であり，これを「資本的支出」という。他方，通常の維持管理のため，またはき損した減価償却資産につきその原状を回復するものは，期間費用として当期の収益に賦課すべき，または製造原価要素として経費に算入すべき支出（収益的支出）であり，これを「修繕費」という。ところで，資本的支出については，原則として，既存の減価償却資産（既存資産）とは別個に取得した資産として償却していくことになるが，いわゆる「資本的支出の取得価額の特例」も認められている[23]。

　イ　原　　則

　　　平成19年4月1日以後に資本的支出を行った場合には，その資本的支出とされた金額を取得価額として，その対象となった減価償却資産と種類および耐用年数を同じくする減価償却資産を新たに取得したものとされる（法税令55①，所税令127①）。つまり，資本的支出は，その対象となった減価償却資産とは別の新規の減価償却資産の取得とし，その種類および耐用年数はその対象となった減価償却資産と同じものとして償却を行うことが原則となる。具体的には，旧定額法や旧定率法を採用していたとしても，その資本的支出は新規資産の取得として，定額法や定率法を採用することになる。

　ロ　平成19年3月31日以前に取得した減価償却資産に対する資本的支出の特例

　　　平成19年3月31日以前に取得した減価償却資産に対する資本的支出を行った場合には，従来どおり，その対象となった減価償却資産の取得価額に資本的支出の金額を加算することができる（法税令55②，所税令127②）。この加算を行った場合は，平成19年3月31日以前に取得した減価償却資

---

23) 財務省・前掲注21) 254～258頁。

産の種類,耐用年数および償却方法に基づいて,加算を行った資本的支出部分も含めた減価償却資産全体の償却を行うことになる。

ハ 定率法を採用している減価償却資産に対する資本的支出の特例

　前事業年度(または前年分)に資本的支出がある場合において,その対象となった減価償却資産(旧償却資産)につき定率法を採用し,かつ,その資本的支出により新たに取得した減価償却資産(追加償却資産)も定率法を採用しているときは,当該事業年度開始の時(またはその年1月1日)において,その時(または同日)における旧償却資産の帳簿価額と追加償却資産の帳簿価額との合計額を取得価額とする一の減価償却資産を,新たに取得したものとすることができる(法税令55④,所税令127④)。

　この場合は,当該事業年度開始の時(またはその年1月1日)を取得日として,旧償却資産の種類および耐用年数に基づいて償却を行うことになる。

ニ 同一事業年度内に行われた複数の資本的支出の特例

　前事業年度(または前年分)に複数の資本的支出がある場合において,その資本的支出により取得した追加償却資産につきそのよるべき償却方法として定率法を採用しているときは,上記ハの適用を受けない追加償却資産のうち,種類および耐用年数を同じくするものの当該事業年度開始の時(またはその年1月1日)における帳簿価額の合計額を取得価額とする一の減価償却資産を,その開始時(または同日)において新たに取得したものとすることができる(法税令55⑤,所税令127⑤)。

　この場合は,当該事業年度開始の時(またはその年1月1日)を取得日として,既存資産と同じくする種類および耐用年数に基づいて償却を行うことになる。

3 リース資産の減価償却

　事業の用に供している資産であっても,賃借している場合がある。平成19年3月にリース会計基準が変更され,借手に対しては会計に沿った税制上の処理を認め,リースの簡便性を維持することになった。他方,貸手について

は，課税上の影響を最小限とする措置がとられた[24]。なお，所有権移転外ファイナンス・リース取引の対象とされたリース資産に係る固定資産税については，従来どおり，貸手が納付することになる。これは，取引の実態が変わらないことなどから，納税に伴う事務負担の軽減や徴税コストの観点などを考慮した措置であると思われる。

（1） 借手の償却方法

所有権移転外ファイナンス・リース取引に係る賃借人が取得したものとされる減価償却資産（リース資産）については，平成19年度税制改正でリース期間定額法により償却することとされた（法税令48の2①六，所税令120の2①六）。

ここで，リース期間定額法とは，リース資産の取得価額—当該価額に残価保証額が含まれている場合には，取得価額から残価保証額を控除した金額—をそのリース資産のリース期間の月数で除して計算した金額に当該事業年度（またはその年分）におけるリース期間の月数を乗じて計算した金額を各事業年度の償却限度額（または各年分の償却費）として償却する方法をいう[25]（法税令48の2①六括弧書，所税令120の2①六括弧書）。

《算　式》

　　償却限度額＝(リース資産の取得価額－残価保証額)÷リース期間の月数

24) 財務省・前掲注21) 259〜262頁。なお，ファイナンス・リース取引とは，①リース契約に基づくリース期間の中途において当該契約を解除することができない「解約不能のリース取引」と，②借手が，当該契約に基づき使用する物件（リース物件）からもたらされる経済的利益を実質的に享受することができ，かつ，リース物件の使用に伴って生じるコストを実質的に負担することになる「フルペイアウトのリース取引」との，いずれも満たすリース取引をいう（リース会計基準5）。また，ファイナンス・リース取引は，リース契約上の諸条件に照らしてリース物件の所有権が借手に移転すると認められる「所有権移転ファイナンス・リース取引」と，それ以外の「所有権移転外ファイナンス・リース取引」に分類される（リース会計基準8）。詳しくは，第3章第2節5を参照のこと。

25) 残価保証額とは，リース期間終了の時にリース資産の処分価額が所有権移転外ファイナンス・リース取引に係る契約において定められている保証額に満たない場合に，その満たない部分の金額を借手が支払うこととされている場合における，その保証額である（法税令48の2⑤六，所税令120の2②六）。

×当該事業年度におけるリース期間の月数

　また，リース資産について資本的支出を行った場合には，その支出金額を取得価額としたリース資産を新たに取得したものとされる。この場合においては，その新たなリース資産の取得をしたものとされる減価償却資産のリース期間は，資本的支出をした日から既存資産に係るリース期間の終了の日までの期間として，リース期間定額法により償却限度額（または償却費）の計算を行うことになる（法税令55③，所税令127③）。

　なお，所有権移転外ファイナンス・リース取引により取得したものとされる資産については，リース期間定額法という特殊な償却方法を適用するため，「少額の減価償却資産の取得価額の損金・必要経費算入」（法税令133，所税令138）および「一括償却資産の損金・必要経費算入」（法税令133の２①，所税令139①）の規定は適用されない。

（２）　貸手の旧制度適用資産の償却方法の特例

　平成20年３月31日以前に締結された契約に係るリース取引のうち，売買があったものとされるリース取引または金銭の貸付けがあったものとされるリース取引以外のリース取引の目的とされている減価償却資産（リース賃貸資産）については，その採用している償却方法に代えて，旧リース期間定額法を選定することができる。ここで，旧リース期間定額法とは，リース賃貸資産の改定取得価額を改定リース期間の月数で除して計算した金額に当該事業年度（またはその年分）における改定リース期間の月数を乗じて計算した金額を各事業年度の償却限度額（または各年分の償却費）として償却する方法をいう[26]（法税令49の２①，所税令121の２①）。

---

[26]　なお，改定取得価額とは，旧リース期間定額法の適用を受ける最初の事業年度開始の時（または最初の年１月１日）におけるリース賃貸資産の取得価額から，その事業年度前の各事業年度（またはその年分前の各年分）において損金（または必要経費）に算入された償却費および残価保証額を控除した金額をいう。また，改定リース期間とは，改正前リース取引に係る契約において定められているリース期間のうち，旧リース期間定額法の適用を受ける最初の事業年度開始の日（または最初の年１月１日）以後の期間である（法税令49の２③，所税令121の２③）。

《算　式》
　　償却限度額＝(リース賃貸資産の改定取得価額÷改定リース期間の月数)
　　　　　　　　×当該事業年度における改定リース期間の月数

　この特例の適用を受けようとする法人（または個人事業者）は，旧リース期間定額法を採用しようとする事業年度の確定申告書の提出期限（または年分の確定申告期限）までに，①その適用を受けようとするリース賃貸資産についての資産の種類，②届出をする法人の名称・納税地および代表者の氏名（または個人事業者の氏名・住所），③旧リース期間定額法を採用しようとする資産の種類ごとの改定取得価額の合計額，④その他参考となるべき事項を記載した「リース賃貸資産の償却方法に係る旧リース期間定額法の届出書」を納税地の所轄税務署長に提出しなければならない（法税令49の2②，所税令121の2②，法税則11の2，所税則25の2）。

4　特別償却

　産業対策や環境対策，中小企業対策などのため，法人（または個人事業者）がこれらの目的達成に必要な減価償却資産を取得した場合には，普通償却のほか所定の金額を特別に償却することができる「特別償却」という制度が設けられている。特別償却には，狭義の特別償却と割増償却とがあり，いずれも損金算入が認められる償却限度額の枠を広げることになる。つまり，特別償却対象資産の償却限度額（または償却費）は，普通償却と特別償却との合計額となる。

（1）狭義の特別償却

　狭義の特別償却は，特別償却対象資産を取得し事業の用に供した事業年度（または年分）において，その取得価額の一定割合相当額を特別償却として，普通償却と合わせて償却を行うものである。したがって，事業の用に供した事業年度（または年分）においてのみ適用が認められ，現在，つぎに掲げるものがある。

　　イ　エネルギー環境負荷低減推進設備等を取得した場合の特別償却（税特措42の5）

ロ　中小企業者等が機械等を取得した場合の特別償却（税特措42の6）
　ハ　国家戦略特別区域において機械等を取得した場合の特別償却（税特措42の10）
　ニ　国際戦略総合特別区域において機械等を取得した場合の特別償却（税特措42の11）
　ホ　地方活力向上地域において特定建物等を取得した場合の特別償却（税特措42の11の2）
　ヘ　特定中小企業者等が経営改善設備を取得した場合の特別償却（税特措42の12の3）
　ト　生産性向上設備等を取得した場合の特別償却（税特措42の12の5）
　チ　特定設備等の特別償却（税特措43）
　リ　耐震基準適合建物等の特別償却（税特措43の2）
　ヌ　関西文化学術研究都市の文化学術研究地区における文化学術研究施設の特別償却（税特措44）
　ル　共同利用施設の特別償却（税特措44の3）
　ヲ　特定信頼性向上設備等の特別償却（税特措44の5）
　ワ　特定地域における工業用機械等の特別償却（税特措45）
　カ　医療用機器の特別償却（税特措45の2）
（2）　割 増 償 却
　割増償却は，特別償却対象資産を取得し事業の用に供した事業年度（または年分）から一定期間内に，普通償却の一定割合相当額を特別償却として，普通償却と合わせて償却を行うものである。したがって，事業の用に供した事業年度（または年分）においてのみでなく，それぞれの割増償却制度で定められた事業年度（または年分）において適用できる。この割増償却には，現在，つぎに掲げるものがある。
　イ　障害者を雇用する場合の機械等の割増償却（税特措46）
　ロ　次世代育成支援対策に係る基準適合認定を受けた場合の次世代育成支援対策資産の割増償却（税特措46の2）

ハ　サービス付き高齢者向け賃貸住宅の割増償却（税特措47）
　ニ　特定都市再生建築物等の割増償却（税特措47の２）
　ホ　倉庫用建物等の割増償却（税特措48）
(3)　経　理　方　法
　法人が特別償却を行う場合には，普通償却と同様に，特別償却を損金経理しなければならない。その損金経理をした金額のうち，特別償却限度額に達するまでの金額が損金算入される。ところが，特別償却は法人税独自の政策的な理由により設けられている制度であるから，企業会計上，その特別償却に費用性があるのか，利益の留保の性格を有するのではないのか，疑義があるとすると，特別償却費を損金経理により損金算入することはできなくなってしまう。

　そこで，企業会計との調整を図るため，当該事業年度の決算の確定の日までに，剰余金の処分により積立金として特別償却準備金を積み立てる方法が認められている（税特措52の３①）。この場合には，つぎのような経理処理を行った上で，その事績を「株主資本等変動計算書」に記載し，申告調整により特別償却準備金の積立額を所得金額から減算することになる。
〔仕　訳〕
　　　（借）繰越利益剰余金　　×××　　（貸）特別償却準備金　　×××
　なお，損金算入された特別償却準備金は，翌事業年度以降７年間—特別償却対象資産の耐用年数が10年未満である場合には，原則として５年間—で均等額を取り崩して益金の額に算入する（税特措52の３⑤）。

　また，特別償却不足額は，翌事業年度１年間にかぎり，繰り越して翌事業年度の損金算入することができる（税特措52の２①・②）。特別償却準備金の積立不足額についても，１年間の繰越しができる（税特措52の３②）。これは，特別償却の適用を受けようとする事業年度が欠損であるなど，その事業年度に特別償却の適用をしても効果的でないような場合に，弾力的な損金算入を認めるものである。

5 増加償却

　わが国では，減価償却額の計算の基礎となる耐用年数を法定耐用年数によることとしているため，これによることが実情に合わないような場合には，標準的に定められた法定耐用年数を画一的に適用することは妥当性を欠くことになってしまう。たとえば，機械装置の実際の使用時間が，通常の経済事情の下における平均的な使用時間を著しく超えるため，その損耗が著しいような場合には，法定耐用年数を短縮しなければならなくなる。

　しかし，このように操業時間が平均的に予定された使用時間を超える期間は，一般的に恒久的なものではなく，景気の変動等に左右されるものであり，一時的な現象と思われることから，耐用年数の短縮よりも超過操業の時間に応じて償却額を割り当てる方法が適当と考えられる。そこで，税務会計においては，その有する機械装置の使用時間が平均的な使用時間を超える場合において，機械装置の平均的な使用時間を超えて使用することによる損耗の程度に応じた割増しの償却ができる，いわゆる「増加償却」の特例を設けている（法税令60，所税令133）。

《算　式》

　　償却限度額＝通常の償却限度額×（1＋増加償却割合）

　なお，増加償却は，所定の超過操業の実態があり，所定の事項を記載した「増加償却の届出書」を，確定申告書の提出期限（または確定申告期限）までに所轄税務署長に提出し，かつ，平均的な使用時間を超えて使用したことを証する書類を保存しているかぎり，増加償却をする事業年度（または年分）に制限はない（法税則20の2，所税則34③）。また，増加償却割合は，平均的な使用時間を超えて使用する機械装置につき，1,000分の35に当該事業年度（またはその年分）における機械装置の1日当たりの超過使用時間を乗じて計算することになる[27]（法税則20①，所税則34①）。

27）　ただし，当該割合に小数点以下2位未満の端数があるときは，これを切り上げる（法税則20①括弧書，所税則34①括弧書）。

《算 式》

$$\text{増加償却割合} = \frac{35}{1,000} \times \text{機械装置の1日当たりの超過使用時間}$$

この増加償却割合の計算における「1日当たりの超過使用時間」の計算方法は，つぎのいずれかの方法を選択して適用すればよい（法税則20②，所税則34②）。

イ　取得価額のウエイトを加味する方法

$$\frac{1日当たりの}{超過使用時間} = \frac{個々の機械装置の当該事業年度における平均超過使用時間}{} \times \frac{個々の機械装置の取得価額}{機械装置全体の取得価額}$$

ロ　台数で単純平均する方法

$$\frac{1日当たりの}{超過使用時間} = \frac{個々の機械装置の当該事業年度における平均超過使用時間の合計時間}{当該事業年度終了の日における機械装置の総数}$$

上記ロの方法は，個々の機械装置の平均超過使用時間にバラツキが少ないといった場合に適用する簡便法であり，取得価額の大きい機械装置の平均超過使用時間が多い場合には不利となる。この場合には，上記イの方法が有利だといえる。なお，いずれの方法にも共通するキーワードは，つぎの算式により計算された「平均超過使用時間」である。

《算 式》

$$\text{平均の超過使用時間} = \frac{個々の機械装置の1日当たりの平均的な使用時間を超えて使用された時間の合計時間}{個々の機械装置の当該事業年度において通常使用されるべき日数}$$

つまり，これは，その属する業種に係る設備の標準稼働時間を超えて使用される個々の機械装置の1日当たりの超過使用時間の当該事業年度における平均時間である。ここで，標準稼働時間とは，通常の経済事情における機械装置の平均的な使用時間をいう。

第3節　減価償却資産の取得価額の特例

減価償却資産の取得価額は，耐用年数・残存価額とともに，減価償却の計算

の基礎となる重要な要素の1つであり，減価償却資産を取得した場合，その取得価額に算入すべき費用等の処理いかんによって，各事業年度の所得金額の計算に大きな影響を及ぼす。のみならず，償却資産の評価額にも影響を及ぼすことになる。原則的な取得価額は，実際原価をベースとしている[28]。ところが，租税法は，その取得価額について，以下のような特則を定めている。

1　少額減価償却資産の一時償却

　実務上，かなりの手数を要する償却計算を，その使用期間が短く，あるいは取得価額が少額な減価償却資産についてまで要請することは，必ずしも現実的ではない。しかし，少額減価償却資産については，各事業年度における償却計算を省略しても，所得金額の計算にそれほど重要な影響を与えない。そこで，格別，税務署長の承認等を受ける必要なく，その事業の用に供した事業年度（または年分）において，その取得価額の全額を損金（または必要経費）に算入すること（一時償却）が認められている[29]（法税令133，所税令138）。

（1）　使用可能期間が1年未満の減価償却資産

　少額減価償却資産の一時償却の適用資産のまず第1は，その使用可能期間が1年未満の減価償却資産である。今日，多くの法人が1年決算であるから，使用可能期間が1年未満の減価償却資産をいちいち償却計算の対象とする実益は乏しい。また，法定耐用年数で最も短いのは2年であり，減価償却資産であるかぎり，その期間で償却するのが建前である。もっとも，減価償却資産の実際の使用可能期間が1年未満である場合には，法定耐用年数にかかわらず，その取得価額の全額を損金（または必要経費）に算入してよい。

　ここで，使用可能期間とは，減価償却資産の取得の時において当該資産につ

---

28)　詳しくは，第5章第2節1・2（1）を参照のこと。
29)　もちろん，少額減価償却資産の一時償却は，その名のとおり，減価償却資産が対象であるから，非減価償却資産は，たとえ少額であってもその対象とならない。また，その事業の用に供したものである必要があるから，貯蔵中や建設中の資産は対象とならない。

き通常の管理または修理をするものとした場合に予定される効果をあげることができなくなり，更新または廃棄されると見込まれる時期までの見積年数をいい，法定耐用年数のことではない。これは，修繕費か資本的支出かの判断基準と同様であり，通常の管理または修理が前提とされている（法税令132一，所税令181一）。具体的には，つぎの要件を満たすものである（法基通7―1―12，所基通49―40）。

　イ　事業者の属する業種—たとえば，紡績業，鉄鋼業，建設業など—において，種類等を同じくする減価償却資産の使用状況・補充状況等を勘案して，一般的に消耗性のものとして認識されている減価償却資産であること

　ロ　事業者の平均的な使用状況・補充状況等からみて，その使用可能期間が1年未満であること

この場合において，種類等を同じくする減価償却資産のうちに材質，型式，性能などが著しく異なるため，その使用状況・補充状況等も著しく異なるものがあるときは，その材質，型式，性能などの異なるものごとに判定することができる。また，減価償却資産の平均的な使用状況・補充状況等は，おおむね過去3年間の平均値を基準として判定することになる。

（2）　取得価額が10万円未満の減価償却資産

第2の適用資産は，その取得価額が10万円未満の減価償却資産である。少額減価償却資産の取得価額基準は，平成10年度税制改正で20万円未満から10万円未満に引き下げられた経緯がある。この改正は，少額減価償却資産の一時償却には量的な制限がないため，課税ベースが狭められること，税負担の軽減手段として利用されること，事務処理機器の普及により資産管理や償却計算が迅速にできるようになったことなどによる。

　ここで，取得価額とは，法人税法施行令54条または所得税法施行令126条（減価償却資産の取得価額）の規定により計算した取得価額をいう。これらの規定では，減価償却資産の取得の態様に応じて取得価額の範囲が定められており，そのいずれの取得の態様においても，当該資産を事業の用に供するための付随費用は，その取得価額に含めなければならない。したがって，減価償却資産の

本体価額のみでなく，付随費用を含むところで，10万円未満かどうかを判定することになる。

ところで，消費税および地方消費税（消費税等）について，事業者が，税抜経理方式または税込経理方式のいずれの方式を選択するかによって，減価償却資産の取得価額が異なってくる[30]（直法2—1通達3，直所3—8通達2）。したがって，事業者が税抜経理方式を採用している場合には，税抜きの取得価額で10万円未満かどうかを判定する。これに対して，税込経理方式を採用している場合には，税込みの取得価額により，その判定を行うことになる（直法2—1通達9，直所3—8通達9）。

〔仕訳例〕

◆パソコンを購入し，その購入代価10万5,840円(税込み)を当座預金から振り込んだ。

税込経理方式
　　（借）一 括 償 却 資 産　　105,840　　（貸）当 座 預 金　　105,840

税抜経理方式
　　（借）消 耗 品 費　　98,000　　（貸）当 座 預 金　　105,840
　　　　　仮払消費税等　　7,840
　　　　※　仮払消費税等＝105,840円×$\frac{8}{108}$＝7,840円

2　一括償却資産の均等償却

そもそも，一括償却資産の均等償却は，平成10年度税制改正により，少額減価償却資産の取得価額基準を20万円未満から10万円未満に引き下げられた際に，10万円以上20万円未満の減価償却資産に対する個別管理や償却計算の煩雑さに対する配慮から創設された制度である[31]。つまり，一括償却資産については，その法定耐用年数にかかわらず，事業年度ごとに一括して，残存価

---

30)　消費税等の取扱いについては，第5章第2節2(2)を参照のこと。
31)　もちろん，取得価額が10万円未満の減価償却資産について，少額減価償却資産の一時償却の適用を受けず，一括償却資産の均等償却の対象とすることもできる。

額ゼロ円で3年償却することができる。

(1) 対象資産の範囲

一括償却資産とは，事業の用に供した取得価額が20万円未満の減価償却資産で，その全部または特定の一部を一括して償却するものをいい，「国外リース資産」（法税令48①六，所税令120①六），「リース資産」（法税令48の2①六，所税令120の2①六）および「少額減価償却資産」（法税令133，所税令138）の償却方法の適用を受けるものは除かれる（法税令133の2①，所税令139①）。

ここでいう「その全部または特定の一部を一括して」とは，事業の用に供した取得価額が20万円未満の減価償却資産のうち，どの資産を対象とするかは，事業者の任意であることを意味する。したがって，複数ある資産のうち，一部は一括償却資産の均等償却の対象とし，残りは法定耐用年数で償却することとしてよい。もっとも，その前提として，取得価額が20万円未満でなければならない。その判定にあたって，最も重要な問題は，その判定単位をどうするかということである。

この問題については，上記1の少額減価償却資産の場合と全く同じ判定の考え方である。すなわち，取得価額が10万円未満または20万円未満であるかどうかは，通常1単位として取引されるその単位—たとえば，機械装置については1台または1基ごとに，工具器具備品については1個，1組または1揃いごとに—判定し，構築物のうち，単体では機能を発揮できないもの—たとえば，枕木や電柱など—については，一の工事等ごとに判定することになる（法基通7―1―11，所基通49―39）。

(2) 損金・必要経費算入の計算

一括償却資産の均等償却の適用を受ける減価償却資産の各事業年度の損金算入額は，一括償却資産の全部または一部につき損金経理をした金額のうち，一括償却対象額を36で除し，これに当該事業年度の月数を乗じて計算した金額に達するまでの金額である（法税令133の2①）。

《算　式》

損金算入額＝一括償却対象額÷36×当該事業年度の月数[32]

この算式からもわかるように，一括償却資産を事業の用に供した事業年度において，事業の用に供した月による月割計算をすることは不要である。他方，個人事業者が一括償却資産の取得価額の合計額をその業務の用に供した年以後3年間の各年分の費用とする方法を選択したときは，一括償却対象額を3で除して計算した金額を必要経費に算入する（所税令139①）。

《算　式》
　　必要経費算入額＝一括償却対象額÷3

　いずれにせよ，一括償却資産は，単純に3等分した金額を損金（または必要経費）に算入することになる。たとえ，その一括償却資産を事業の用に供した事業年度（または年分）後において，その全部または一部につき滅失，除却または譲渡があったとしても，そのまま一括償却資産の均等償却を続けていかなければならない（法基通7－1－13，所基通49－40の2）。したがって，使用可能期間が短く，3年以内に廃棄されるような減価償却資産には，一括償却資産の均等償却は適用しないのが得策だといえる。

（3）　税法基準による会計処理

　一括償却資産の均等償却について，日本公認会計士協会は，「これは，本来は資産計上基準の変更であり，この変更により，選択可能な会計処理として次の方法が考えられる。①資産計上基準を変更せず，従来どおり20万円未満の資産については期間費用として処理する。②資産計上基準を10万円以上に変更し，従来どおりの方法により減価償却を行う。③資産計上基準を10万円以上に変更し，一括して3年間で均等償却を行う」（平成10年10月5日付監査委員会報告第57号）などの会計処理の方法を示している。

　このうち，①の方法は，企業会計上容認できる税法基準による会計処理の考え方から逸脱した会計処理となっておらず，この方法により処理するのが妥当と思われる。具体的には，取得価額を事業の用に供した事業年度において「消耗品費」として全額費用に計上し，損金算入限度超過額を申告調整するという，

32）　なお，月数は，暦に従って計算し，1月に満たない端数を生じたときは，これを1月とする（法税令133の2⑥）。

会計処理の方法である[33]。

3　中小企業者等の少額減価償却資産の一時償却

　中小企業税制が公表された当時，政府税調は，『平成15年度における税制改革についての答申—あるべき税制の構築に向けて—』（平成14年11月）において，「中小企業を取り巻く環境が厳しさを増す中で，ベンチャー企業を含め活力ある中小企業の経営基盤を強化する必要がある。このため，特に研究開発税制において配慮し，同族会社の留保金課税を見直すなど，中小企業の税負担を軽減する措置」を提案した[34]。

　これを受けて，平成15年度税制改正では，中小企業・ベンチャー企業支援の1つとして，中小企業者等が取得価額30万円未満の減価償却資産の取得等をした場合に，その取得価額の全額について損金（または必要経費）に算入することを認めるという「中小企業者等の少額減価償却資産の一時償却」（税特措67の8）が創設された。その後，平成18年度税制改正により，各事業年度（または各年分）において取得等をした少額減価償却資産の取得価額が300万円を超えるときは，その取得価額の合計額のうち300万円に達するまでの少額減価償却資産の取得価額の合計額を限度とされ，現在に至っている（税特措28の2①・67の5①）。

（1）適用対象者

　この特例の対象となる事業者は，中小企業者または農業協同組合等で，青色申告書を提出するもの（中小企業者等）に限られる（税特措28の2①・67の5①）。ここで，農業協同組合等とは，農業協同組合・同連合会，中小企業等協同組合，出資組合である商工組合・同連合会，内航海運組合・同連合会，出資組合である生活衛生同業組合，漁業協同組合・同連合会，水産加工業協同組合・同連合会，森林組合・同連合会をいう（税特措42の4⑥五）。

---

33)　森田・前掲注19) 63頁。
34)　税制調査会『平成15年度における税制改革についての答申—あるべき税制の構築に向けて—』7～8頁（2002年）。

一方，中小企業者とは，①資本金の額または出資金の額が1億円以下の法人のうち，つぎに掲げる法人以外の法人，②資本または出資を有しない法人のうち，常時使用する従業員の数が1,000人以下の法人または個人事業者をいう（税特措42の4⑥四，税特措令27の4⑤）。

イ　その発行済株式または出資の総数または総額の2分の1以上が同一の大規模法人の所有に属している法人

ロ　その発行済株式または出資の総数または総額の3分の2以上が大規模法人の所有に属している法人

ここで，大規模法人とは，資本金の額もしくは出資金の額が1億円を超える法人，または，資本もしくは出資を有しない法人のうち常時使用する従業員の数が1,000人を超える法人をいい，中小企業投資育成株式会社を除く（税特措令27の4⑤一括弧書）。したがって，大会社の子会社に対しては，中小企業者等の少額減価償却資産の一時償却は適用されないわけである。

（2）　適用対象資産

この特例の対象となる資産は，中小企業者等が平成18年4月1日から平成30年3月31日までの間に取得，製作，建設し，かつ，その事業の用に供した取得価額が30万円未満の減価償却資産である。ただし，適用を受ける事業年度（または年分）における取得価額の合計額が300万円—事業年度（または年分）が1年に満たない場合には，300万円を12で除し，これに当該事業年度（またはその年分）の月数を乗じて計算した金額—を超えるときは，その取得価額の合計額のうち300万円に達するまでの取得価額の合計額が限度となる[35]（税特措28の2①・67の5①）

ところで，法人が支出する資本的支出については，その資本的支出の金額を取得価額として，減価償却資産を新たに取得したものとして処理するのが原則である（法税令55①）。そうすると，中小企業者等が支出した資本的支出の金額が30万円未満である場合には，中小企業者等の少額減価償却資産の一時償却

35）　なお，月数は，暦に従って計算し，1月に満たない端数を生じたときは，これを1月とする（税特措67の5②）。

が適用できるように思われる。しかしながら，資本的支出を新たな減価償却資産の取得として取り扱うのは，償却計算における便宜である。資本的支出は，本質的には法人がすでに有する減価償却資産を取得，製作，建設したわけではない。したがって，資本的支出については，原則として，この一時償却の適用はできない[36]。

（3） 適用要件

この特例の適用を受けようとする個人事業者は，確定申告書に「少額減価償却資産の取得価額に関する明細書」を添付することが必要である（税特措28の2③）。ただし，青色申告決算書の「減価償却費の計算」欄に①少額減価償却資産の取得価額の合計額，②少額減価償却資産について租税特別措置法28条の2を適用する旨，③少額減価償却資産の取得価額の明細を別途保管している旨を記載して，確定申告書に添付して提出し，かつ，少額減価償却資産の取得価額の明細を別途保管している場合には，「少額減価償却資産の取得価額に関する明細書」の提出を省略して差し支えない（措通28の2―3）。

他方，法人の場合には，取得価額30万円未満の減価償却資産を事業の用に供した事業年度において，損金経理をしなければならない（税特措67の5①）。ここで，損金経理とは，法人がその確定した決算において費用または損失として経理することをいう（税特措2②二十六，法税2二十五）。しかも，確定申告書等に一時償却の適用を受ける「少額減価償却資産の取得価額の損金算入の特例に関する明細書」（別表16（7））を添付して申告することが必要である（税特措67の5③）。

4 圧縮記帳の制度

圧縮記帳とは，租税法独自の制度で，補助金や交換などで取得した固定資産

---

[36] 成松・前掲注11）364頁。ただし，資本的支出の内容が，たとえば，規模の拡張や単独資産としての機能の付加であるなど，実質的に新たな減価償却資産を取得したと認められる場合には，この一時償却を適用することができる（措通67の5―3）。

の取得価額をその受贈益や譲渡益などに相当する額だけ減額し，その減額した部分を損金の額に算入することにより，一時的に課税所得を生じさせない，課税を繰り延べる制度をいう。したがって，圧縮記帳の適用を受けた固定資産の減価償却費や譲渡損益などは，圧縮記帳後の金額を基礎として計算することになる。これは，損金の額に算入された圧縮損は，その後の減価償却や譲渡損益の計算を通じて取り戻され，最終的には圧縮記帳の適用を受けて課税されなかった受贈益や譲渡益などは課税の対象となることを意味する。

(1) 圧縮記帳の種類

租税法においては，つぎのような圧縮記帳の制度が設けられており，贈与型，交換型および売買型に分類される。贈与型は，補助金や賦課金などの交付を受け固定資産を取得した場合の圧縮記帳である。交換型は，同種資産の交換であるため，実質的には固定資産の譲渡はなかったとして圧縮記帳が認められる。売買型は，固定資産の売買があり譲渡益は実現したが，政策的に課税を繰り延べようとするものである。

　イ　法人税法上の圧縮記帳
　　(イ)　国庫補助金等で取得した固定資産等の圧縮記帳（法税42〜44）
　　(ロ)　工事負担金で取得した固定資産等の圧縮記帳（法税45）
　　(ハ)　非出資組合が賦課金で取得した固定資産等の圧縮記帳（法税46）
　　(ニ)　保険金等で取得した固定資産等の圧縮記帳（法税47〜49）
　　(ホ)　交換により取得した固定資産の圧縮記帳（法税50）
　ロ　租税特別措置法上の圧縮記帳
　　(イ)　農地等を取得した場合の圧縮記帳（税特措61の3）
　　(ロ)　収用等に伴い代替資産を取得した場合の圧縮記帳（税特措64・64の2）
　　(ハ)　換地処分等に伴い固定資産を取得した場合の圧縮記帳（税特措65）
　　(ニ)　特定資産の買換えの場合等の圧縮記帳（税特措65の7〜65の9）
　　(ホ)　特定の交換分合により土地等を取得した場合の圧縮記帳（税特措65の10）
　　(ヘ)　大規模な住宅地等造成事業の施行区域内にある土地等の造成のための

交換等の場合の圧縮記帳（税特措65の11・65の12）
- (ト) 特定普通財産とその隣接する土地等との交換の場合の圧縮記帳（税特措66）
- (チ) 平成21年および平成22年に土地等の先行取得をした場合の圧縮記帳（税特措66の2）

ハ 所得税法上の圧縮記帳

所得税法は，圧縮記帳という技術は用いていないものの，一方で，国庫補助金等を総収入金額に算入しないこととする。他方で，それによって取得した固定資産の減価償却費の計算およびそれを譲渡した場合の譲渡所得等の計算については，その取得価額から補助金の額を控除した金額をもって取得したものとみなす旨を定めている（所税42，所税令90）。したがって，国庫補助金等は，結果的に，法人税法におけると同じ取扱いを受けることになる。

（2）圧縮記帳の適用要件

圧縮記帳を行う場合には，圧縮限度額内で確定決算において所定の経理をして，確定申告書に「国庫補助金等，工事負担金及び賦課金で取得した固定資産等の圧縮額等の損金算入に関する明細書」（別表13(1)）を添付しなければならない。たとえば，法人が固定資産の滅失等により支払いを受けた保険金で代替資産を取得した場合には，保険差益金を基礎にして，つぎの算式により計算した圧縮限度額の範囲内の金額を損金算入することになる（法税47①，法税令84・85）。

《算　式》

$$\left(保険金 - \begin{matrix}滅失等により\\支出した経費\end{matrix}\right) - \begin{matrix}滅失等した固定資産の帳\\簿価額のうち被害部分\end{matrix} = 保険差益金$$

$$保険差益金 \times \frac{代替資産の取得等に充てた保険金}{保険金 - 滅失等により支出した経費} = 圧縮限度額$$

なお，圧縮記帳の経理方法には，つぎの方法があり，いずれかを選択することができる。ただし，ハの方法によった場合には，圧縮積立金の額を「所得の

金額の計算に関する明細書」(別表4)において所得金額から減算する(法基通10―1―1,措通64～66の2(共)―1)。

　イ　損金経理により帳簿価額を直接減額する方法
　　(借)固定資産圧縮損　×××　(貸)固　定　資　産　×××
　ロ　損金経理により積立金として積み立てる方法
　　(借)圧縮積立金積立損　×××　(貸)固定資産圧縮積立金　×××
　ハ　剰余金の処分により積立金として積み立てる方法
　　(借)繰越利益剰余金　×××　(貸)固定資産圧縮積立金　×××

(3)　償却資産税の取扱い

　固定資産税において償却資産の取得価額は，法人税関係法令または所得税関係法令による所得の計算上，減価償却費の計算の基礎となる取得価額の算定の方法の例によって算定される。その例によって取得価額を算定するにあたって，つぎに掲げる金額は，その償却資産の取得価額に含めて算定される(固定資産評価基準3章1節六)。

　イ　法人税法42条から50条(圧縮記帳)および142条(恒久的施設帰属所得に係る所得の金額の計算)の規定により法人の各事業年度の所得の計算上損金の額に算入される金額
　ロ　所得税法42条から44条(国庫補助金等・条件付国庫補助金等・移転等の支出に充てるための交付金の総収入金額不算入)および165条(課税標準・税額等の計算)の規定により個人事業者の各年分の所得の計算上総収入金額に算入しない金額

　したがって，償却資産の取得価額の算定においては，法人税関係法令または所得税関係法令以外の法令による税務会計上の特例は認められず，租税特別措置法に基づく圧縮記帳についても認められない。この場合の償却資産の取得価額は，その圧縮相当額を含めたものとなる。なお，償却資産の取得価額の算定にあたって圧縮記帳を認めないこととしているのは，固定資産税における評価の目的が財産税としての適正な資産価値を求めることにあることによる。

第2章　沿革と課税客体
chapter 2

　本章からは，固定資産税における償却資産についてみることにする。そもそも，固定資産税の課税客体となる固定資産は，賦課期日現在において，日本国内に所在する土地，家屋および償却資産である（法341一・342①）。固定資産税は，シャウプ勧告に基づいて，昭和25年に道府県税であった地租，家屋税および一定の償却資産に対する租税を一本化して採用された市町村税である。このように，土地，家屋および償却資産に対する課税は，昭和25年の固定資産税の創設前においても長い歴史を有しているので，その本質を理解するためにも，固定資産税の前身である地租・家屋税等にまで遡って，その発展のあとを辿ってみることにしたい。

第1節　固定資産税の沿革

　昭和25年の固定資産税の創設前においても，長い歴史を有しており，とりわけ，土地に対して課される租税は，最も古い歴史を有する。明治に入ってからは，わが国では地租が国税として課されていた。これに対して，家屋に対する租税は，家屋税が地方税として課された。もっとも，戦前の地方税は附加税が中心であり，地租・家屋税等に対してもそれぞれ附加税が課されていた[1]。

---

1) ちなみに，敗戦後，昭和24年まで，独立税主義に基づく改正が進められ，かつ，税源の移譲もなされた。昭和22年3月には，地方税制度の大改革がなされ，地租・家屋税について道府県の独立税とし，市町村の附加税が認められた。とはいえ，地

1　土地に対する課税

まず,土地に対して課される租税についてみると,「地租」という名称でかなり古くから行われてきた。工業化社会の進展に伴い所得課税が中心となるまでは,むしろ主たる租税は,土地に対する課税であった。

(1) 明治期の税制

明治6年の地租改正条例の制定により,国税としての地租と地方附加税との区分を明確にして,いずれも地価を課税標準として課することとされた。地租改正は,税制改革であるとともに,重要な土地制度の改革でもあった。従来の混乱していた地籍が整理され,地租の画一化によって農民は封建的租税の重圧から脱することができ,土地所有権の確認がなされた。このことは,わが国が封建制から脱皮し資本主義へと発展していく素地を作り,中央集権の実効をあげさせるものだったといえよう[2]。

明治11年の地方税規則の制定により,府県財政と区町村財政とが分離されることになったのに伴い,地方税としての国税地租の附加税は府県にかぎり課すべきものとされ,区町村においては,区町村の協議費として従来の慣習により「地価割当」の名称によって徴収することになった。かくして,地方税規則の制定は,府県財政の整備充実をもたらす一方で,区町村財政の窮乏化をもたらし,その犠牲において強化されたものであった。とはいえ,地方税規則は,維新以後はじめて地方財政全般の発展方向を定めたものとして,地方税の課税

租は「土地台帳法ニ依ル土地台帳ニ登録セラレタル賃貸価格ヲ標準トシ」,家屋税は「家屋台帳法ニ依ル家屋台帳ニ登録セラレタル賃貸価格ヲ標準トシ」て課することとされた。地方移譲後においても,賃貸価格を課税標準とし,かつ,その決定が政府の手においてなされた。かくして,課税標準の決定方式および標準賦課率の制度により,道府県の自主性発揮の余地は少なかったのである(碓井光明「地方財政の展開とシャウプ勧告」日本租税研究協会編『シャウプ勧告とわが国の税制』321～322頁(日本租税研究協会,1983年))。

2)　丸山高満『日本地方税制史』212～213頁(ぎょうせい,1985年)。もちろん,この改正にも,①地租改正は直ちに農民の負担軽減とならなかったこと,②地租には労賃を収益とみるような封建年貢の残滓があったこと,③人民に土地所有権を認めることは,反面では国家による土地取上げでもあったこと,④小作制度に手をつけず寄生地主階級に利益を与えるものであったこと,などの問題点があった。

の歴史の出発をなすものと評価することができる[3]。

　明治21年に市制・町村制の施行により，市町村が完全な自治体となったことに伴い，市町村税制について明確な法的根拠が与えられ，市町村は，市町村税として国税地租の附加税を課することができることになった。さらに，明治23年の府県制の施行により，従来の地方税は「府県税」と名称が改められた。府県は，従前のとおり，府県税として国税地租の附加税を課することができることとされ，市町村も，同じく附加税を課することができることとされた。このようにして，府県・市町村を通じて地方制度が確立され，それとともに地方税制度の整備もなされたのである。

(2) 大正期の税制

　第1次世界大戦が，わが国の地方行財政制度の上に及ぼした大きな影響の1つに，都市計画法制の整備があげられる。というのは，第1次世界大戦を契機として，わが国の産業は飛躍的な発展を遂げた。反面，都市に工場が無秩序に集中し，都市の人口集中，工場地化，地価騰貴，住宅不足など，さまざまな都市問題が生ずることになった。大正8年に都市計画法が制定されたことにより，目的税として都市計画特別税が創設され，道府県および市町村は地租の一定割合を地租割として課税することができるものとされた。

　その後も，地方財政は膨張を続け，附加税の増徴と独立税の乱徴によって，住民の負担の不均衡と過重はますます拡大した。そのため，大正15年に「地方税ニ関スル法律」が制定され，府県と市町村との間の税源の移動，独立税の整理と統一などが行われた。他方，地租に免税点―自作の田・畑で，地価200

---

[3] 丸山・前掲注2) 222～224頁。なぜなら，租税は政治・経済体制の組成物と理解すべきものであるから，地方税は，政治機構としての地方政府の収入として理解されなければならない。地方政府の存在は，近代国家における中央政府権力と対比した地方自治の成立を前提とするものである。もちろん，地方自治といっても，地域的・歴史的には，その範囲も程度もさまざまな広狭がある。しかし，少なくとも，国家には統一した中央政府が存在し，これと別個に地域住民が何らかのかたちで，その政治に参画しうる地域的統治機構の存在が前提となる。このような視点にたつと，わが国の地方税制度は，地方税規則によって，名実ともに，その発祥をみることになる。

円未満―制度が設けられたことに伴い，道府県および市町村は，この免税点により国税地租が課されない土地について特別地税および同附加税を課することができるものとされた。

(3) 昭和初期の税制

昭和6年に至り，大正8年以来審議された国税および地方税の根本方策に関する成案に基づいて地租法が制定され，従来からの地価を課税標準とする地租は，賃貸価格を課税標準として課税することに改められた。もっとも，この賃貸価格は，基本的には，大正15年4月1日現在の賃貸価格をベースにして算定されたものであり，賃貸価格の調査は厳密には実施されたといえるほどのものではなかった。10年ごとに賃貸価格の一般的改訂を行う約束も，第1回の改訂が昭和13年に行われたものの，第2回目以後の改訂は行われず，課税標準が実勢を反映しなかった[4]。

昭和15年の国・地方を通ずる税制の一般改正に伴う地方税法の改正に際し，道府県および市町村の地租附加税は，従来どおり課することとされた。このほか，国税として徴収された地租も，その全額を還付税として徴収地の道府県に還付するものとされ，実質的には地租の全額が地方財源となった。この改正は，形式的には旧地方税制度の最後を飾る税制改革でありながら，実質的には現代の地方税制度の出発点をなすものであったと評することができる[5]。

4) 石島弘ほか『固定資産税の現状と納税者の視点—現行制度の問題点を探る—』19頁〔石島〕(六法出版社，1988年)。この状況は，戦後の課税標準を資本価格とする制度に継受された。税制上の「時価」が実勢の時価を反映していないことは，明治の初期から現在に至るまで変わることがない。このことは，わが国の税制にさまざまな歪みをもたらしているところである。

5) 丸山・前掲注2) 349～350頁。そこでは，「新地方税制の革新性については，次のようにその特質を要約することができましょう。第一に，新地方税制は，地方税制の抜本的な統一的整備を実現したことです。…。第二に，地方団体の財源を確保するという目的について，きわめて現実的な改革が行われたことです。…。第三は，住民負担の合理化が実現されたことです。…。第四は，いうまでもなく地方財政調整制度の確立です」と述べている。これに対して，金子宏教授は，「この改正で注目される点は，所得税を全面的に改組して国税体系の中心においたこと，収益税を地方税とするなど地方税制度を再編成したこと，地方税の分与制度を導入したこ

昭和22年，地方税制度の自主化を意図として行われた改正に際し，地租は道府県の独立税として移譲され，形式的にも完全な地方税となった。従前から，還付税制度によって，実質的には道府県の税源となっていたのが，この改正でそれが明確となり，大正末期から昭和初期にかけて大政治問題になっていた地租の地方移譲は，ここにその実現をみた。また，市町村は，これに対して地租附加税を課することとされた。この地方税改革によって，国税附加税が姿を消し，地方税の自主性が著しく強化されたのである。

（4） シャウプ税制

昭和24年のシャウプ勧告は，固定資産税の母体となる不動産税の創設を提案した。これは，まず第1に，「課税の全責任は市町村に負わせ，且つ税収入は全額市町村のものとする」。第2に，「本税は，現在の賃貸価格の年額ではなくて資本価格を課税標準としてこれを課する」。そして第3に，土地・家屋に加えて，「個人所得税及び法人税において控除をうける減価償却を認められるあらゆる事業資産を包括するように本税の範囲を拡張する」という，3点にまとめられる[6]。

その視点は，応能原則に沿いつつ，応益原則にも沿った課税の実施であった[7]。翌25年，シャウプ勧告に基づいて行われた地方税制度の改正に際し，地租

と，等である」と指摘している（金子宏『租税法』50頁（弘文堂，第21版，2016年））。

6) 連合国最高司令官本部〔総合司令部民間情報教育局訳〕『シャウプ使節団日本税制報告書』第2編第12章（1949年）。なお，資本価格とは，売買されることによって成立する価格をいい，土地台帳あるいは家屋台帳に登録されている戦前の賃貸価格を昭和24年の物価水準に直す，「資本価格＝賃貸価格×200×5」という勧告が行われている。

7) 石島ほか・前掲注4）20頁〔石島〕。そこでは，「所得税では課税されていない未実現のキャピタル・ゲインを，固定資産税で課税することができる。また，課税もれ又は非課税の所得で造出された資産に課税することによって所得税を補完しうる。固定資産税を応益課税に限定するのなら，その課税標準は必ずしも固定資産の価格（時価）である必要はない」と述べている。これに対して，米原淳七郎博士は，「固定資産税は原則として固定資産の所有者に課税されている。しかし応益課税の原則からみれば，固定資産税は，直接行政サービスの便益を受ける利用者が負担す

および同附加税は廃止された。土地に対する課税は，新たに市町村税として創設された固定資産税に統合されて，土地の価格を課税標準として課することになり，現在に至っている。

2　家屋に対する課税

　家屋に対して課する租税も，土地と同様，古くから地方税として実施されてきた。具体的には，明治3年の東京府下の家屋税に始まる。その後，家屋税は，「戸数割の代税」という特殊な制度的枠組みの下で課された。
　（1）　明治期の税制
　そもそも，明治11年の地方税規則の制定により，府県で戸数割の課税が開始された。しかし，戸数割は，課すべき税目として示されたのみで，その課税方法や課税額に関する規定はなかった。その後，明治15年には，府県の都市部たる区部—当初は，東京府，大阪府，京都府，神奈川県の区部—についてのみ家屋税を課することができるものとされた。ただし，家屋税を課する場合，戸数割の課税は認められず，ここに家屋税と戸数割の代税関係が成立した。
　明治21年の市制・町村制の施行により，家屋税が課されている府県の市町村は，市町村税として家屋税の附加税を課することができることになった。さらに，明治23年の府県制の施行により，府県の全部または市制施行地について戸数割に代えて，府県税として家屋税を課することができることになり，市町村は，従来どおり家屋税の附加税を課することができることとされた。しかし，家屋税については，課税方法の規定は設けらなかった。
　（2）　大正期の税制
　大正10年の府県税戸数割規則の制定により，戸数割について，はじめて全国統一的な課税方法が規定された。課税制限額は税収総額にリンクするかたち

　　べき税であり，利用者に課税すべき税である。…。もっとも徴税実務の面からみると利用者税より所有者課税の方が便利である。これは資産の利用者より所有者の方が容易に把握できるからである」と指摘している（橋本徹編『地方税の理論と課題』165〜166頁〔米原淳七郎〕（税務経理協会，改訂版，2001年））。

で定められ，市では市税収総額の50％，町村では町村税収総額の80％以内とされ，家屋税にも同様の制限が適用された。こうした課税制限のあり方は，戸数割と家屋税をもって市町村の税源を最終的に調節することを，政府が認めたものとして注目できる[8]。

大正15年に「地方税ニ関スル法律」の制定により，府県は家屋の賃貸価格を課税標準として家屋税を課することができることになり，市町村は，これに対する附加税を課することになった。一方，府県税戸数割は廃止され，市町村独立税とされた。府県では，家屋税と戸数割の代税関係が事実上消滅し，また，市町村では，家屋税附加税と戸数割とが併課されるため，代税関係は原則的に廃止された。

(3) 昭和初期の税制

昭和15年の国・地方を通ずる税制改正に伴う家屋税法の制定により，家屋税は国税となり，道府県および市町村は，家屋税附加税を課することとされた。このほか，国税として徴収された家屋税も，その全額を還付税として徴収地の道府県に還付するものとされ，実質的には家屋税の全額が地方財源となった。また，戸数割は廃止され，「市町村民税」という新しい装いの下に負担分任税制が創設された。この改正は，地方税制度の近代化・合理化に著しい貢献を果たしたものと評することができる[9]。

昭和22年の地方税制度の改正に際し，家屋税は再び道府県の独立税となり，形式的にも完全な地方税となった。家屋税の課税標準は，賃貸価格制を踏襲して，道府県で決定し，国がこれを補佐することとされた。従前から，還付税制度によって，実質的には道府県の税源となっていたが，この改正でそれが明確となり，国から道府県への移譲が実現した。また，市町村は，これに対して附加税を課することとされた。

---

8) 根岸睦人「日露戦後から第一次大戦後にかけての都市税制改革―家屋税を中心として―」立教経済学研究　58巻4号253頁（2005年）。しかしながら，家屋税の課税方法に関して，特別の規定は設けられなかった。

9) 丸山・前掲注2）350頁。

（4） シャウプ税制

　昭和25年，シャウプ勧告に基づいて行われた地方税制度の改正に際し，家屋税および同附加税は廃止された。家屋に対する課税も，土地の場合と同じく，新たに市町村税として創設された固定資産税に統合されて，家屋の価格を課税標準として課することになり，その評価を毎年実施することが勧告された。また，実際にも，そのように行われていた。しかしながら，その作業量が膨大であることから，昭和30年度税制改正により，おおむね３年ごとに評価を行い，原則として，その間は価格を据え置くこととされた。以降，現在に至るまで，昭和33年度から起算して３の倍数年度に，評価替えが行われている[10]。

3　償却資産に対する課税

　償却資産に対する全面的な課税は，昭和25年の固定資産税の創設によって行われることになったものである。ただ，その萌芽は，明治２年の船舶税，大正15年の電柱税および昭和22年の軌道税にみられる。これらの租税および同附加税は，償却資産税の創設に伴い，いずれも廃止された。

（1）　船　舶　税

　そもそも，事業用資産に対する課税は，明治２年の国税船税に始まる。すなわち，船舶に対する課税は，明治２年の「船舶課税率制定ノ件」以来，国税として船舶の型式に応じ，屯数・石数等を課税標準として課することになった。明治11年に地方税規則の制定により，府県は，国税船税に対して附加税を課することになった。

　明治29年に国税船税は廃止され，船舶に対する課税は地方に移譲された。大正15年に「地方税ニ関スル法律」の制定により，道府県は雑種税として船税を，市町村は同附加税をそれぞれ課することになった。その後，昭和15年に地方税法の制定により，従来の船税は「船舶税」と名称が改められた。府県は総屯数20屯以上の船舶に対して課税することとされた。市町村は，これに

10）　なお，平成７年度からは，１年ごとに評価額を修正できることになっている。

対する附加税を課することになり，総屯数20屯未満の船に対しては，市町村が船税を課することになった。

(2) 電 柱 税

電柱に対する課税は，全国一律ではなく，大正7年において23県に導入されていた。大正15年に「地方税ニ関スル法律」の制定により，統一的な基準が策定され，道府県は雑種税として電柱に対して本数または基数を課税標準として電柱税を課することとされた。市町村は，これに対する附加税を課することとされたのに始まり，昭和25年まで存続した。

(3) 軌 道 税

軌道に対する課税は，昭和22年の地方税法の改正により，道府県は軌道法または地方鉄道法によって敷設した軌道または地方鉄道に対して軌条の延長を課税標準として軌道税を課することとされた。これは，地方財政の窮乏を回復させるため，法定外独立税の拡張を図るということで，新たに道府県税として創設されたものである。また，市町村は，これに対する附加税を課することになった。

(4) 償却資産税

このほか，昭和15年に導入された法定外独立税として，原動機，冷凍機，織機，製造機，印刷機，軌道車，荷役施設などの事業用資産に対する課税が多くの市町村において行われていた。これらを土地・家屋と統合して，昭和25年に固定資産税が創設された。固定資産税は，土地，家屋および償却資産いずれも，資本価格を課税ベースとすることになった。もし仮に，事業用資産が資産価値で課税され，土地・家屋が賃貸料で課税されるとすれば，建造物について，家屋であるか事業用資産であるかを区分する必要が生ずる。こういった問題を回避するためにも，資産の市場価値で課税することにされたのである[11]。

もう1つ重要なことは，シャウプ勧告が法人税・所得税改革において，事業

---

11) 戸谷裕之「戦後日本の固定資産税—地価上昇と激変緩和のはざまで—」総合税制研究6号28頁（1998年）。なお，資本価格は，その資産を売買することによって成立する価格，すなわち，資産の市場価値とみなすことができる。

用資産の再評価を求めたことと関連している。というのは，一方で，資産再評価は，法人税・所得税の資産再評価で到達した金額を下回ってはならないわけである。他方で，資産再評価を過剰にすると減価償却費が多額に計上され，法人税・所得税の減少に繋がり，その歯止めとして，今度は固定資産税を課するということになったのである。つまり，こうしたバランスの中で，償却資産税が導入された経緯がある[12]。

第2節　固定資産税の現代的意義

　このように，土地，家屋および償却資産に対する課税を一本化して，昭和25年に固定資産税が誕生し，現在に至っている。固定資産税は，地方の独自の税源であるという意味でも，市町村にとって安定的な税源であり，非常に大きな税収が毎年もたらされるという点でも大変に重要な租税である。地方税の中で，固定資産税が基幹税として，今後ともその役割を担っていくことは，疑いのないところである。

---

[12]　戸谷裕之「わが国の固定資産税「償却資産課税」の成立―シャウプ勧告における資産再評価税との関連で―」大阪産業大学経済論集14巻2号120〜121頁（2013年）。そこでは，「終戦当時，日本経済は超インフレの時代であった。そのために資産再評価というのは，所得税，法人税においてまず必要な措置であった。なぜなら，それは減価償却費の問題と関係している。減価償却費を計上するというのは，償却終了後にはまたその機械を購入できるように少しずつ資金をプールしておくという手続きに他ならない。ところがインフレーションの中では，その償却後に資金がたまったけれども，いざそれを買おうとしても，高額になっていて全然買えない。これでは意味がないので，減価償却費を多く計上するためには，今の資産をインフレに合わせて評価し直さねばならない，というのが資産再評価の目的である」と述べている。これに対して，元自治事務次官，柴田護氏は，「あれ（償却資産税の導入）は，再評価税の脱税を防ぐという意味があった。シャウプさんの場合は多分にアメリカの財産税的な考え方がある。企業財団というのを一体に見てるわけでしょう。ですから償却資産も一体だと，こういう見方でしょうね」と指摘している（津田正＝柴田護「地方税制の基本問題を語る」税37巻1号52頁〔柴田発言〕（1982年））。

1 固定資産税制度の現状

　平成26年度の市町村税決算額は，21兆1,020億円で，前年度比2.4％増となっている。その税目別内訳をみると，市町村民税が9兆5,594億円で市町村税総額の45.3％と最も大きな割合を占め，次いで固定資産税が8兆7,686億円で41.6％となっている。さらに，都市計画税1兆2,439億円（5.9％）を加えると，両税で市町村税総額の47.5％を占める基幹税である[13]。

　ここでいう「都市計画税」とは，都市計画事業または土地区画整理事業に要する費用に充てるため，原則として市街化区域内に所在する土地および家屋に対して，その価格を課税標準として，その所有者に課する目的税である[14]（法702①）。その萌芽は，大正8年都市計画法の制定に伴い創設された「都市計画特別税」であって，地方団体は，同法の定めるところによって都市計画事業の施行に要する費用に充てるため目的税として課することができた。昭和15年の地方税法の制定により，地方税に関する制度が体系的に整備されたことに伴い，「都市計画税」として規定された。

　ところが，昭和25年の地方税制度の改正により，都市計画税は，水利地益税に吸収された。しかしその後，昭和31年の地方税制度の改正により，都市計画税が目的税として復活された。自治省（現総務省）は，「市町村が都市計画法又は土地区画整理法に基づいて都市計画事業又は土地区画整理事業を行う場合には，都市計画区域内の土地及び家屋について，一般的に利用価値の向上，価格の上昇等が伴うので，これらの利益を窮極的に受けると考えられる当該土地又は家屋の所有者に対しその事業に要する費用を負担させるもの」と，都市計画税の意義を説明している[15]。

---

[13]　総務省『平成28年版地方財政白書』44～45頁（2016年）。
[14]　なお，都市計画事業とは，都市計画法上，都道府県知事の認可または承認を受けて行われる，道路・公園等の都市計画施設の整備に関する事業および市街地開発事業をいう（都計4⑮）。また，土地区画整理事業とは，土地区画整理法上，都市計画区域内の土地について，公共施設の整備改善および宅地の利用の増進を図るために行われる，土地の区画形質の変更および公共施設の新設または変更に関する事業をいう（区画整理2①）。

すなわち，普通税は，その収入を一般的な使途に充てるために課される租税をいい，一方，目的税は，その収入を特定の使途に充てる目的で課される租税である。なお，普通税たる固定資産税と目的税たる都市計画税の異同は，つぎのとおりである[16]（法702～708）。

　イ　課税主体

　　固定資産税の課税主体は，全市町村―課税市町村数は，東京都特別区を1団体として，1,719団体（平成27年4月1日現在）―である。これに対して，都市計画税の場合は，都市計画区域を有する市町村―課税市町村数は651団体（平成27年4月1日現在）―である。

　ロ　課税客体

　　固定資産税の課税客体は，土地，家屋および償却資産―土地は1億7,956万筆，家屋は5,859万棟―である。これに対して，都市計画税の場合は，原則として，市街化区域内の土地および家屋―土地は4,210万筆，家屋は2,992万棟―である。したがって，都市計画税の課税客体には，固定資産税の場合と異なり，償却資産は含まれない[17]。

　ハ　納税義務者

　　固定資産税の納税義務者は，土地，家屋または償却資産の所有者―土地は4,059万人，家屋は4,075万人，償却資産は425万人―である。これに対して，都市計画税の場合は，土地・家屋の所有者―土地は2,162万人，家屋は2,646万人―で，賦課徴収は固定資産税と併せて行われる。

15）　自治省税務局編『地方税制の現状とその運営の実態』548頁（地方財務協会，1981年）。

16）　固定資産税務研究会編『要説固定資産税』7頁（ぎょうせい，平成28年度版，2016年）。なお，都市計画税については，拙稿「地方目的税の基礎理論と基本問題（3）法定任意税」税68巻12号144頁（2013年）を参照のこと。

17）　なぜなら，土地・家屋については，都市計画事業または土地区画整理事業が実施されることにより，利用価値の向上・価格の上昇等の受益関係が認められるのに対して，償却資産については，その所在が一定しないものがあるばかりでなく，都市計画事業または土地区画整理事業の実施によって当該資産に受益があると認められないことによる。

ニ　課税標準

　　固定資産税の課税標準は，固定資産の価格（適正な時価）である。また，都市計画税の課税標準も，固定資産税の場合と同じ価格である。

ホ　税　　率

　　固定資産税の税率は，標準税率1.4％―標準税率の採用市町村数は1,565団体（91.1％）―である。これに対して，都市計画税の税率は，固定資産税の場合と異なり，制限税率0.3％―制限税率の採用市町村数は330団体（50.5％）―しか法定されていない[18]。

ヘ　免　税　点

　　固定資産税の免税点は，土地30万円，家屋20万円，償却資産150万円に満たない場合である。また，都市計画税の場合も，固定資産税の土地・家屋分と同じである。

ト　賦　課　期　日

　　固定資産税の賦課期日は，当該年度の初日の属する年の1月1日である。また，都市計画税の場合も，固定資産税の賦課期日と同じである。

　話を戻せば，固定資産税を構成する土地，家屋および償却資産の税収比率は，図表4に表示したとおり，おおむね2：2：1で推移している。なお，固定資産税の課税客体は，土地1億7,956万筆，家屋5,859万棟存在しており，納税義務者は，土地4,059万人，家屋4,075万人，償却資産425万人と，相当に裾野の広い租税だといえる。

---

[18]　総務省自治税務局『平成28年度地方税に関する参考計数資料』43頁（2016年）。なぜなら，都市計画税によって調達すべき財源が個々の市町村の都市計画事業または土地区画整理事業に要する金額によって大きく異なるためであり，すべての市町村を通じて適用される一定税率や標準税率に馴染まない面があることによる。

図表4　固定資産税額の資産別構成比

単位：億円（％）

年度	土　地	家　屋	償却資産	合　計
昭和25	187（39.3）	200（42.0）	89（18.7）	476（100）
27	277（34.3）	364（45.1）	166（20.6）	807（100）
30	433（39.2）	465（42.1）	206（18.7）	1,104（100）
33	499（36.3）	573（41.7）	304（22.1）	1,375（100）
36	561（31.2）	756（42.1）	480（26.7）	1,797（100）
39	644（25.7）	1,055（42.1）	807（32.2）	2,506（100）
42	845（24.6）	1,519（44.3）	1,068（31.1）	3,432（100）
45	1,510（27.7）	2,255（41.4）	1,679（30.8）	5,444（100）
48	3,988（39.4）	3,594（35.5）	2,535（25.1）	10,117（100）
51	7,804（45.2）	5,926（34.3）	3,542（20.5）	17,272（100）
54	11,020（45.3）	8,777（36.1）	4,527（18.6）	24,324（100）
57	13,723（42.8）	12,309（38.4）	6,015（18.8）	32,047（100）
60	17,898（42.9）	16,028（38.4）	7,821（18.7）	41,747（100）
63	21,837（41.9）	19,948（38.3）	10,356（19.9）	52,140（100）
平成3	26,028（40.0）	25,293（38.8）	13,823（21.2）	65,144（100）
6	32,627（41.2）	30,288（38.3）	16,262（20.5）	79,178（100）
9	37,052（42.3）	33,242（38.0）	17,230（19.7）	87,525（100）
12	37,469（41.8）	34,686（38.7）	17,396（19.4）	89,551（100）
15	35,539（41.0）	34,758（40.1）	16,489（19.0）	86,786（100）
18	33,947（40.1）	34,664（40.9）	16,039（18.9）	84,651（100）
21	34,674（39.5）	36,641（41.7）	16,473（18.8）	87,789（100）
24	33,990（40.0）	35,514（41.8）	15,387（18.1）	84,890（100）
27	33,596（39.0）	36,576（42.4）	16,000（18.6）	86,171（100）

（注）1．平成24年度までは決算額，平成27年度は地方財政計画による収入見込額である。
　　　2．端数処理の関係で，内訳と合計が一致しない場合がある。
　　　3．償却資産には，大規模償却資産に係る道府県分が含まれていない。
（出所）　固定資産税務研究会編『要説固定資産税』8～9頁（ぎょうせい，平成28年度版，2016年）に基づき，筆者が作成。

2　固定資産税の性質

固定資産税は，固定資産の価格を課税標準として課されることになっているから，一般に，それは固定資産の所有の事実に着目して課される財産税の性質

をもつといわれる[19]。最高裁も,「固定資産税は,家屋等の資産価値に着目し,その所有という事実に担税力を認めて課する一種の財産税である」と判示している[20]。

しかし他方で,地方税の専門家の間では,固定資産税は,つぎの3点を背景に,①資産価値に応ずる一定の予想収益力に対応した税負担を求める「収益税」であるか,あるいは,②財産税ではあるが,通常その財産の所有によって得られる収益のうちから支払われることを予定している「収益税的な財産税」の性質を有する租税だとする見解がある。

イ　固定資産税の前身である地租が,土地の賃貸価格を課税標準として課される収益税であったという点

ロ　シャウプ勧告が,課税標準である土地と家屋の価格の計算として,賃貸価格の見積額を用いていたという点

ハ　固定資産税の適用・執行において,課税標準が時価を著しく下回る水準に据え置かれてきたという点

たしかに,収益税とする説は,上記ハのような低い評価水準を追認し,正当化するためには好都合な理論であった。また,上記イの点については,地租は,固定資産税の導入によって廃止されたときには土地の賃貸価格を課税標準としていたが,常にそうであったわけではなく,明治14年から昭和6年までの間は地価を課税標準とする財産税であった。したがって,固定資産税を収益税として仕組むか,それとも財産税として仕組むかということは,立法政策の問題である。そこで,その導入の経緯をもう少し詳しくみてみる。

シャウプ勧告は,固定資産税の課税ベースとして賃貸価格の年額の代わりに資本価格を採用すべきことを提言しており,固定資産税を財産税として構想し

---

19)　金子・前掲注5)657頁。なお,財産税とは,財産の所有という事実に着目して課される租税をいい,課税の対象とされる財産の範囲によって,一般財産税と個別財産税に分かれる。一般財産税は,ある人の財産の全体または純資産を対象として課されるものである。一方,個別財産税は,固定資産税・自動車税のように特定種類の財産を対象として課されるものである。

20)　最判昭和59年12月7日民集38巻12号1287頁。

ていたことはほぼ間違いない。また，当時シャウプ使節団と折衝した自治省官僚も，固定資産税を財産税であると理解していたようである[21]。もっとも，シャウプ勧告は，賃貸価格を基礎として土地の資本価格を算出するということを提案した。これは，短期間の間に固定資産の資本価格を確定しなければならないという必要性から，一種の便法として，資産の価格はそれが生み出す収益の現在価値に等しいという経済学説に従ったものと推測される。

　それにもかかわらず，「収益税」だとか「収益税的な財産税」だという考え方が繰り返し主張されるのは，固定資産税は財産税だという考え方をとれば，固定資産税の負担が固定資産から得られる収益を超過するおそれがある，つまり，元本に食い込んでしまうおそれがあるという危惧の念がある。逆に，収益税であるとか，収益税的な財産税であるという考え方をとれば，税負担を収益の範囲内に抑えることができるという安心感と結びついているのではないかと想像される。

　もっとも，固定資産税の性質をどう考えるかという問題と，固定資産税の負担がどの程度であるべきかという問題とは，論理上別個の問題である。固定資産税は財産税だという考え方をとったとしても，必ず固定資産税の負担水準が高くなるわけではない。この2つの問題を論理的に混同しないで，そこは区別して考える必要があろう。

3　固定資産税と応益原則

　租税にとって最も重要なことは，納税者に公平に徴収されているという信頼を与えることである。この信頼性が得られないかぎり，税金の納付を拒否されるおそれがある。納税者が公平な租税と認める基準には，応能原則と応益原則がある。

　このうち，応能原則とは，各納税者の税負担額は彼の租税支払能力の大きさ

[21) たとえば，元自治事務次官，柴田護氏は，「シャウプさんは軽度のプロパティタックスを考えていたと思うんです」と振り返っている（津田＝柴田・前掲注12) 52頁〔柴田発言〕）。

に従って決められるべきであるという原則である。ここでいう「租税支払能力」は，通常，所得の大きさや消費の大きさで測られる。このほか，保有する資産額の大小も，租税支払能力の１つの指標とみられている。もっとも，この資産額は，純資産額のことである。だが，固定資産税の課税客体は，純資産額ではない。それは，資産の一部でしかなく，また負債の控除も全くしていない値である[22]。したがって，固定資産税は，応能原則を満たす租税だとはいえない。

他方，応益原則とは，それぞれの課税対象が行政サービスから受ける便益の大きさに従って，その税額が決定されるという原則である。地方行政の効率性を重視する立場からは，住民にコスト意識をもたせることができる応益原則が推奨される。だが，応益原則が完全に実行できるには，住民の受ける便益が確定されねばならず，また，便益の及ぶ範囲も確定されねばならない。しかし，住民の受ける便益は確定するのが困難であり，便益の及ぶ範囲もスピンオーバーが発生すれば確定するのが困難である。たとえ，便益が測定できたとしても，便益に応じた負担を具現する課税標準がみつからなければ，正確に負担を求めることができない。

応益原則を固定資産税についていえば，それぞれの固定資産に対する税額は，それを利用する人々が，その利用を通じて受ける行政サービスの便益の大きさに従って決められねばならないという原則である。もっとも，土地・家屋の課税標準が，こうした要件を必ずしも満たしているわけではない。しかも，応益原則は，個人の負担能力を考慮しないわけであるから，逆進的課税となる欠点をもつ。したがって，現実には，逆進的課税とならないように，税率を低く設定し，非課税措置や軽課措置を講じている。

このようにみてくると，現行の固定資産税制度は，土地，家屋および償却資

---

[22] 橋本・前掲注７）164頁〔米原〕。たとえば，銀行から5,000万円の資金を借り入れて，5,000万円のマイホームを購入した場合，彼は，資産と負債の同額増やしており，純資産額には変化はない。しかし，それでも，彼は，マイホームの購入後には，それに対する固定資産税を納付しなければならなくなる。

産を課税客体としながら，用途別あるいは所有形態別に何ら課税上の区別はない[23]。また，固定資産税は財産税だといっても，財産元本および富の再分配を意図する「実質的財産税」ではなく，収益から支払われる「形式的財産税」ということができる。もっとも，固定資産税を実質的財産税の方向に再編することも可能であり，それは保有課税を強化する方向である。

第3節　償却資産税の課税客体

　課税客体となる償却資産については，土地・家屋と異なり，事業の用に供することができるものに限られている[24]。しかも，償却資産は，全く地方税法上独立した規定によって，その意義が定められている。それゆえ，償却資産は，法人税法・所得税法上の減価償却資産とは種々の相違点がある。その意義を理解するため，両者の相違について，十分理解しておく必要がある。

1　課税客体となる償却資産

　償却資産税の課税客体は，償却資産である。ここで，償却資産とは，土地・家屋以外の事業の用に供することができる有形減価償却資産で，その減価償却費が法人税法・所得税法の規定による所得の計算上損金または必要経費に算入されるものをいう。ただし，自動車税の課税客体である自動車，ならびに，軽自動車税の課税客体である原動機付自転車，軽自動車，小型特殊自動車および二輪の小型自動車（軽自動車等）は除かれる[25]（法341四）。

---

[23]　もちろん，「農地に対して課する固定資産税の特例」（法附則19）など，土地の種類別に課税が異なる。また，償却資産を課税客体に含めることによって，個人と企業の区別をしているともいえる。

[24]　ちなみに，事業とは，一般に一定の目的のために一定の行為を継続・反復して行うことをいい，必ずしも営利または収益そのものを得ることを直接の目的とすることを必要としない。したがって，いわゆる「公益法人」の行う活動も事業に該当する。なお，公益法人とは，非営利であり，かつ，不特定多数の者の利益（公益）の増進に寄与する法人である。

（1） 課税客体の要件

地方税法の定義からすると，課税客体となるべき償却資産は，つぎの要件を備えるものでなければならない（法341四，令49）。

イ　土地・家屋以外の事業の用に供することができる資産であること

ロ　その減価償却費が法人税法または所得税法の規定による所得の計算上損金または必要経費に算入されるものであること

ハ　鉱業権，漁業権，特許権その他の無形減価償却資産でないこと

ニ　使用可能期間1年未満または取得価額が10万円未満である償却資産で，法人税法施行令133条または所得税法施行令138条（少額の減価償却資産の取得価額の損金・必要経費算入）の規定により，一時に損金または必要経費に算入されたもの（少額減価償却資産）および取得価額が20万円未満である償却資産で，法人税法施行令133条の2または所得税法施行令139条（一括償却資産の損金・必要経費算入）の規定を適用して，3年均等償却を行ったもの（一括償却資産）でないこと[26]

ホ　自動車税の課税客体である自動車および軽自動車税の課税客体である軽自動車等でないこと[27]

---

25) ちなみに，自動車税の課税客体である自動車とは，道路運送車両法の適用を受ける自動車のうち普通自動車および三輪以上の小型自動車をいい，通常道路において運行するものである（法145①）。したがって，具体的認定にあたっては，道路運送車両法4条（登録の一般的効力）の規定による登録の有無によっても差し支えない（取扱通知(県)10章1）。

26) 詳しくは，第1章第3節1・2を参照のこと。なお，ファイナンス・リース取引に係るリース資産で，その所有者が取得した際の取得価額が20万円未満のものについては，平成20年4月1日以降，課税客体たる償却資産から除かれている（令49但書）。

27) ちなみに，自動車税および軽自動車税の課税客体である自動車・軽自動車等に取り付けられている機器等については，性能，形式，構造などが自動車用として特別に設計されており，自動車固有の装置と認められるので，たとえ機器等が取り外し可能であるとしても，償却資産としては取り扱わない。ただし，タクシー会社が所有する無線通信設備については，事務所等に設置している基地局の設備についての

（2） 税務会計上の減価償却との異同

　償却資産税は，その課税客体として基本的には税務会計上の有形減価償却資産を想定していること，その評価額算出に際し法人税法・所得税法における規定を参照していることから，税務会計と密接な関係がある。もっとも，税務会計における減価償却資産と償却資産税における償却資産との意義を比べると，両者には，つぎのような相違点がある。

　　イ　事業の用に供する建物については，税務会計において減価償却資産とされるのに対して，償却資産税においては，たとえ事業用のものであっても，別個に家屋として取り扱われるから，償却資産には該当しない点
　　ロ　無形減価償却資産は，税務会計上，減価償却資産とされるのに対して，償却資産税の課税客体から除かれる点
　　ハ　牛，馬，果樹その他の生物は，税務会計上，減価償却資産とされるのに対して，償却資産税の課税客体から除かれる点[28]
　　ニ　自動車税の課税客体である自動車および軽自動車税の課税客体である軽自動車等は，税務会計上，減価償却資産とされるのに対して，償却資産税の課税客体から除かれる点

2　事業の用に供することができる資産

　償却資産税の課税客体となる償却資産は，「土地及び家屋以外の事業の用に供することができる資産」（法341四）に限られている。ここで，まず，「事業の用に供する」とは，その事業について直接たると間接たるとを問わず使用される資産で，税務会計上減価償却できるものをいう。たとえば，事業者が従業

み，償却資産税の課税客体となる。また，自転車・荷車については，一方で，事業者が現に減価償却資産として計上し，その減価償却費を損金または必要経費に算入している場合は，償却資産税の課税客体となる。他方で，農家・小売商店等において同一の自転車・荷車を家事用にも使用している場合は，非事業用資産として取り扱われる（取扱通知（市）3章9）。

28）　ただし，観賞用・興行用等に供する生物は，償却資産として課税客体となる（法税令13七括弧書，所税令6七括弧書）。

員のために設置している福利厚生施設に係る償却資産は，間接的にせよ，事業者として事業の用に供するものと認められるから，帳簿記載の有無にかかわらず課税客体となる。

また，「事業の用に供する」主体については，所有者自らがその償却資産を事業の用に使用する場合のほか，所有者がこれを他の者に貸し付けて，その者がこれを事業の用に供している場合あるいは事業の用に供することができる状態にある場合も，これに含まれる。たとえば，その所有者が償却資産の貸付けを業としている者であるときは，貸し付けられた償却資産が事業の用に使用されると否とを問わず，その償却資産は貸付事業の用に供されているものであるから，償却資産税の課税客体となる。

そして，「事業の用に供することができる資産」とは，現に事業の用に供されているものはもとより，遊休・未稼働の状態にある資産であっても，その休止期間中必要な維持補修が行われており，いつでも稼働しうる状態にあるものは，事業の用に供する目的をもって所有され，本来的に事業の用に供することができる状態にある資産であって課税客体である償却資産に含まれる。反面，工具器具備品のように，課税客体となりうる資産であっても，購入後倉庫に保管されているような場合の，いわゆる「貯蔵品」とみられるものは棚卸資産に該当するので，償却資産には含まれない[29]（取扱通知(市)3章4）。

(1) 事業用兼家事用資産

償却資産税における償却資産の価格（適正な時価）は，固定資産評価基準に基づき，取得時において通常支出するべき金額（取得価額）を基礎として評価されるので，1つの償却資産を課税される部分と課税されない部分に区分して

---

29) 貯蔵品とは，事業者の将来の生産活動や販売活動のために保有している資産（棚卸資産）の範囲で，消耗品で貯蔵中のものをいい，期末時に残存しているものである（法税令10六，所税令3六）。なお，その記帳としては，購入時に資産処理または費用処理する方法がある。消耗品・貯蔵品等の棚卸資産の取得価額は，原則として，その棚卸資産を消費した日の属する事業年度の損金の額に算入する。また仮に，貯蔵品を事業の目的に使用するときには，改めて棚卸資産勘定から固定資産勘定に振り替えることを要する。

取り扱うことはできない。したがって，事業用兼家事用資産であっても，取得価額の事業割合分だけが課税されるのではなく，全体が課税されることになる。

(2) 清算法人の所有資産

解散によって本来の事業活動を停止し，その法人の財産関係を整理する過程にある清算法人は，清算中において，その目的とする事業を継続することができない。もちろん，清算法人は，その清算事務遂行の範囲内でなお権利能力を有している。このような清算法人の実状からすると，清算法人は，事業を行っているものとは認められないから，その所有する資産は，事業の用に供することができる資産にはあたらない。

したがって，清算法人が所有する資産は，一般的には課税客体としての償却資産には含まれないものとして取り扱われる。ただし，自らの清算事務の用に供している資産や他の事業者に事業用資産として貸し付けている資産などは，その性格が他の資産と異なるところがなく，事業の用に供しているものといえることから，償却資産税の課税客体となる。

(3) 物品貸付業者が貸し付けている一般家庭用資産

償却資産税の課税客体となる償却資産は，「事業の用に供することができる資産」（法341四）とされていることから，事業の用に供されない資産（非事業用資産）は，償却資産税の課税客体とならない。したがって，自己の所有する一般家庭用資産を自己の日常生活の用に供しているときは，その一般家庭用資産は，非事業用資産となり償却資産税の課税客体とならない。

ただし，「事業の用に供する」場合には，物品の貸付けを業とする物品貸付業者が自己所有の資産を他の者に貸し付ける場合も含まれることになるので，物品貸付業者が一般家庭用資産を他の者に貸し付けた場合は，当該資産が貸付先で事業の用に供されない場合であっても，当該資産は物品貸付業者の事業の用に供する資産となる。この場合，一般家庭用資産は，事業用資産として，償却資産税の課税客体となる。

(4) 社員寮の設備・備品等

「事業の用に供する」場合とは，その事業に直接たると間接たるとを問わず

使用する場合をいうものであることから，事業を行う者がその本来の業務として行っている事業種目，すなわち，定款に掲げている事業種目に直接使用することができる資産に限定されないわけである。このため，事業者がその従業員の利用に供するために設置している福利厚生施設——たとえば，医療施設，食堂施設，寄宿舎，娯楽施設など——の用に供されている設備・備品等は，間接的に事業者としてその事業の用に供していることになる。したがって，社員寮の設備・備品等は，事業用資産として，償却資産税の課税客体となる。

3　減価償却費が損金算入されない償却資産の取扱い

償却資産税の課税客体となる「減価償却費が法人税法又は所得税法の規定による所得の計算上損金又は必要な経費に算入されるもの」（法341四）とは，法人税法施行令13条または所得税法施行令6条に規定する資産をいうものであるが，地方税法341条4号の償却資産は，これらの資産のうち家屋および無形固定資産以外の資産をいう。したがって，現実に必ずしも所得の計算上損金または必要経費に算入されていることは要しないのであって，その資産の性質上損金または必要経費に算入されるべきものであれば足りる（取扱通知(市)3章5）。なお，以下のような資産が，これに該当する（取扱通知(市)3章6・7）。

（1）簿外資産

会計帳簿に記載されていない簿外資産については，事業者としては，減価償却のできない資産である[30]。だが，簿外資産は，本来減価償却をすることが

---

30) 簿外資産とは，事業者の所有する実在の資産のうち，会計帳簿に記帳されていない資産であり，なおかつ，正規の簿記の原則に従って適正に処理された場合に生ずる資産をいう。貸借対照表完全性の原則に従えば，期末時点に保有するすべての資産を漏れなく完全に会計帳簿に記載されなければならない。だが，正規の簿記の派生原則としての重要性の原則の適用により，項目ないし金額の観点から重要性が乏しいと判断された場合には，正規の厳密な処理によらず，簡便な方法を用いることが容認される。たとえば，販売業者がメーカーから広告宣伝用資産のうち看板，ネオンサイン，どん帳のような専らメーカーの広告宣伝用のために使用される資産を贈与された場合は，販売業者が直接利益を享受するものではないため，一般に，販売業者においては，このような資産は資産計上せず，簿外資産として処理される。

可能な資産であり，同種の資産が法人税法・所得税法の規定によって減価償却をすることが認められるものである場合には，それが事業の用に供することができるものであるかぎり，償却資産税の課税客体となる。

（2） 償却済資産

税務会計上，その耐用年数が経過し，すでに減価償却が終わり残存価額1円のみが計上されている資産（償却済資産）は，本来減価償却のできる資産であることには変わりがない。したがって，償却済資産が事業の用に供することができる状態にあるものであれば，償却資産税の課税客体となる。税務会計における耐用年数は，物理的減価のみならず，経済的陳腐化をも考慮して定められていることから，償却済資産でも実際に事業の用に供されている場合が多いことに留意しなければならない。

（3） 減価償却を行っていない資産

法人の中には，赤字決算，配当政策その他の事情により，減価償却資産について全く減価償却を行わない場合がある。これは，決算処理上の取扱いにすぎず，本来減価償却のできる資産であれば，現に減価償却を行っていないことをもって，償却資産税の課税客体から除外することにはならない。また，法人税または所得税が非課税となるため，減価償却費を損金または必要経費に算入することが認められない場合であっても，同種の資産を有する事業者との負担の均衡という観点から，特に地方税法の規定によって非課税とされる資産以外は，償却資産税の課税客体に含まれる。

（4） 建設仮勘定の資産で事業の用に供されているもの

建設仮勘定において経理されている資産であっても，現にその一部が賦課期日までに完成し，それが事業の用に供されているものであれば，その減価償却費は，損金または必要経費として認められるべきものであるから，その部分については，償却資産税の課税客体に含まれる[31]（取扱通知(市)3章7）。一般的に，

---

[31] 建設仮勘定とは，事業の用に供する固定資産を建設し，または購入する目的で直接・間接に支出した金額を整理し，建設または購入が完了した後において精算額をもって確定した固定資産勘定に振り替えるための一時的な勘定科目をいい，請負業

建設仮勘定の整理は，経理上の都合等から期末に行われることが多く，建設仮勘定中の資産が，経理上整理される前に稼働する事態となり，賦課期日との関係から申告漏れとなる場合がある。こうした場合には，速やかに精算し，固定資産勘定に振り替え，償却資産の申告をしなければならない[32]。

4　美術品等の取扱い

　税務会計においては，つぎに掲げる美術品等のように，時の経過によりその価値の減少しない資産は，減価償却資産に該当しないこととされている（法基通7—1—1，所基通2—14）。したがって，このように減価償却を行わない美術品等は，償却資産税の課税客体から除かれる。

　イ　古美術品，古文書，出土品，遺物などのように，歴史的価値または希少価値を有し，代替性のないもの

　ロ　上記イ以外の美術品等で，取得価額が1点100万円以上であるもの

　以上のことから，①取得価額が1点100万円未満であるもの，または，②取得価額が1点100万円以上であって，時の経過によりその価値が減少することが明らかなものは，税務会計上，減価償却資産として取り扱われる[33]（法基通7—1—1(注)2，所基通2—14(注)2）。このように，法人税・所得税の取扱いにおいて，減価償却資産に該当するとされるものは，償却資産税の課税客体となる。

　　者に対する前払金や，建物・機械等の購入の前払金などのほか，材料・部分品等で建設に使用した金額も含まれる。

32)　もし仮に，経理技術上精算できない場合には，概算振替の方法も検討する必要がある。なお，申告制度については，第6章第1節1を参照のこと。

33)　たとえば，会館のロビーや葬祭場のホールのような不特定多数の者が利用する場所の装飾用や展示用（有料で公開するものを除く）として取得するもののうち，移設することが困難でその用途にのみ使用されることが明らかなものであり，かつ，他の用途に転用すると仮定した場合に，その設置状況や使用状況からみて美術品等としての市場価値が見込まれないものが，「時の経過によりその価値が減少することが明らかなもの」に該当する（法基通7—1—1(注)1，所基通2—14(注)1）

5 遊休資産と用途廃止資産の取扱い

　償却資産税の課税客体となる「事業の用に供することができる資産」（法341四）には，現に事業の用に供している資産はもとより，事業の用に供する目的をもって所有され，かつ，それが事業の用に供することができると認められる状態にある資産も含まれる。したがって，景気変動による生産調整のため，一時的に事業活動を休止し遊休状態にある資産（遊休資産）であっても，それが事業の用に供する目的をもって保有され，本来的に事業の用に供することができる状態にあるものは，償却資産税の課税客体となる[34]（取扱通知（市）3章4）。

　ただし，生産方式の変更，機能の劣化，資産の旧式化などの事由によって，使用されなくなり，将来他に転用する見込みもないまま，解体または撤去もされず，原形を止めている状態にあるもので，将来において使用できないような廃棄同様の状態にあるようなもの，あるいは将来においても使用しないことが客観的に明確であるようなもの（用途廃止資産）は，事業の用に供することができない資産として取り扱い，課税客体となる償却資産とされない。

　なお，法人税においては，その使用を廃止し，今後通常の方法により事業の用に供する可能性がないと認められる固定資産については，いわゆる「有姿除却」をすることができる[35]。したがって，用途廃止資産の認定にあたっては，法人税において有姿除却がなされているかどうかなどを斟酌して行うことになる。この場合において，今後通常の方法により事業の用に供する可能性がないかどうかについては，用途廃止時における企業内部の決定，廃止後における動力系統等の状況や維持補修の状況，あるいは客観的な経済状況その他の状況の

---

34) ちなみに，工場を新築し，完成したものの，まだ稼働していない状態にある資産（未稼働資産）についても，遊休資産と同様，償却資産税の課税客体となる。
35) 有姿除却とは，①その使用を廃止し，今後通常の方法により事業の用に供する可能性がないと認められる固定資産，②特定の製品の生産のために専用されていた金型等で，製品の生産を中止したことにより将来使用される可能性のほとんどないことが，その後の状況等からみて明らかなものについて，たとえ解撤，破砕，廃棄などをしていない場合であっても，その帳簿価額からその処分見込価額を控除した金額を除却損として損金の額に算入することをいう（法基通7－7－2）。

変化を見極めたうえで判断することになる。

第4節　課税客体となる土地・家屋

　課税客体となる土地・家屋については，不動産登記法にいう土地・家屋とその意義を同じくするものであり，不動産登記簿に登記されるべき土地・家屋ということになっている。土地，家屋および償却資産いずれに該当しても，同様に固定資産税が課される。とはいえ，償却資産については，地方税法において独特の定めをしているので，土地・家屋との区分はきわめて重要となる。そこで，まず，課税客体となる土地・家屋を確認したうえで，償却資産との区分について，それぞれ解説していく。

1　土地と償却資産の区分

　課税客体となる土地とは，田，畑，宅地，塩田，鉱泉地，池沼，山林，牧場，原野その他の土地をいう（法341二）。これは，土地の意義を積極的に規定したというよりも，利用の面から分類した種類（地目）を掲げたものであり，不動産登記法の土地の意義と基本的に同様のものである。したがって，課税客体となる土地は，不動産登記簿に登記されるべき土地をいうものであるから，現実に不動産登記簿に登記されている土地はもちろんのこと，登記漏れとなっているものであっても，それが土地である以上，固定資産税の課税客体となる。

　土地・家屋は事業用・非事業用を問わず，特定の非課税資産を除いてはすべて課税客体とされるのに対して，償却資産は事業用資産のみに限定される。そのため，償却資産については，事業用・非事業用の区分が必要となってくるし，実際問題としては，土地・家屋との区分について，その認定がきわめて困難である場合が少なくない。土地と償却資産の区分にあたっては，つぎの諸点に留意しなければならない。

　　イ　土地に定着する岸壁，橋，さん橋，ドック，軌道，貯水池，坑道，煙突などは，土地に定着する土木設備または工作物（構築物）として償却資産に該当する点

ロ　工場の構内，作業広場，飛行場の滑走路，誘導路などの舗装部分も，構築物として償却資産に該当する点

ハ　民間企業の経営する自動車道については，道路の舗装部分のみならず，原野・山林等を切り開いて構築した切土，盛土，路床，路盤，土留などの土工施設も構築物として償却資産に該当する点

ニ　立木，果樹，野菜などは，課税客体である土地に含まれないが，同時に課税客体である償却資産にも含めない点

2　税務会計上の取扱い

具体的には，土地となるか，償却資産となるかは，税務会計の処理に合わせて取り扱うことが基本とされる[36]。

（1）　土地についてした防壁・石積み等の費用

埋立て，地盛り，地ならし，切土，防壁工事その他土地の造成または改良のために要した費用は，税務会計上，その土地の取得価額に算入するのであるから，一般的には償却資産とはならない。ただし，土地についてした防壁・石垣積み等であっても，その規模・構造等からみて土地と区分して構築物とすることが適当と認められるものの費用は，税務会計上，土地の取得価額に算入しないで，構築物の取得価額とすることができる。また，上下水道の工事に要した費用についても，同様とされる（法基通7―3―4）。

（2）　砂利道等

表面に砂利・砕石等の敷設した道路および路面は，税務会計上，構築物として減価償却資産とされる（耐通2―3―13）。

（3）　緑化施設

緑化施設は，税務会計上，構築物として減価償却資産とされる。ここで，緑化施設とは，植栽された樹木や芝生などが一体となって緑化の用に供されてい

---

[36]　資産評価システム研究センター『平成28年度固定資産税関係資料集Ⅲ―償却資産調査編―』15～16頁（2016年）。

るものをいい，いわゆる「庭園」と称されるもののうち，花壇や植樹など植物を主体として構成されているものは，これに含まれる。また，緑化施設に並木や生垣などはもとより，緑化の用に供する散水用配管・排水等の土木施設も含まれる[37]（耐通2－3－8の2（注）1）。さらに，工場緑化施設たる工場の構内等になされた植樹，芝生，花壇などはもとより，工場の構外に設置された緑化施設であっても，工場の緑化を目的とすることが明らかなものも含まれる（耐通2－3－8の3）。

(4) 庭　　園

庭園とは，泉水，池，とうろう，築山，あずまや，花壇，植樹などにより構成されているもののうち，緑化施設以外のものをいい，その規模・構造等からみて，土地と区別して構築物とすることが適当な場合は，税務会計上，減価償却資産とされる（耐通2－3－9）。

(5) 工場用地等の土木費

原野や山林などを切り開いて工場用地・道路等の建設その他の利用のためにした土木工事に要する費用は，税務会計上，土地の取得価額に含まれるので，減価償却資産とはならない。しかし，土地を利用するためにした防壁，上下水道，石垣などであっても，その規模・構造等からみて，土地と区別して構築物とすることが適当と認められるものについては，税務会計上，減価償却資産とするか否かは事業者の任意とされている。

(6) 野球場・ゴルフコース等の土工施設等

野球場，テニスコート，陸上競技場の暗きょ，アンツーカーなどの土工施設やゴルフコースなどと分離して独立の構築物とみられるものは，税務会計上，減価償却資産とされる。また，ゴルフコースの築山，池その他これらに類するもので，一体となってゴルフコースを構成するものについても，その規模・構造等からみて，土地と区別して構築物とすることが適当な場合は，減価償却資産とされる（耐通2－3－6）。なお，フェアウェイおよびグリーンの芝植え付

[37] ただし，ゴルフ場，運動競技場の芝生等のように，緑化以外の本来の機能を果たすために植栽されたものは，緑化施設に含まれない（耐通2－3－8の2本文）。

け費は，修繕費として処理される。

3 家屋と償却資産の区分

固定資産税の課税客体となる家屋とは，住家，店舗，工場・発電所等，倉庫その他の建物をいう（法341三）。その意義は，不動産登記法の建物と同じくするものであり，したがって，不動産登記簿に登記されるべき建物である（取扱通知(市)3章2）。すなわち，固定資産税の課税客体となる家屋は，不動産登記簿に登記されるべき建物—屋根および周壁またはこれらに類するものを有し，土地に定着した建造物—であって，その目的とする用途に供しうる状態にあるものである（不動産登記規則111）。

一般的には，土地に定着して建造され，屋根および周壁またはこれに類するものを有し，独立して雨風をしのぎうる外界から遮断された一定の空間を有し，その目的とする居住，作業，貯蔵などの用に供しうる状態にあるものを「家屋」と解されている。この認定にあっては，そのほとんどが屋根および周壁を有し，土地に定着した建造物であって，その目的とする居住，作業，貯蔵などの用に供しうる状態にあり，ないしは現に供されているものである。実際上，それが家屋であるか否かの判定の困難なものは稀であろう。

もっとも，建造物によっては，それが家屋であるのか償却資産であるのかその認定が困難なものがある。その判定は，その構造や利用状況などを総合的に勘案して行う。この場合には，その構造のみにとらわれることなく，一般的な利用状況に重点を置いて認定される。なお，不動産登記における建物の認定にあたっては，つぎの例示から類推し，その利用状況等を勘案して判定されている（不動産登記事務取扱手続準則77）。したがって，建造物の構造等からみて家屋であるかどうかを定め難い建物については，この例示を参酌し，その利用状況等をも勘案して判定することになる。

イ 建物として取り扱うもの
　(イ) 停車場の乗降場または荷物積卸場[38]
　(ロ) 野球場または競馬場の観覧席[39]

第2章　沿革と課税客体

　　(ハ)　ガード下を利用して築造した店舗・倉庫等の建造物
　　(ニ)　地下停車場，地下駐車場または地下街の建造物
　　(ホ)　園芸または農耕用の温床施設[40]
　ロ　建物として取り扱わないもの
　　(イ)　ガスタンク，石油タンクまたは給水タンク
　　(ロ)　機械上に建設した建造物
　　(ハ)　浮船を利用したもの
　　(ニ)　アーケード付街路[41]
　　(ホ)　容易に運搬することができる切符売場または入場券売場

　なお，事業用家屋であって，その家屋の全部または一部がそれに付接する構築物とその区分が明瞭でなく，その所有者の資産区分においても構築物として経理されているものについては，その区分の不明確な部分を償却資産として取り扱うことが適当であるとされている（取扱通知(市)3章3）。

4　家屋に取り付けた附帯設備の取扱い

　固定資産税は，原則として，固定資産の所有者に対して課することとされている（法343①）。したがって，家屋の所有者以外の者が家屋に取り付けた附帯設備については，家屋に付合しているか否かにより，納税義務者および資産区分を決定することになる。

---

38)　ただし，上屋を有する部分に限る（不動産登記事務取扱手続準則77(1)ア但書）。
39)　ただし，屋根を有する部分に限る（不動産登記事務取扱手続準則77(1)イ但書）。
40)　ただし，半永久的な建造物と認められるものに限る（不動産登記事務取扱手続準則77(1)オ但書）。
41)　ただし，公衆用道路上に屋根覆いを施した部分に限る（不動産登記事務取扱手続準則77(2)エ括弧書）。ちなみに，アーケードは，商店街において，街路における日光雨雪を妨いで顧客を誘引するための街路上の覆いであり，家屋台帳法も適用されていないものであって，不動産取得税における「住宅，店舗，工場，倉庫その他の建物」（法73三）をいうところの家屋の観念の中に含まれないものと解されており，償却資産として取り扱うべきものである（昭和30年7月21日自丁府発105号自治庁府県税課長回答）。

たとえば，テナントが，給排水設備・間仕切等の附帯設備を家屋に取り付けた場合においては，これらの設備が家屋に付合していれば，民法242条（不動産の付合）の規定により所有権が家屋の所有者であるオーナーに帰属することになることから，納税義務者をオーナーとして，資産区分を家屋として課税されることになる。家屋に付合していなければ，所有権はテナントに帰属することになることから，納税義務者をテナントとして，資産区分を償却資産として課税されることになる。

　ただし，市町村長は，家屋の附帯設備であって，家屋の所有者以外の者がその事業の用に供するため取り付けたものであり，かつ，家屋に付合したことにより家屋の所有者が所有することになったもの（特定附帯設備）については，取り付けた者の事業の用に供することができる資産である場合にかぎり，取り付けた者をもって特定附帯設備の所有者とみなし，特定附帯設備のうち家屋に属する部分は家屋以外の資産とみなして固定資産税を課することができる[42]（法343⑨）。

　特定附帯設備については，家屋の所有者に課税することが原則である。ところが，家屋の所有者にとっては，課税の原因が自らに起因しない事由によるものである。しかも，その使用収益は特定附帯設備を取り付けた者に帰属すると考えられるため，課税関係を所有者課税の原則により，一律に取り扱うことが必ずしも合理的とはいえない場合がある[43]。そのため，固定資産税制度をより納税者意識に合致し，かつ，実態に即したものとし，家屋の附帯設備に係る課税関係の合理化を図るとともに，その適用関係を市町村の実情に応じた判断に委ねることにより，課税事務の円滑な実施に寄与するのである。

　なお，「家屋の附帯設備の範囲」および「取り付けた者の範囲」については，つぎの諸点に留意することとされている（平成16年10月8日総税固46号総務省自治税務局固定資産税課長・総税評30号総務省自治税務局資産評価室長通知）。

42）　特定附帯設備の例としては，電気設備，ガス設備，給排水設備，衛生設備，外部仕上，内部仕上，床仕上，天井仕上などがある。
43）　所有者課税の原則については，第3章第1節1・第2節1を参照のこと。

イ　家屋の附帯設備の範囲
　(イ)　地方税法343条9項に規定する家屋の附帯設備には，家屋に属する部分と家屋に属さない部分がある点
　(ロ)　家屋に属する部分とは，固定資産評価基準第2章における建築設備および特殊設備ならびに地方税法施行規則10条の2の7に規定するものであり，家屋に属さない部分とは，地方税法341条4号に規定する償却資産その他家屋に取り付けられたものである点
ロ　取り付けた者の範囲
　(イ)　地方税法343条9項に規定する取り付けた者には，特定附帯設備を自らの事業の用に供するために取り付けた者のほか，取り付けた者からその法的地位を承継した者が含まれる点
　(ロ)　取り付けた者からの相続，賃借権もしくは営業の譲渡，取り付けた者が法人である場合における会社の合併もしくは分割，または取り付けた者が個人事業者である場合における個人事業者の，いわゆる「法人成り」などにより，家屋の所有者に対して特定附帯設備を使用する権原を取得した者が該当する点[44]

---

44)　なお，会社合併とは，二以上の会社が契約によって一の会社に合体することをいい，逆に，一の会社を二以上の会社に分けることを「会社分割」と呼ぶ。会社法上，合併には吸収合併と新設合併，分割には吸収分割と新設分割があり，それぞれ手続が規定されている（会社748〜766・782〜816）。また，法人成りとは，個人で事業を始め，その後に法人を設立し，その法人で事業を行っていくことをいう。

第3章　納税義務者と課税団体
chapter 3

　本章では，償却資産税の納税義務者と課税団体についてみることにする。固定資産税の納税義務者は，原則として，固定資産の所有者とされている。特定の場合には，その使用者を所有者とみなして，固定資産税の納税義務を負わせることがある。納税義務者は大別すると，「所有者」と「みなす所有者」に区分することができる。また，固定資産税の課税団体は，固定資産所在の市町村とされており，土地・家屋については，比較的問題も少なく理解も容易である。課税団体に係る定めの約9割が，償却資産についてのものであって，その重要度はきわめて高い。

第1節　納税義務者の法的構造

　納税義務者とは，各税法において税金を納める義務を負担する者をいい，誰が納税義務者であるかは各税法の定めるところである。それは，課税要件の他の要件—課税物件（課税客体），課税標準および税率—を充足したときに納税義務を課せられる地位にある者の意味で規定されているのであって，その者が必ず具体的な納税義務を負うというわけではない[1]。固定資産税の納税義務者に

---
1)　浅沼潤三郎『租税法要論』68～74頁（八千代出版，1999年）。なお，課税物件とは，課税対象のことであり，担税力があることを推測せしめる一定の物件，行為または事実をいい，地方税法では「課税客体」と呼ぶ（法3①）。この課税物件と納

ついては，地方税法343条に規定されており，以下の4つの部分で基本的に構成されている。

1 所有者課税の原則

　地方税法は，まず，「固定資産税は，固定資産の所有者に課する」（法343①）と，いわゆる「所有者課税の原則」を定めている。この場合の所有者は，「質権又は百年より永い存続期間の定めのある地上権の目的である土地については，その質権者又は地上権者とする」（法343①括弧書）と規定されており，所有者のほか，質権者または地上権者（質権者等）を固定資産税の納税義務者たる固定資産の所有者としている。これは，課税に対する例外の規定であるが，実質課税の原則を志向しているといえる。

　質権者等を所有者に代えて納税義務者とするのは，地租当時にも採用されていた。地租は，課税標準を土地の賃貸価格とし，その性格を収益税，不動産所得的に理解されていたから，その納税義務者に所有者のほかに質権者等を含めたのは，当然のことであろう。質権者等は，自らその土地を占有して所有者に利用を禁じ，あるいはその土地を自ら使用収益する権利を有するからである[2]。

　しかし，現行制度のように，固定資産税の課税標準を固定資産の資本価格として，台帳課税主義を採用している場合には，質権者等を所有者に代えて納税義務者とすべき理由はあまりないのかもしれない[3]。とはいえ，質権者等が自

　　税義務者の結び付きを「帰属」という。また，課税標準とは，課税物件を数額で表現したものであり，税率―課税標準に対する税額の割合―を適用して税額を算出するための基礎となる金額または数量をいう。一定の課税対象から，どのような事情を考慮しながら，どれほどの割合で税金を徴収するか，という立法者の意思は，税率を中心とする税額算定の過程に如実に反映されている。
2)　石島弘ほか『固定資産税の現状と納税者の視点―現行制度の問題点を探る―』136～137頁〔石島弘〕（六法出版社，1988年）。
3)　固定資産税は，台帳課税主義を採用している租税であるから，表見課税によるものの適例といってよい。表見課税の原則とは，租税法の解釈にあたって，その前提とされている私法秩序を尊重し，全体としての法体系の混乱をきたすことを避けるために，私法上の法形式や名義に即して，租税法上の帰属関係を考えるべきであるとする考え方をいう。所得や財産が法律形式上帰属する者に経済的実質もまた帰属

ら土地を占有して実際に使用収益しているのに対して，所有者はその所有権を著しく制限される。このため，実質課税の原則からすれば，実際に土地を使用収益する地位にある者を納税義務者とすることが適当と考えられる[4]。

　もっとも，最高裁は，「固定資産税は，土地，家屋および償却資産の資産価値に着目して課せられる物税であり，その負担者は，当該固定資産の所有者であることを原則とする。ただ，地方税法は，課税上の技術的考慮から，土地については土地登記簿または土地補充課税台帳に，家屋については建物登記簿または家屋補充課税台帳に，一定の時点に，所有者として登記または登録されている者を所有者として，その者に課税する方式を採用している」と述べ，土地・家屋については，補充課税台帳を含めた固定資産課税台帳に表見課税の原則の適用があると判示している[5]。

　このように，所有者課税の原則は，土地・家屋については，必ずしも真の所有者に対する課税を意味していない。すなわち，不動産登記簿または土地・家屋補充課税台帳に所有者として登記または登録されている者をもって，「所有者」と定義されているからである。この考え方は，「台帳課税主義」と呼ばれている。

2　台帳課税主義の原則

　地方税法は，上記1でいう所有者のうち，「土地又は家屋については，登記

　　するのが通例であるから，表見課税の原則が租税法の解釈適用にあたっての重要な基準として承認されるは当然といってよい（田中二郎『租税法』160頁（有斐閣，1968年））。
- [4] 原田淳志ほか『地方税Ⅱ』228～229頁〔内藤尚志〕（ぎょうせい，1999年）。なお，実質課税の原則とは，要件事実の認定に必要な事実関係や法律関係の形式と実質が食い違っている場合には，外観や形式に従ってではなく，実体や実質に従ってそれらを判断し認定しなければならないという考え方である。
- [5] 最判昭和47年1月25日民集26巻1号1頁。なお，固定資産課税台帳とは，地方税法上，土地課税台帳，土地補充課税台帳，家屋課税台帳，家屋補充課税台帳および償却資産課税台帳の，5つの台帳を総称し，固定資産税の課税にあたって，その課税要件を確定するための最も重要な帳簿である（法341九）。

簿又は土地補充課税台帳若しくは家屋補充課税台帳に所有者として登記又は登録されている者」(法343②前段)と規定し，納税義務者たる所有者の判定は固定資産課税台帳の記載によるとしている。また，「償却資産については，償却資産課税台帳に所有者として登録されている者」(法343③)と規定し，土地・家屋と同様に，納税義務者たる所有者の判定は償却資産課税台帳の記載によるという表見課税の原則を適用している。

　台帳課税主義が採用されるのは，固定資産税の課税上，「あくまで真実の所有者に課税しなければならないとすると，課税団体が複雑多岐にわたる民事上の法律関係を遂一検討せざるをえなくなるばかりか，当該不動産の所有関係をめぐる民事裁判が長期化したりするなど容易に真実の所有者を発見できない場合も考えられ，短期間に多数の賦課処分を行なわなければならない課税事務の遂行に支障を生ずる」という事情からである[6]。

　この事情を十分考慮して，形式課税を徹底することとすれば，市町村が不動産登記簿に所有者として登記されている者を所有者として課税した場合は，たとえ登記の記載事項に誤りがあったとしても，その課税は違法ではないという。台帳課税主義の核心は，真実の所有者を調査することが困難なので，「画一的形式的に登記簿上の所有名義人を所有者として取り扱えば足りる」とする，いわゆる「登記名義人課税」にある[7]。

　手続的には，本来の意味の台帳課税が維持されているものの，かつて，それにリンクされていた登録名義人課税の原則は，もはや通用せず，それに代わって，不動産登記簿に登記されている固定資産に関する登記名義人課税の原則が支配している。もっとも，登記名義人課税は，所有者に関してのみ認められるのであって，それ以外の事項は，その射程範囲外である[8]。

---

6)　浦和地判昭和58年7月13日判時1094号24頁。
7)　福岡地判昭和56年4月23日行集32巻4号616頁。
8)　碓井光明『地方税の法理論と実際』370〜371頁（弘文堂，改訂版，1986年）。たとえば，賦課期日において，課税客体が不存在に帰しているとか，非課税用途に供されている事実は，賦課処分を違法ならしめるものである。

このように，納税義務者たる所有者の判定にあたって台帳課税主義を採用しているとはいっても，既登記の土地・家屋の場合と，未登記の土地・家屋および償却資産の場合とでは，所有者の判定に違いがある。前者は，真実の所有者であることが予定されていない。これに対して，後者は，固定資産課税台帳への登録の段階で納税義務者たる所有者が，真実の所有者と固定資産課税台帳上の所有者と一致することが予定されている。

この固定資産課税台帳は，固定資産所在の市町村において，当該資産の状況および価格を明らかにするために備え付けたものである（法380①）。なお，固定資産税の賦課期日は，当該年度の初日の属する年の1月1日である[9]（法359）。したがって，納税義務者を含む課税要件は，毎年1月1日の賦課期日現在で判定されることになる。賦課期日現在の所有者として固定資産課税台帳に記載された者は，「登記」による場合と「登録」による場合にかかわらず，その後当該年度中に当該資産を他に売却しても，当該年度分の固定資産税の全額が課税されることになる[10]。

3　台帳課税主義の例外

地方税法は，土地・家屋について，「所有者として登記又は登録されている個人が賦課期日前に死亡しているとき，若しくは所有者として登記又は登録されている法人が同日前に消滅しているとき，又は所有者として登記されている（同法）第348条第1項の者が同日前に所有者でなくなっているときは，同日において当該土地又は家屋を現に所有している者」（法343②後段）を所有者と

---

9)　なぜなら，①年の初日であって，一般的に固定資産の移動が少なく課税要件を固定するのに便利であること，②年度当初（4月1日）に課税を実施するためには，賦課期日以後に固定資産の調査，価格の決定，固定資産課税台帳の縦覧などの諸手続を経由して，課税要件を確定させるために相当の期間を必要とすること，などの理由による。しかし，納税義務者たる所有者の判定時期（1月1日）と課税の実施時期（4月1日）との間に3月の時間的距離が置かれていることの妥当性については，立法論または解釈論の問題が生ずる（北野弘久『企業・土地税法論』241頁（勁草書房，1978年））。

10)　石島ほか・前掲注2）140頁〔石島〕。

しており，台帳課税主義の例外を定めている。ここでいう「現に所有している者」とは，相続または合併による財産の承継等によって，権原に基づき土地・家屋を現実に所有している者であり，単なる権原のない事実上の使用収益者を意味するものでない。

また，「(地方税法) 第348条第1項の者」とは，国・地方団体等の固定資産税を非課税とされている団体をいう。固定資産税を人的に非課税とされている国・地方団体等から私人に土地・家屋が払い下げられた場合には，賦課期日現在の登記簿上の所有者は，これが非課税団体であっても，同日前にすでに真実の所有権が私人に移転しているときには，その私人を納税義務者たる所有者として，これに固定資産税を課することにしている。

これは，賦課期日現在の所有者を納税義務者とする台帳課税主義を貫くことが不合理な結果をもたらす場合に，実質課税の原則に戻ることによって，均衡を失した課税を回避しようとしたものといわれている。もし仮に，台帳課税主義を形式的に貫くこととしても，そこに何ら形式的違法性は存在しないように思われる。しかしそれが，実質的妥当性を著しく欠くことになることは，否定できないであろう[11]。

こうした例外の部分は，納税義務者の特定を賦課期日現在の所有者とすることによって生ずる不合理を除くために，賦課期日現在において「現に所有している者」を納税義務者としたのであり，この場合も，課税するにあたっては，「現に所有している者」を土地・家屋補充課税台帳に登録し，納税義務者の縦覧に供しなければならない（法415①・416①）。この意味で，台帳課税主義の適用は維持されることになる。

4 みなし所有者課税

上記3の例外のほか，以下のような場合においても，所有者課税の原則を貫くとすれば，きわめて不合理なことになるので，固定資産の使用収益を享受す

---

11) 石島ほか・前掲注2) 142頁〔石島〕。

る者に対して，その実質に着目して課税しようとするのが，いわゆる「みなし所有者課税」である[12]。つまり，この場合には，現に固定資産を使用している者等を上記1でいう所有者とみなして課税することができる。

(1) 災害等によって所在が不明の場合

　市町村は，固定資産の所有者の所在が震災，風水害，火災その他の事由によって不明である場合には，現に当該資産を使用収益し，その利益を享受している使用者があれば，その使用者を所有者とみなして，これを固定資産課税台帳に登録し，その者に固定資産税を課することができる（法343④）。ここでいう「その他の事由」には，課税の便宜からすれば，所有者の住所が不明である場合を広く含めることが好都合かもしれない。しかし，課税団体が所有者の住所を探す努力なしに使用者に課税したのでは，所有者課税の原則が大きく崩れてしまう。しかも，「できる」と表現されているように，必ず使用者に課税するという意味ではない。

　なお，この特例は，みなし所有者課税に関する他の規定とは違い，使用者課税にあたっては，これを固定資産課税台帳に登録すべきことをわざわざ要求し，台帳課税主義による旨を規定している。また，この特例は，使用者に課税することができることを定めているのであって，常に必ず使用者に課税しなければならないわけではない。所有者について十分に調査してみても，おそらく死亡が推定されるような事由によってその所在が不明であり，しかも，現に当該資産を使用収益している使用者が存在し，使用者に課税することによって負担の均衡を保持する必要があると認められる場合にかぎり，使用者に課税することができると解される。

(2) 国が買収・収納した農地等

　旧農地法78条1項もしくは農地法45条1項（買収した土地・立木等の管理）の規定によって農林水産大臣が管理する土地，または旧相続税法52条，相続税法41条（物納の要件）もしくは48条の2（特定の延納税額に係る物納），旧所得税

---

12)　固定資産税務研究会編『要説固定資産税』41〜48頁（ぎょうせい，平成28年度版，2016年）。

法57条の4，戦時補償特別措置法23条もしくは財産税法56条の規定によって国が収納した農地については，つぎの期間は，それぞれに掲げる者をもって所有者とみなされる（法343⑤）。

　イ　農地等を買収し，または収納した日から国が当該土地を他人に売り渡し，その所有権が売渡しの相手方に移転する日までの間

　　　農地等の使用者

　ロ　農地等の所有権が売渡しの相手方に移転する日後，売渡しの相手方が不動産登記簿に所有者として登記される日までの間

　　　売渡しの相手方

　農地等の所有権は，いったん国に帰属し，所定の手続を経て耕作者等に売り渡されることになる。実際には，売渡しが完了するまでは原所有者名義のままにされ，売渡し完了後に中間省略登記が行われる。しかも，登記簿上の所有者名義の変更までに相当の月日が費やされるのが通常である。この場合において，台帳課税主義の原則を貫くとすれば，旧所有者は全く使用収益できず，また，租税を転嫁できないのに税負担のみを求められることになって，きわめて不合理な結果となる。そこで，こうした不合理を是正するために，農地等の使用者または売渡しの相手方を所有者とみなすわけである。

（3）　土地区画整理事業・土地改良事業の施行に係る土地

　土地区画整理事業または土地改良事業の施行に係る土地について，法令・規約等の定めるところによって仮換地，一時利用地その他の仮に使用し，もしくは収益することができる土地（仮換地等）の指定があった場合，または土地区画整理事業の施行者が土地区画整理法100条の2（仮換地に指定されない土地の管理）の規定によって管理する土地で施行者以外の者が仮に使用するもの（仮使用地）がある場合においては，つぎの期間は，それぞれに掲げる者をもって所有者とみなすことができる（法343⑥）。

　イ　仮換地等または仮使用地について使用し，または収益することができることになった日から換地処分の公告または換地計画の認可の公告がある日までの間

(イ) 仮換地等

　仮換地等に対応する従前の土地について，不動産登記簿または土地補充課税台帳に所有者として登記または登録されている者

(ロ) 仮使用地

　土地区画整理事業の施行者以外の仮使用地の使用者

ロ　換地処分の公告または換地計画の認可の公告があった日から換地または保留地を取得した者が不動産登記簿に所有者として登記される日までの間

　　換地または保留地を取得した者

　これは，台帳課税主義の原則を貫くと，すでに実質的な所有権を失っている土地に納税義務が継続し，実際に使用収益している土地については納税義務が生じないという不合理な結果となることから，実態に即した課税を行うための特例である。この特例が「できる」とされているのは，仮換地・仮使用地等の実態がさまざまであることから，一律に適用するのではなく，適用を実態に即して市町村の選択に委ねたわけである[13]。

（4）公有水面埋立地等

　公有水面埋立法23条1項の規定によって使用する埋立地もしくは干拓地（埋立地等），または国が埋立てもしくは干拓によって造成する埋立地等で工作物を設置し，その他土地を使用する場合と同様の状態で使用されているものについては，つぎの埋立地等をもって土地とみなし，それぞれに掲げる者をもって所有者とみなして，埋立地等が隣接する土地の所在する市町村が固定資産税を課することができる（法343⑦）。

　イ　都道府県，市町村，特別区，これらの組合，財産区および合併特例区（都道府県等）以外の者が使用する埋立地等

　　　埋立地等を使用する者

　ロ　都道府県等が使用し，または国が埋立てもしくは干拓によって造成する埋立地等

---

13) 原田ほか・前掲注4）232頁〔内藤〕。

埋立地等を使用する者[14]

　もちろん，公有水面埋立地は，竣工認可がなされるまでは法的には土地ではない。この意味では，固定資産税の課税客体とはならない。しかし，この場合も，仮換地等と同様に実質に着目して，通常の土地と同様な状態で使用されているものについては，それを使用している者を所有者とみなして課税することができる，という特例が設けられている。この特例が「できる」とされているのは，埋立地等の実態を市町村が十分に調査し，負担の均衡上必要と認められた場合において，使用者に課税するためである[15]。

第2節　償却資産税の納税義務者

　固定資産税は，固定資産の所有者に課する普通税である（法343①）。したがって，償却資産税の納税義務者は，償却資産の所有者である。ここで，償却資産の所有者とは，賦課期日―当該年度の初日の属する年の1月1日―現在において，事業の用に供することができる償却資産を現実に所有している者で，償却資産課税台帳に所有者として登録されているものをいい，法人と個人事業者のいずれも納税義務者となる[16]（法343③・359）。

---

14) ただし，都道府県等または国が埋立地等を都道府県等または国以外の者に使用させている場合に限る（法343⑦括弧書）。
15) 原田ほか・前掲注4）232～233頁〔内藤〕。なぜなら，埋立の竣功認可等の処分が埋立予定地域の全部の完了を待って行われることが通常であるため，当該処分前においてすでに造成された埋立地等が一般の土地と異ならない状態で使用されていることが多いことにかんがみ，土地に対する固定資産税の負担の均衡を確保するために設けられたわけである（取扱通知（市）3章11）。
16) ちなみに，用途別あるいは所有形態別の区分について，牛嶋正教授は，「企業に対して土地・家屋のほかに償却資産を課税対象に含めるという形で課税上の格差を導入することによって，かえって，企業と個人との課税上の関係を曖昧にするという欠点を別の入口から招き入れている」と指摘している（牛嶋正『租税体系論』146頁（中央経済社，第4版，1985年））。これに対して，前田高志教授は，「本来，事業用の償却資産は将来収益を生み出す源泉であり，企業の所得に対しては地方税としても法人住民税・事業税が課されることに鑑みれば，償却資産に対する課税は

1 所有者課税の原則と台帳課税主義

このように，固定資産税については，所有者課税の原則がとられており，その納税義務者は，固定資産の所有者である。ここで，所有者とは，土地・家屋については，不動産登記簿または土地・家屋補充課税台帳に，それぞれ所有者として登記または登録されている者をいう（法343②）。もっとも，固定資産税は，固定資産を使用する者が，その使用を通じて受ける行政サービスの便益の大きさに従って課されなければならず，理論的に考えると所有者に課税するよりも使用者に課税したほうが適切かもしれない。

しかしながら，徴税面からみると，固定資産の使用者より所有者のほうが容易に把握できるので，使用者課税より所有者課税のほうが便利である。また，使用者課税は，これを徹底した場合，使用されていない土地・家屋や貸し出されたリース資産からは，税金を徴収できないという問題が生じる。結局，固定資産税を所有者に課しても，それが使用者に地代・家賃の上昇を通じて転嫁されるなら，行政サービスの便益を受ける者がその代償を負担することになり，応益課税が実現できることになる。

他方，償却資産には，土地・家屋のごとく，不動産登記簿に相当するものがないので，償却資産税の課税については償却資産課税台帳による。この償却資産課税台帳には，その償却資産の現実の所有者が登録されており，その登録されている者が償却資産税の納税義務者とされる。この登録されている者は，もとより，固定資産税の賦課期日である１月１日現在における当該資産の現実の所有者である。

固定資産税においては，納税義務者である所有者のほか，その課税標準である価格等についても固定資産課税台帳に登録される（法381）。固定資産課税台帳に登録されたところによって，固定資産税を課することになる。このように，

二重課税にほかならない。土地・家屋と異なり，償却資産に対する固定資産税だけは事業用の資産のみに課税されることも問題である」と否定的な見解を示している（前田高志「固定資産税における償却資産課税について」経済学論究63巻３号583頁（2009年））。

固定資産課税台帳に登録されたところに基づいて課税することを「台帳課税主義」と称している。

かくして，償却資産課税台帳には，すべて償却資産の所有者からの申告や市町村自らの調査に基づき，あるいは都道府県知事または総務大臣からの通知に基づいて，当該資産の所有者の住所および氏名または名称，ならびに，その所在，種類，数量および価格その他必要な事項が登録されているのである。

地方税法上，租税の確保を図るため，「共有物，共同使用物，共同事業，共同事業により生じた物件又は共同行為に対する地方団体の徴収金は，納税者が連帯して納付する義務を負う」(法10の2①) と定められており，連帯納税義務の制度を設けている[17]。ここで，連帯納税義務とは，複数の納税義務者が同一の納税義務を連帯して負担することをいい，民法の連帯債務に関する規定が準用される（法10，民432〜444）。したがって，連帯納税義務者間で地方団体の徴収金の負担について特約があっても，地方団体に対抗できないわけである。

なお，共有物とは，2人以上の者が同一の物に対して共同して一定の割合で一の所有権を有している物をいう。償却資産税においては，償却資産が2人以上の者により共有されている場合が該当するほか，償却資産に係る売買があった場合において売主が当該資産の所有権を留保しているときは，当該資産は売主と買主の共有物とみなされ，連帯納税義務が成立することになる（法342③）。

また，共同使用物とは，2人以上の者が共同して使用されている物をいい，みなし所有者課税により，償却資産の使用者に課税する場合において，その使用者が2人以上いる場合が該当する。いずれの場合も，共有物等である償却資産に対して課する償却資産税については，共有者の全体をもって一の納税義務者として扱われる。また，免税点についても，共有者の全体を一の納税義務者として免税点の判断を行うものと解されている[18]。

---

17) ただし，一定の区分所有に係る家屋およびその敷地の用に供されている土地については，連帯納税義務が解除される（法352・352の2）。
18) 固定資産税務研究会・前掲注12) 51頁。

2 家屋の附帯設備に係る納税義務者

　家屋の所有者以外の者によって，家屋に取り付けられた附帯設備がき損しなければ分離できない程度に，または分離のために過分の費用を要する程度に結合している場合で，これらが家屋の構成部分の一部として他の部分と不可分一体となり，それぞれ取引上独立性を失っているような場合には，民法242条（不動産の付合）の規定により，家屋の所有者がその取り付けられたものの所有権を取得することになり，家屋の所有者が納税義務者となる。

　しかしながら，家屋の所有者にとっては，課税の原因が自らに起因しない事由によるものであり，しかも，附帯設備を使用収益している者は家屋の所有者ではなく，附帯設備を取り付けた者であると考えられるため，課税関係を所有者課税の原則により，一律に取り扱うことが必ずしも合理的とはいえない場合がある。そのため，附帯設備については，これを取り付けた者の事業の用に供することができる資産である場合にかぎり，取り付けた者を所有者と，附帯設備のうち家屋に属する部分を償却資産とみなすことができる。

図表5　貸借人が施工した内装等

設備等の内容	家屋と建築設備等の所有関係			
	同じ場合		異なる場合	
	償却資産	家屋	償却資産	家屋
床・壁・天井仕上等		○	○	
広告塔・ネオンサイン	○		○	
ビル等における受変電設備・発電機設備等	○		○	
工場等における電気設備・電話交換機等	○		○	
屋外電灯照明設備	○		○	
屋内電灯照明設備		○	○	
給排水・衛生・ガス設備		○	○	
消火栓設備・スプリンクラー設備等		○	○	
工場用ベルトコンベア	○		○	
エレベーター・エスカレーター等		○	○	
ホテル・病院・寮・社員食堂等の厨房設備	○		○	
冷凍倉庫における冷凍設備	○		○	

（出所）　神戸市『平成28年度償却資産（固定資産税）申告の手引』 4頁（2015年）
　　　　に基づき，筆者が作成。

たとえば，テナントが賃貸ビルの内装等を施工した場合には，図表5に表示したように，それらは償却資産に該当することになる。家屋の所有者以外の者が取り付け，付合により家屋の所有者が所有することになった附帯設備（特定附帯設備）で，取り付けた者の事業の用に供することができる償却資産については，現に当該資産の使用収益を行う者は，特定附帯設備を取り付けた者であることから，取り付けた者を所有者とみなして償却資産課税台帳に登録し，償却資産税を課することができる（法343⑨）。

ここでいう「取り付けた者」には，特定附帯設備を自らの事業の用に供するために取り付けた者のほか，その法的地位を承継した者が含まれる。法的地位を承継した者としては，取り付けた者からの相続，賃借権もしくは営業の譲渡，取り付けた者が法人である場合における会社合併・分割，または，取り付けた者が個人事業者である場合における，いわゆる「法人成り」により，家屋の所有者に対して特定附帯設備を使用する権原を取得した者などが該当する。

なお，取り付けた者に対して償却資産税を課するためには，その旨を市町村の税条例に定める必要がある。たとえば，神戸市にあっては，「家屋の附帯設備であって，当該家屋の所有者以外の者がその事業の用に供するため取り付けたものであり，かつ，当該家屋に付合したことにより当該家屋の所有者が所有することになったもの（特定附帯設備）については，当該取り付けた者の事業の用に供することができる資産である場合に限り，当該取り付けた者をもって第1項（固定資産）の所有者とみなし，当該特定附帯設備のうち家屋に属する部分は家屋以外の資産とみなして固定資産税を課する」（神戸市税条例35⑥）と規定している。

3 信託と代物弁済

地方税法は，償却資産税の課税客体である償却資産を，「土地及び家屋以外の事業の用に供することができる資産（鉱業権，漁業権，特許権その他の無形減価償却資産を除く）でその減価償却額又は減価償却費が法人税法又は所得税法の規定による所得の計算上損金又は必要な経費に算入されるもののうちその取得

価額が少額である資産その他の政令で定める資産以外のもの」（法341四）と定義している。ここでいう，「事業の用に供することができる資産」とは，事業の用に供する目的をもって所有され，本来的に事業の用に供しうる状態にあるものである。なお，償却資産税の納税義務者は，償却資産の所有者とされる（法343①）。

　たとえば，信託会社が信託の引受けをした機械装置で，将来これを譲渡することを条件として他の者（借受者）に賃貸しているものについては，当該資産の借受者が信託引受の対象となった当該資産を事業の用に供する場合，借受者を償却資産税の納税義務者である所有者とみなして，借受者に税負担を求めることとされている[19]（法343⑧）。

　これは，当該資産については，信託業務の運営上，名目上の所有権者は信託会社となっている。とはいえ，信託会社が名目的な所有権を保有するにとどまり，当該資産の実質的な収益の帰属はむしろ当該資産を現に使用収益し，究極的には，その所有権を取得することになる借受者に帰属するものと考えられるので，このような事実を考慮して実態に即するように，借受者に償却資産税を負担させるという趣旨による（取扱通知(市)3章12）。

　他方，銀行が代物弁済により機械装置を取得した場合，銀行からすると，当該資産は，貸付金に対する代物弁済として取得したものにすぎない[20]。また，

---

19) 信託とは，信託法上，信託をする者（委託者）が，信託を引き受ける者（受託者）に，ある一定の信託目的に従い，信託財産を管理，運用および処分してもらう制度をいい，その核心は財産管理機能にある（信託2①・③・④）。民法には，他人に財産を管理してもらう制度として，代理や寄託がある。なお，代理とは，本人以外の者が本人のために意思表示を行うことによって，その意思表示の効果が直接本人に帰属する制度である（民99）。また，寄託とは，当事者の一方が相手方のために保管をすることを約してある物を受け取ることによって，その効力を生ずる制度である（民657）。これらの制度と信託が根本的に異なるのは，代理や寄託では財産権はあくまで本人に帰属したままなのに対して，信託は財産権自体が委託者から受託者に移転する点である。それだけに信託制度における受託者の責任は重く，受託者の信頼性ということがきわめて重要となる。

20) 代物弁済とは，債権者と債務者の間の契約により，債務者が本来負担していた債務の代わりに他の給付をして債務を消滅させる制度である（民482）。この制度は，

銀行は，銀行法において「(銀行業の)業務及び担保付社債信託法その他の法律により営む業務のほか，他の業務を営むことができない」(銀行12)と定められているので，その取得した償却資産が機械装置であることを考慮すると，銀行はその業務の用に供される目的をもって所有しているとは考えにくい。

したがって，銀行は，当該資産を単に売却するために所有しているものであり，たとえ，当該資産が物理的にいつでも事業の用に供することができる状態にあるものであっても，銀行においてはその業務の用に供されていないと考えられるので，銀行に償却資産税は課されない。

4 所有権留保付売買に係る償却資産

償却資産については，いわゆる「割賦販売」が盛んに行われている[21]。この場合には，所有権は代金が完済されるまで売主に留保する旨の条件が付されることが多い。こうした所有権留保付割賦販売に係る償却資産についても，償却資産税の本来の建前からすれば売主に課税されることになる。たとえば，建設用機械について割賦販売が行われた場合には，買主が当該資産を使用することはできる。しかし，その所有権は，販売代金が完済されるまで売主に留保される旨の条件が付される資産(所有権留保付売買資産)である。

地方税法は，「償却資産に係る売買があった場合において売主が当該償却資産の所有権を留保しているときは，固定資産税の賦課徴収については，当該償却資産は，売主及び買主の共有物とみなす」(法342③)と定めている。ここでいう「償却資産に係る売買があった場合において売主が当該償却資産の所有権

債務の消滅原因である弁済の一種として規定されているが，純粋の弁済としてではなく，代物弁済の予約として債権担保の機能を果たすことが実際上多いといわれている。

21) 割賦販売とは，商品等の代金を比較的長期にわたって定期的に分割支払いを受ける条件で販売する形態をいう。割賦販売では，売上代金の回収が長期にわたって行われるので，通常の売上債権に比べて流動性の点で問題があり，その他にも集金費等のアフターコストも多くかかり，貸倒れの危険性も高いなど独特の事情をもっている。

を留保しているとき」とは，所有権留保付割賦販売の場合等であり，売買であることが契約上明記されていることを要さない。たとえば，外見上償却資産に係る賃貸借契約であっても，賃貸借期間満了後に当該資産を借主に無償譲渡することになっている場合などを含む。

したがって，償却資産税の所有者課税の原則も維持しながら，社会の実情にも即するよう所有権留保付売買に係る償却資産については，売主および買主の共有物とみなし，両者が連帯して償却資産税を納付する義務を負うことになる（法10の2①）。法律的には，売主または買主に対して，納税通知書の発付，督促および滞納処分をすることができる。

しかし，現実には，このような償却資産税については，買主が事実上負担する場合が多く，このほうが社会一般の納税意識にも合致すると考えられる。また仮に，売主に対する課税を貫くならば，市町村の賦課徴収手続にも不便な点もある。そこで，所有権留保の主な目的が割賦販売代金債権を担保することにあること，税務会計においても買主が当該資産の減価償却費を損金または必要経費に算入することが認められていることなどの理由から，社会の納税意識に合致するよう，原則として買主が申告を行い，買主に対して課税されるのである（取扱通知(市)3章10）。

5　リース資産に対する償却資産税の納税義務者

償却資産税の納税義務者は，償却資産の所有者として償却資産課税台帳に登録されている者，すなわち，賦課期日現在において，事業の用に供することができる償却資産を所有している者とされている（法343①・③）。償却資産には，現に事業の用に供されているもののほか，事業の用に供する目的をもって所有され，かつ，それが事業の用に供することができると認められる状態にあるものも含まれる（取扱通知(市)3章4）。

したがって，償却資産税は，その賦課期日現在において，所有している償却資産で，かつ，その所有者の事業の用に供することができるものに対して，課税されることになる。リース会社は，所有物品を貸し付けることを業としてい

ることから，個人家庭用として貸し付けられている家具や電気器具などの資産であっても，この貸し付けられた資産（リース資産）は，この貸付けにより，当該会社の物品貸付事業の用に供されていることになる。リース資産は，その貸付先で事業の用に供されているか否かにかかわらず，課税客体である償却資産として償却資産税が課される[22]。

　リース取引は，特定の場合を除き，原則として，所有者であるリース会社が納税義務者となる[23]。たとえ，リース契約において，リース資産に係る租税公課については，賃借人が負担することになっている。としても，「リース期間終了後においてこれが賃借人に無償譲渡される」といったような条項は入っていない場合，リース資産の所有者は，リース会社であると判断されるので，償却資産税の納税義務者は，リース会社となる。

　なお，平成19年３月にリース会計基準が変更されたことを契機として，法人税法上，リース資産の賃貸人から賃借人への引渡し（リース譲渡）のときに，そのリース資産の売買があったものとされるようになった[24]（法税64の2①，法税令48の2⑤五）。しかしながら，償却資産税においては，所有権移転外ファ

---

[22]　リース資産の減価償却については，第１章第２節３を参照のこと。
[23]　リース取引とは，特定の物件の所有者たる貸手が，当該物件の借手に対して，合意されたリース期間にわたりこれを使用収益する権利を与え，借手は，合意されたリース料を貸手に支払う取引をいう（リース会計基準４）。なお，法人税法上，特別の取扱いがされるのは，①リース期間中の中途解約が禁止されているものであること，または賃借人が中途解約する場合には未経過期間に対応するリース料の合計額のおおむね全部―原則として90％以上―を支払うこととされているものなどであること，②賃借人がリース資産からもたらされる経済的利益を実質的に享受することができ，かつ，リース資産の使用に伴って生ずる費用を実質的に負担すべきこととされているものであること，などの要件のすべてを満たすリース取引である（法税64の2③，法基通12の5―1―1～12の5―1―3）。これは，リース期間中にリース契約を解除することができない「ファイナンス・リース取引」であり，借手はリース物件を使用することによりその経済的利益を享受するとともに，リース物件の使用に伴って発生する費用を負担することになる。また，ファイナンス・リース取引以外のリース取引を「オペレーティング・リース取引」と呼び，汎用性のある物件を短期のリース契約により導入し，期間満了後にリース会社に返還するというリース取引の一形態である。

イナンス・リース取引の場合は，原則として，所有者であるリース会社が納税義務者となる。

また，外見上リース契約であっても，リース期間終了後にそのリース資産を賃借人に無償譲渡することになっている場合は，償却資産税の納税義務者は，賃借人となる。なぜなら，このリース取引は，売主が償却資産の所有権を留保した売買（所有権留保付売買）と解される。所有権留保付売買に該当するときは，償却資産は，売主と買主の共有物とみなされ，償却資産税については，売主と買主が連帯して納税義務を負う（法10の2①・342③）。とはいえ，割賦販売の場合にあっては，上記4でみたように社会の納税意識に合致するよう，原則として買主に対して課税されることになる（取扱通知（市）3章10）。

6　納税義務の承継

上記3から5までとは趣を異にするが，賦課期日前に償却資産の所有者である個人が死亡した場合は，相続手続が完了するまでは，当該資産は相続権者全員の共有に属する（民898）。この場合において，共有物に対する固定資産税は，共有者が連帯して納付義務を負うことになる（法10の2①）。

他方，賦課期日が経過した後に固定資産の所有者が死亡した場合には，その相続人または相続財産法人がその納税義務を承継することになる[25]（法9①）。この場合において，相続人が2人以上あるときは，各相続人は，被相続人の地方団体の徴収金を民法900条（法定相続分），901条（代襲相続人の相続分）および902条（遺言による相続分の指定）の規定による，その相続分により按分して計

---

24) 財務省『平成19年度税制改正の解説』336頁（2007年）。ちなみに，法人が譲受人から譲渡人に対するリース取引による賃貸を条件に資産の売買（セール・アンド・リースバック取引）を行った場合において，その資産の種類，その売買および賃貸に至るまでの事情などに照らし，これら一連の取引が実質的に金銭の貸借であると認められるときは，その売買はなかったものとされ，かつ，その譲受人からその譲渡人に対する金銭の貸付けがあったものとされる（法税64の2①）。

25) たとえば，相続人の存在が不明なときは，まず相続財産を一応法人として「相続財産法人」となり，家庭裁判所の選任する相続財産管理人にその管理・清算を委ねることになる（民951～959）。

算した金額を納付しなければならないこととされており，連帯納税義務にはならないわけである（法9②）。

なお，相続とは，相続人が，相続開始の時から，被相続人の財産に属した一切の権利義務を承継する制度である（民896）。相続は，人の死亡によって開始する（民882）。さらに，失踪宣告を受けた者は―普通失踪の場合は失踪期間（7年）満了時，特別失踪の場合は危難が去った時―死亡したものとみなされるから，失踪宣告があった場合にも相続は開始する（民31）。また，相続人とは，民法887条から890条までに規定する「相続権」を有する者をいい，包括受贈者および包括名義の死因贈与を受けた者を含む[26]。ただし，相続の放棄をした者は除かれる（民915①）。

相続放棄がなされた場合には，「相続の放棄をした者は，その相続に関しては，初めから相続人とならなかったものとみなす」（民939）と定められている。その効力について，最高裁は，「相続人は相続開始時に遡ぼって相続開始がなかったと同じ地位におかれることとなり，この効力は絶対的で，何人に対しても，登記等なくしてその効力を生ずると解すべきである」と判示している[27]。

したがって，相続放棄した者については，相続開始時に遡及して地方税法9条1項に規定する「相続人」に該当せず，被相続人の納税義務を承継しないことになるから，被相続人に課されるべき固定資産税の納税義務を負わないわけである。なお，相続放棄をしようとする者は，その旨を家庭裁判所へ申述しなければならない[28]（民938）。また仮に，相続人全員が相続放棄した場合には，相続財産法人がその納税義務を承継することになる。

---

26) ちなみに，包括遺贈とは，遺言者により，財産の全部または一部を包括の名義で，すなわち，財産を特定せず，全財産について一定の割合をもって行う財産の無償譲与である（民964）。
27) 最判昭和42年1月20日民集21巻1号16頁。
28) たとえ，遺産分割協議において相続分を放棄したとしても，いわゆる「事実上の相続放棄」にすぎず，要式行為である「法律上の相続放棄」にはあたらない。

第3節　償却資産税の課税団体

　固定資産税は，固定資産に対して，当該資産所在の市町村において課することを原則としている（法342①）。したがって，一般償却資産の課税団体は，当該資産の所在する市町村である。なお，償却資産の種類によっては，特殊な定めがされているものがある。また，大規模償却資産については，市町村と都道府県とが課税団体となる場合がある（法349の4・349の5・740）。

1　課税権者

　そもそも，租税債権が成立するためには，課税当事者たる課税権者および納税義務者，ならびに，課税の物的基礎となる課税物件（課税対象）があり，さらに，その課税対象が特定の納税義務者に帰属する関係にあることが必要である[29]。課税権は，立法権に属するが，それは，租税法律主義の原則から導かれる当然の結論である[30]。しかし，具体的に，地方団体の住民に対して租税

---

29) 田中・前掲注3）156頁。そこでは，「納税義務者について，課税物件の内容及びその帰属関係が明らかになり，課税標準が決まり，それに税率が決められれば，その納税義務者の納付すべき税額が得られる。この意味において，通常，納税義務者，課税物件，帰属，課税標準及び税率の五つを課税要件と呼んでいる」と述べている。これに対して，新井隆一教授は，「課税要件は，①課税主体（課税権者）―国または地方公共団体―，②納税義務者―実体租税法上の実体的権利義務関係における義務者―，③課税物件（課税対象）―国民または住民などに納税義務を成立させることになるべき法的または経済的生活における現象事実―，④課税標準―課税物件を数量的に確定するための基準―，⑤税率―課税標準単位ごとに賦課されるべき税額を定めるための単位当り金額または比率―，⑥租税所属関係―納税義務者が課税権者に所属する関係を示す要件―，⑦租税帰属関係―物的要件である課税物件が，人的要件である納税義務者に帰属する関係を示す要件―から構成されるものである。①・②は『人的要件』と，③・④・⑤は，『物的要件』と，⑥・⑦は，『関係的要件』と，それぞれ総称することができる」と説明している（新井隆一『租税法の基礎理論』47～53頁（日本評論社，第3版，1997年））。

30) 租税法律主義とは，租税は，行政サービスの資金を調達するために，国民の富の一部を国家の手に移すものであるから，その賦課徴収は必ず法律の根拠に基づいて行われなければならない，という原則である。このことは，国民の側からみると，法律の規定の存在しないかぎり，国民が租税を賦課されることはない，ということである。逆に，国の側からみると，法律の規定の存在しないかぎり，課税権の行使

を賦課徴収する作用が，行政の作用に属することはいうまでもない。つまり，課税権の内容の定立権は立法権に属し，その執行権は行政権に属するということである[31]。

わが国の地方団体は，住民に身近な行政サービスを提供する基礎的自治体である市町村と，市町村域を超える広域的な行政や大規模な公共事業などを実施する都道府県との，2種類から成り立っている。このため，同じ応益原則に立脚した税目でも，事業税は，納税義務者たる各事業者に受益を与える大規模な公共施設の整備主体が専ら都道府県であり，その応益関係も広域であることから道府県税とされている。一方，固定資産税は，広く土地，家屋および償却資産の所有者を納税義務者とし，その応益関係は比較的限定されたものであることから市町村税とされている[32]。

もっとも，固定資産税については，税収の偏在を避け，その効果的な使用を図るため，いわゆる「固定資産税の特例」が設けられている。すなわち，地方税法は，「大規模の償却資産が所在する市町村を包括する道府県は，…，当該大規模の償却資産の価額のうち第349条の4及び第349条の5（大規模償却資産に対する固定資産税の課税標準の特例等）の規定によって当該大規模の償却資産が所在する市町村が課することができる固定資産税の課税標準となるべき金額をこえる部分の金額を課税標準として，固定資産税を課するものとする」（法740）と定めている。

この特例は，すべての都道府県に共通して生ずる事例ではないので，地方税法740条以下において規定されている。つまり，原則として固定資産所在の市町村が課税団体とされているのは，当該資産は市町村内に存在することによって，市町村の行政サービスを受けることになるから，その受益の度合に対応して相応の税負担を負うべきとする応益原則の考え方に基づいている[33]。とは

によって，国民の私有財産権を侵害することがない，ということを意味する。
31) 新井・前掲注29) 47〜48頁。
32) 石田直裕ほか『地方税Ⅰ』63頁〔丹下甲一〕（ぎょうせい，1999年）。
33) 固定資産税務研究会・前掲注12) 52〜53頁。具体的には，賦課期日現在において固定資産が所在している市町村が，当該資産に対する当該年度分の課税権を有す

いえ，都道府県・市町村ともに多様な行政活動を展開しており，これに必要な財源を付与する観点から設けられている税目も存することから，応益関係の広狭で必ずしも一律にその区分を定めることができるものではない[34]。

2　一般償却資産

このように，地方税には，課税権の主体に都道府県と市町村との2種類の地方団体がある。都道府県の数は47団体—敗戦後から昭和47年の沖縄復帰までは46団体—であるのに対して，市町村の数は，昭和22年の地方自治法施行当時1万505団体であったが，昭和の大合併や平成の大合併などを経て，平成26年4月1日現在1,718団体となっている。そこで，個別の課税客体について，どの地方団体が課税権を行使するのかが法律上定められており，この課税権の主体である地方団体を「課税団体」と呼ぶ。

地方税法上，償却資産税は市町村税とされており，その課税団体は，原則として，市町村となる[35]（法5②二）。ただし，例外的に，大規模償却資産については，その価額のうち一定の課税限度額まで市町村が課税し，それを超える部分の金額については，その市町村を包括する都道府県が課税する[36]（法349の4・349の5・740）。この場合には，都道府県も償却資産税の課税団体となる。

たとえば，「企業城下町」といわれる工業地域の市町村は，下請企業，孫請企業と多数の取引先企業の工場が集中立地しているので，課税客体である償却資産が相対的に多くなる。また，長期的には，税負担を減らすために，税制上の優遇措置のある市町村に工場を移転することもある。地方で，大規模償却資

ることになる。
34)　石田ほか・前掲注32) 63頁〔丹下〕。
35)　ちなみに，東京都の特別区の存する区域については，市町村が置かれておらず，都と特別区が他の地域の都道府県と市町村に相当する行政を担当している。そのため，地方税法に特例が定められており，特別区の存する区域においては，東京都が償却資産税を課するものとされている（法734①）。
36)　ただし，大規模償却資産に対する市町村の課税制限は，政令指定都市および東京都特別区については適用されない（法734⑤）。

産となる発電施設やダム施設などができると，その年以降の固定資産税収が急増する。逆に，企業の工場が移転により閉鎖されると，急減するになる。

いずれの場合も，償却資産は市町村内に所在することによって，その市町村の行政サービスを受けることになるから，その受益の度合に対応して相応の税負担を負うべきとする，いわゆる「応益原則」の考え方に基づいている。一般的に，償却資産は，その所在が明白であり，したがって，個々の償却資産が，その行政から受益を受ける市町村の特定も容易である。具体的には，賦課期日現在において償却資産が所在している市町村が，当該資産に対する当該年度分の課税権を有することになる。

もっとも，償却資産は動産であり，いつでも場所を動かせる。地域を越えて動くものに，土地・家屋と同様に課税するのは，応益原則を満たさないとの見解もある。償却資産の移動性は，その種類によって大きく異なる。発電施設やダム施設などの移動性は，操業停止や廃止の場合以外はない。他方，船舶や航空機などは，それ自体移動させる目的で製作されているので，その移動性は高い。また，建設用機械等も，主たる定置場のある市町村での税率を引き上げられたら，主たる定置場を他の市町村に変更できるという点では移動性がある。

3　移動性・可動性償却資産

償却資産のうち「船舶，車両その他これらに類する物件」については，地方税法389条1項1号（都道府県知事・総務大臣の評価の権限等）の規定の適用がある配分資産を除き，課税団体は，その主たる定けい場または定置場所在の市町村である[37]。船舶については，その主たる定けい場が不明である場合には，定けい場所在の市町村で船籍港があるものを主たる定けい場所在の市町村とみなして，その市町村が課税団体とされる[38]（法342②）。

ここで，「船舶，車両その他これらに類する物件」とは，移動性・可動性償

---

37)　ただし，東京都特別区に所在する償却資産および特別区に主たる定けい場または定置場が所在する償却資産，ならびに，東京都が価格等の配分を受ける償却資産の課税団体は，東京都である（法734①）。

却資産をいう。このうち，移動性償却資産とは，船舶・車両等のように，本来自力によって移動することを目的とするものであり，航空機もこれに含まれる。他方，可動性償却資産とは，土木建築業者等が現場の移転に伴って移動せしめる建設用機械等のように，人力や機械力などによって移動することが可能なものである。

（1）主たる定けい場

主たる定けい場とは，文字どおり船舶の定けい場のうち主要なものをいい，船舶の発着地関係，旅客運送関係，入港回数，在泊時間の長短などの具体的事実および資料によって総合的に勘案した結果，船舶航行の本拠地と認定されるべき場所である。したがって，単に，船籍港であるというだけでは，主たる定けい場とすることはできない。

具体的な認定にあたっての基準は，主として前年中における碇泊日数によることが適当とされている。償却資産税が賦課期日主義をとっているからといって，たまたま同日に入港していた港を主たる定けい場とすることは，実態とかけ離れたことにもなり，まして同日航行中であれば定けい場がないともいえる。要するに，賦課期日を中心としてその年度分の状態を推定しようというわけであり，船舶のような移動性を本質とするものは，前年の実績によって判定することがむしろ実情に合致するものと考えられるためである。

なお，主たる定けい場が不明である場合には，定けい場所在の市町村で船籍港のあるものが主たる定けい場とみなされる。年間ほとんど外航にある場合や，多くの港湾に短時日ずつ定けいする場合などが，これに該当する[39]。船籍港は，

---

38) 船籍港とは，船舶所有者が船舶登記規則の定めるところによって船舶登記を行い，同時に，船舶法の定めるところによって船舶原簿に登録をし，船舶国籍証書の交付を受ける地であって，船籍港の名称は市町村の名称による。船籍港となるべき市町村は，船舶の航行しうる水面に接した市町村に限られる。これは，原則として，船舶所有者の住所またはその最寄りの地に定めることを要するものである。

39) もちろん，賦課期日の属する年の前年中における日本国内の港への入港が一度もなく，しかも，主たる定けい場が不明であるといえない場合には，国内の市町村に所在する償却資産とはみなされず，償却資産税は課されない。

商法713条（船長）の規定により，船長の代理権の範囲を定める場合の標準となるほか，船舶に対する行政監督の必要上必ずこれを船舶に表示することとされている。

（2） 主たる定置場

主たる定置場とは，車両や建設用機械などが通常定置される場所をいい，一般的には，それらが日常の業務に使用される場合の本拠地的な場所である。具体的には，車両や建設用機械などが運用されない場合において，通常定置される場所―たとえば，車庫の所在地など―や，作業が終わって帰る場所―たとえば，飯場や管理事務所の所在地など―について，総合的・客観的に判断されるべきものである。

たとえば，ブルドーザーやパワーショベルなどの土木建設用機械を本社において管理し，請負工事がある都度，本社から各出張所あてに輸送し，工事の完了と同時に返送し，本社において修理・保管等を行っている場合には，本社が土木建設用機械の運行・移動等の本拠地的な場所といえる。この場合には，本社所在地の市町村が課税団体となる。他方，発電用ダムの建設の用に供する建設用機械のように，賦課期日を含んでその前後に相当長期間同一の市町村に所在する場合には，その市町村に当該資産に対する課税権があるとすることが適当と考えられる。この場合には，そのダム建設地の市町村が課税団体となる。

4　配分資産

地方税法389条1項（都道府県知事・総務大臣の評価の権限等）の規定によって，総務大臣が指定する償却資産については，関係市町村が同一の都道府県内にある場合においては都道府県知事が，関係市町村が二以上の都道府県にまたがる場合においては総務大臣が，それぞれ当該資産について評価を行った後，当該資産が所在するものとされる市町村および価格等を決定し，その決定した価格等をその所在する市町村に配分する。このような資産を「配分資産」という。

この場合における，配分資産については，その価格等の配分を受けた市町村がその配分を受けた価格等を限度として課税団体となる。なお，地方税法389

条１項（都道府県知事・総務大臣の評価の権限等）の規定により，総務大臣が指定する償却資産は，以下の２種類に分かれる。

（１）　第１号の償却資産

第１号の償却資産については，「総務省令で定める船舶，車両その他の移動性償却資産又は可動性償却資産で二以上の市町村にわたって使用されるもののうち総務大臣が指定するもの」（法389①一）と定められている。ここでいう「総務大臣が指定するもの」とは，船舶，車両その他総務大臣が必要と認めるものである（則15の６①）。したがって，二以上の市町村にわたって使用されている状態にあるすべての移動性・可動性償却資産が指定されるのではなく，つぎに掲げる償却資産が指定されるのである。

イ　鉄道および軌道に係る車両
ロ　索道に係る搬器
ハ　定期航空運送事業用の航空機
ニ　船舶

これらの資産は，その価格も大きく，一般の移動性・可動性償却資産と同様に，主たる定けい場または定置場所在の市町村にのみその課税権を認めることになると，当該資産と他の関係市町村との受益関係は課税面において全く反映されないことになる。むしろ，受益関係の密接な市町村に広く価格の配分を行ってその課税権を認めることが，償却資産税の目的に適合するものであるとする考え方に基づいて，このような措置がとられている。

（２）　第２号の償却資産

第２号の償却資産については，「鉄道，軌道，発電，送電，配電若しくは電気通信の用に供する固定資産又は二以上の市町村にわたって所在する固定資産で，その全体を一の固定資産として評価しなければ適正な評価ができないと認められるもののうち総務大臣が指定するもの」（法389①二）と定められている。したがって，鉄軌道事業用，電気事業用および電気通信事業用の償却資産，ならびに，二以上の市町村にわたって所在する償却資産のすべてが指定されるのではなく，つぎに掲げる償却資産が指定されるのである。

- イ 鉄道および軌道事業の用に供する償却資産
- ロ 専用鉄道に係る償却資産
- ハ ガス事業に係る償却資産のうちガス導管，整圧およびガスメーター
- ニ 電気事業の用に供する償却資産
- ホ 索道事業に係る償却資産
- ヘ 送水管に係る償却資産
- ト 道路事業の用に供する償却資産
- チ 原料運搬施設に係る償却資産
- リ 水道または工業用水の用に供する償却資産
- ヌ 電気通信事業の用に供する償却資産
- ル その他の償却資産

これらの資産の価格は，いずれも大きいものばかりであり，また，償却資産の性格からみても，所在市町村ごとに分離して独自に評価を行うことは，適正な評価を期しがたい。そのため，所有者ごとに，その所有する資産の全体を一の償却資産として，都道府県知事または総務大臣がその評価を行い，市町村は，その評価に基づいて配分された価格等を課税標準として，償却資産税を課することになる。

（3） 配分の通知

都道府県知事または総務大臣は，配分資産の価格等を決定した場合には，その価格等を関係市町村長と当該資産の所有者に通知することになる。具体的には，配分通知は，つぎのように行われる。

- イ まず，配分資産の所有者で償却資産税の納税義務があるものは，総務省令の定めるところによって，毎年1月1日現在における当該資産について，償却資産課税台帳に登録されるべき事項等を1月31日までに，都道府県知事または総務大臣に申告する（法394）。
- ロ 都道府県知事または総務大臣は，配分資産の価格等を決定し，その価格等を関係市町村長に配分し，毎年3月31日までに市町村長に通知する。この通知は，関係市町村を包括する関係都道府県を通じて行われる（法

389①)。

ハ　さらに，都道府県知事または総務大臣は，配分資産の価格等を決定した場合には，遅滞なく，その価格等を当該資産の所有者に通知する（法393）。

かくして，配分通知を受けた市町村は，遅滞なく，その配分された配分資産の価格等を償却資産課税台帳に登録することになる（法389②）。

5　大規模償却資産

市町村は，同一の納税義務者が所有する償却資産で，その価額—価格または課税標準の特例の適用を受ける資産については，課税標準となるべき額—の合計額が市町村の人口段階に応じて法定されている金額を超えるもの（大規模償却資産）があるときは，その法定額を課税標準として償却資産税が課される。その課税限度額を超える部分の金額については，その償却資産所在の市町村を包括する都道府県が償却資産税の課税団体となる[40]（法349の4・349の5・740）。

すなわち，大規模償却資産とは，一の納税義務者が所有する償却資産で，一の市町村に所在するものの価額の合計額が図表6の左欄に掲げる市町村において右欄に掲げる金額を超えるものである（法349の4①）。図表6の左欄に掲げる市町村において右欄に掲げる金額以内の額（課税定額）は，大規模償却資産所在の市長村が課税する。それを超える部分の金額は，大規模償却資産所在の市長村を包括する都道府県が課税する。

このように，償却資産所在の市町村が課税団体となるほか，その市町村を包括する都道府県も償却資産税の課税団体となるものであり，課税権の帰属を都道府県と市町村に量的に分割する結果となる。なぜなら，大規模償却資産は，

---

[40]　ただし，政令指定都市に所在する償却資産については，その市の行政権能・財政需要等にかんがみ，その市を包括する都道府県は課税権を有しない（法349の4①括弧書）。なお，政令指定都市とは，地方自治法の規定により，政令で指定する人口50万以上の市をいい，平成24年4月1日現在，札幌市，仙台市，さいたま市，千葉市，横浜市，川崎市，相模原市，新潟市，静岡市，浜松市，名古屋市，京都市，大阪市，堺市，神戸市，岡山市，広島市，北九州市，福岡市，熊本市の20市となっている（自治252の19①）。

その立地条件によって地域的に偏在する傾向が強くみられるので，一部の市町村における過度の税源の偏在をできるだけ是正し，税源をより効率的に運用するという趣旨による。

もちろん，大規模償却資産が所在する市町村について，当該資産に対する課税権を制限するとしても，その結果，逆に，市町村の財政運営が困難となることがあってはならない。そのため，図表６の右欄に掲げる「課税定額」により課税することとした場合に，その基準財政収入見込額が前年度の基準財政需要額の100分の160に満たないときは，前年度の基準財政需要額の100分の160に達するまでこれを増額して，市町村において課税することとされている[41]（法349の4②）。

図表６　大規模償却資産の課税制限

市町村の区分	課　税　定　額
人口5,000人未満の町村	5億円
人口5,000人以上 １万人未満の市町村	人口6,000人未満の場合にあっては5億4,400万円，人口6,000人以上の場合にあっては5億4,400万円に人口5,000人から計算して人口1,000人を増すごとに4,400万円を加算した金額
人口１万人以上 ３万人未満の市町村	人口１万2,000人未満の場合にあっては7億6,800万円，人口１万2,000人以上の場合にあっては7億6,800万円に人口１万人から計算して人口2,000人を増すごとに4,800万円を加算した金額
人口３万人以上 20万人未満の市町村	人口３万5,000人未満の場合にあっては12億8,000万円，人口３万5,000人以上の場合にあっては12億8,000万円に人口３万人から計算して人口5,000人を増すごとに8,000万円を加算した金額
人口20万人以上の市	40億円

（注）　なお，大規模償却資産に対する市町村の課税制限の制度は，政令指定都市及び東京都特別区については適用されない。
（出所）　地方税法349条の4第1項・734条5項に基づき，筆者が作成。

41）　詳しくは，第4章第2節1・2を参照のこと。

第4章　課税標準と特例措置

chapter 4

　本章では，償却資産税の課税標準とその特例措置についてみることにする。償却資産税の課税標準は，賦課期日における償却資産の価格で償却資産課税台帳に登録されたものである（法349の2）。この課税標準については，免税点制度をはじめ，課税標準の特例が設けられている。さらに，地方税法では，「非課税」（法348）のほか，「課税免除」（法6①）や「減免」（法367）などの規定が設けられており，課税標準そのものよりも，むしろ特例規定が重要である。

第1節　課　税　標　準

　固定資産税の課税標準の基礎となる価格は，「適正な時価」をいうものとされており，特に，土地・家屋については，3年間の価格の据置制度が採用されている。他方，償却資産については，価格の据置制度が採用されていないので，毎年度の賦課期日現在の価格ということになる。もっとも，課税標準そのものについては，土地・家屋に比べて複雑なものではなく，むしろ第2節で述べる「課税標準の特例」のほうが重要性が高い。

1　適正な時価

　固定資産税の課税標準は，原則として固定資産の価格，つまり「適正な時価」である（法341五）。ここでいう「適正な時価」とは，判例上，「正常な条件の下に成立する当該土地（固定資産）の取引価格，すなわち，客観的な交換

価値をいう」と解されている[1]。それが存しないか不適当である場合には、いわゆる「再調達原価」や「収益還元価額（割引現在価値）」などをもとに評価の上把握されることになる[2]。

(1) 土地・家屋

土地・家屋については、課税標準となる価格の据置制度が設けられ、原則として、基準年度の価格を翌々年度まで据え置くこととされている[3]。基準年度の課税標準は、土地・家屋の基準年度に係る賦課期日における価格（基準年度の価格）で、固定資産課税台帳に登録されたものである（法349①）。

(2) 償却資産

償却資産税の課税標準は、賦課期日における償却資産の価格で償却資産課税台帳に登録されたものである（法349の2）。ここで、償却資産の価格とは、適正な時価をいい、基準年度の価格が原則として3年間据え置かれることになっている土地・家屋と異なり、毎年、賦課期日における価格によって、償却資産の評価をしたものである（法409③）。

すなわち、償却資産は、本来その耐用年数において長短の差の著しいものがあり、事業者における使用の実態の差や技術革新による経済的陳腐化など、価格の据置制度に馴染まない性格をもつ。また、評価にあたっても、事業者の帳簿価額、税務計算上の固定資産価額その他準拠すべき資料が比較的得られやすく、評価事務が簡便である。そのうえ、納税義務者の理解も得られやすいので、

---

1) 最判平成15年6月26日民集57巻6号723頁。
2) なお、再調達原価とは、現在保有している資産の決算日における再取得価額をいい、一般市場において新品を取得するために通常支出すべき金額を算定することにほかならない。また、収益還元価額（割引現在価値）とは、資産がもたらす将来における純キャッシュ・フローの現在割引価値をいう。ただ、将来キャッシュ・フローや割引利率などの見積りには、主観的判断が加わる点に問題がある。
3) もちろん、固定資産税は、固定資産の有する価値に着目して課税するものであるから、毎年度評価して、これを課税標準として課税することが本来望ましい姿だと考えられる。しかし、多くの課税客体を有する固定資産税については、評価事務に係るコスト等を考慮すれば、課税標準となる価格は、一定の期間据え置くものとするほうが合理的といえる。

毎年賦課期日現在の現況によって評価された価額を課税標準の基礎とするものとされている。

2　総務大臣の指定する償却資産

　地方税法389条1項（総務大臣の評価の権限等）の規定により，以下のような償却資産については，関係市町村が同一都道府県内にある場合においては都道府県知事が，関係市町村が二以上の都道府県に係る場合においては総務大臣が，それぞれ評価を行う。それから，総務省令の定めるところによって，当該資産が所在するものとされる市町村，ならびに，その価格および課税標準について特例のある資産については，その価格等を決定し，その決定した価格等をその関係市町村に配分することとされている[4]。

（1）移動性・可動性償却資産

　船舶，車両その他の移動性・可動性償却資産で総務大臣が指定しているものは，それぞれに掲げる市町村が課税団体となる。

　イ　船　　舶

　　　その年度の初日の属する年の前年中における，その船舶のてい泊港所在の市町村

　ロ　車　　両

　　　車両が走行する軌道の所在する市町村

　ハ　索道に係る搬器

　　　搬器が所在する市町村

　ニ　航　空　機

　　　航空機が就航している定期航空路において寄航する飛行場所在の市町村

　これらの資産については，都道府県知事または総務大臣が評価し，価格および課税標準を決定した後，「地方税法第三百八十九条第一項の規定により道府県知事又は総務大臣が決定する固定資産の価格の配分に関する規則」（分配規

---

[4]　詳しくは，第3章第3節4を参照のこと。

則）により，これらの資産の所在する市町村に配分されている。

（2） 全体を一の資産として評価すべき償却資産

つぎに掲げる償却資産については，移動性・可動性償却資産以外の償却資産で，その規模が大きく，その性格からいっても当該所在の市町村ごとに分離して，それぞれ独自に評価をするのでは適正な評価をすることができないと認められる。そこで，都道府県知事または総務大臣がその全体を一の償却資産として評価し，分配規則によって関係市町村に配分するものとされており，その価格等の配分を受けて市町村が課税することになる。

イ　鉄軌道事業用償却資産
ロ　ガス事業用償却資産
ハ　電気事業用償却資産
ニ　道路事業用償却資産
ホ　電気通信事業用償却資産
ヘ　天然ガス事業用償却資産
ト　上下水道用償却資産
チ　索道事業用償却資産
リ　送水管に係る償却資産
ヌ　原料運搬施設に係る償却資産
ル　その他の償却資産

第2節　課税標準の特例

このように，償却資産税の課税標準については，原則として，償却資産の価格による。ところが，社会政策・経済政策的観点から，特定の産業および機械等に対する課税標準の特例，税源の効率的運用を図るための大規模償却資産の課税標準の特例など，課税標準に多くの特例措置が講じられている。

1　大規模償却資産の課税標準の特例

大規模償却資産については，市町村は，その全額について課税権をもつこと

なく，原則として，第3章の図表6の左欄に掲げる市町村において右欄に掲げる金額以内の額（課税定額）を課税標準として償却資産税を課するものとされており，課税定額を超える金額については，その市町村を包括する都道府県が，その超える金額を課税標準として償却資産税を課するものとされている[5]（法349の4①本文）。

（1） 市町村における課税定額

大規模償却資産は，その立地条件によって地域的に偏在する傾向が強くみられる。一部の地方団体における過度の税源の偏在をできるだけ是正し，税源をより効率的に運用するという趣旨に基づき，大規模償却資産については，市町村の課税権を制限し，都道府県にも課税権が与えられている。もっとも，大規模償却資産に対する市町村の課税制限の制度は，政令指定都市および東京都特別区については適用されない（法349の4①・734⑤）。

要するに，大規模償却資産に対する市町村の課税定額は，市町村の人口段階に応じて一定額が定められる。しかしながら，この課税定額だけでは，すべての市町村について，その財政収入の実態に見合った税収を保障しているとはいい難い点がある。このような制限によって，その市町村の財政運営が困難となるようでは，この制限の行き過ぎとなる。そこで，地方交付税の算定の基礎となる基準財政需要額と基準財政収入額との関係において，当該資産が所在する市町村の財政事情を判定し，その市町村における基準財政需要額の一定割合の収入額を確保しうるよう課税定額を引き上げる方法がとられている。

（2） 基準財政需要額と基準財政収入額

地方交付税制度は，地方交付税法の規定により，地方団体が自主的にその財産を管理し，事務を処理し，行政を執行するために標準的な経費（基準財政需要額）と，その標準的な税収（基準財政収入額）を算定し，基準財政需要額が基準財政収入額を超える地方団体に対して，衡平にその超過額を補てんするもの

---

[5] ただし，人口3万人以上の市町村にあっては，大規模償却資産の価額の10分の4の額が市町村の課税定額を超えるときは，その10分の4の額を課税標準として償却資産税が課される（法349の4①括弧書）。

である（交付税1・3①）。すなわち，地方交付税とは，所得税，法人税，酒税および消費税のそれぞれの一定割合の額ならびに地方法人税の全額で地方団体が等しくその行うべき事務を遂行することができるように，国が交付する租税である[6]（交付税2一）。

《算　式》

　　普通交付税額＝基準財政需要額－基準財政収入額

　イ　基準財政需要額

　　基準財政需要額とは，各地方団体の財政需要を合理的に測定するために，各行政項目別にそれぞれ設けられた「測定単位」の数値に必要な「補正」を加え，これに測定単位ごとに定められた「単位費用」を乗じた金額の合算額である（交付税2三・11）。これは，実際に支出した決算額でもなければ，実際に支出しようとする予算額でもなく，地方団体の自然的，地理的および社会的条件に対応する合理的で，かつ，妥当な水準における財政需要として算定される。

　　基準財政需要額＝各項目の(単位費用×測定単位×補正係数)の合計額

---

[6]　ちなみに，地方交付税には，地方団体の財源の均衡化（財政調整機能）と，地方団体が計画的な行政執行をなしうるための財源保障（財源保障機能）との，2つの機能がある。この点につき，土居丈朗教授は，「財源保障機能と財政調整機能が一体となった現行の地方交付税制度は資源配分の歪みを大きくするだけでなく，地域所得の格差拡大を助長しており望ましくない…。したがって，今後の我が国の地方財政制度の改革においては，政府間財政調整制度で財源保障機能と財政調整機能は，機能分化することが望まれる」と提言している（土居丈朗「地方交付税の機能と地域所得変動リスクに関する厚生分析」フィナンシャル・レビュー108号99頁（2012年））。これに対して，神野直彦教授は，「日本の地方交付税は，財源保障と財政力格差是正を同時に達成する財源不足補填型の財政調整制度である。…，地方交付税の改革が必要だといっても，それは制度の『破壊』や『単純化』を目的とするものではない。真に必要な改革は，制度の歴史や世界各国の経験を踏まえつつ，新しい『分権的分散システム』の課題に適応するように，制度を改善することである」と指摘している(神野直彦＝池上岳彦『地方交付税何が問題か―財政調整制度の歴史と国際比較―』255頁〔神野〕（東洋経済新報社，2003年))。

ロ　基準財政収入額

基準財政収入額とは，各地方団体の財政力を合理的に測定するために，地方団体の標準的な地方税収の一定割合により算定した金額である（交付税2四・14）。

　　基準財政収入額＝標準的な地方税収×75％

（3）　課税定額の増額

基準財政収入見込額が前年度の基準財政需要額の100分の160（財源保障率）に満たないことになる市町村については，課税定額を基準財政収入見込額が前年度の基準財政需要額の100分の160に達することになるように増額して，その額までは市町村の課税権を認めるという「財源保障の制度」が設けられている（法349の4②前段）。したがって，もし，大規模償却資産の価額がこの額より小さいときは，その全額について，当該資産所在の市町村が課税権を有することになる。

《算　式》

$$課税限度額＝[基準財政需要額 \times \frac{160}{100} - \{基準財政収入額 - \frac{大規模償却資産の税収見込額 + (大規模償却資産の課税定額 \times 大規模償却資産の個数)}{1} \times \frac{1.4}{100} \times \frac{75}{100}\}] \times \frac{100}{75} \times \frac{1.4}{100}$$

この場合において，市町村に大規模償却資産が二以上あるときは，これらの資産のうち価額の低いものから順次当該資産の価額を限度として，その基準財政収入見込額が前年度の基準財政需要額の100分の160に達することになるように課税定額を増額することになる（法349の4②後段）。

（4）　地方団体間の連絡

市町村長は，償却資産の価格等を決定した場合，償却資産課税台帳に登録された類似資産の価格と均衡を失しないように価格等を決定・修正した場合，または償却資産の価額の配分を受けた場合において，一の納税義務者が所有する償却資産の価額の合計額が課税定額を超えることになるときは，遅滞なく，その価額の合計額その他必要な事項を都道府県知事および納税義務者に通知しな

ければならない（法349の4⑥）。

　他方，都道府県知事または総務大臣は，市町村に償却資産の価額を配分する場合において，一の納税義務者が所有する償却資産の価額の合計額が課税定額を超えることになるときは，市町村長および所有者—総務大臣の場合は，さらに都道府県知事—に対する通知にその旨を併せて記載しなければならない（法349の4⑦・⑧）。

2　新設大規模償却資産の課税定額の特例

　新たに工場・発電所等の大規模償却資産が建設された場合においては，市町村としては，道路・上下水道等の新たな財政需要が著しく増加することになる。ところが，大規模償却資産については，市町村における課税定額が定められているため，市町村は増収をほとんど期待しえないところもあり，また増収であっても，工場・発電所等の新設に伴って増大を余儀なくされる財政需要を賄うに足らないところもある。そのため，特に，新設当初の一定期間，市町村の課税限度額を引き上げるという緩和措置が講じられている。

（1）　新設大規模償却資産の課税限度額

　新設大規模償却資産とは，一の納税義務者が所有する償却資産で新たに建設された一の工場・発電所等の用に供するもののうち，その価額の合計額が，当該資産に対して新たに償却資産税が課されることになった年度から5年度間のうち，いずれか一の年度において課税定額を超えることになるものをいう（法349の5①前段）。これは，一の市町村内に所在する一の納税義務者が所有する償却資産のすべてを包括した概念であり，その価額の合計額について課税定額を適用されることになる。

　この特例措置は，その超えることになった年度を第1適用年度として，その年度から6年度分の償却資産税にかぎり適用される。その第1は，新設大規模償却資産については，一定の年度を限って，その納税義務者が所有する他の償却資産とこれを区別し，別の一の納税義務者が所有するものとみなして，その課税標準額を算定するものとされていることである。第2に，新設大規模償却

資産については、大規模償却資産としての課税定額を引き上げるための財政保障率を通常適用するものよりも高率に定めていることである。

(2) 財源保障率の特例

新設大規模償却資産に対して課する第1適用年度から6年度間の償却資産税にかぎり、基準財政収入見込額が前年度の基準財政需要額に、つぎに掲げる割合を乗じて得た額に満たないことになる市町村については、その課税定額をそれぞれ基準財政収入見込額が前年度の基準財政需要額のつぎに掲げる割合に達することになるように増額し、市町村は増額後の課税限度額によって償却資産税を課するものとされる（法349の5②）。

イ　第1・2適用年度における新設大規模償却資産

第1次新設大規模償却資産の財源保障率＝$\frac{220}{100}$

ロ　第3・4適用年度における新設大規模償却資産

第2次新設大規模償却資産の財源保障率＝$\frac{200}{100}$

ハ　第5・6適用年度における新設大規模償却資産

第3次新設大規模償却資産の財源保障率＝$\frac{180}{100}$

簡単にいえば、新設大規模償却資産については、財源保障率を第1適用年度から6年度間にかぎり、最初の2年度間は100分の220、つぎの2年度間は100分の200、最後の2年度間は100分の180とし、工場等の建設当初においては、当該資産の所在する市町村の財政需要の増大に相応して、その課税限度額を大幅に引き上げ、漸次これを低減して、6年度を経過した後は、通常の取扱いに戻ることになる。このように、通常の大規模償却資産の課税標準の特例のほか、新設大規模償却資産の課税定額の特例を用意しており、とにかく、精緻な制度を用意しているというほかはない。

3　公益事業等に対する課税標準の特例

償却資産税においては、公用・公共用のものについて課税を除外するために、

非課税措置が講じられている（法348，法附則14）。さらに，地方税法においては，国等の国土交通対策，中小企業対策，農林漁業対策，社会福祉対策および環境対策などの見地から，償却資産税の負担がその大きな障害にならないよう，つぎに掲げる償却資産の種類に応じて，それぞれ課税標準の特例措置が定められている[7]（法349の3）。

　イ　一般電気事業者・卸電気事業者が新設した変電所または送電施設
　　(イ)　変電所については，最初の5年度分は価格の5分の3，その後の5年度分は価格の4分の3
　　(ロ)　送電施設については，最初の5年度分は価格の3分の1，その後の5年度分は価格の3分の2
　ロ　鉄道事業者・軌道経営者または独立行政法人鉄道建設・運輸施設整備支援機構が新規営業路線に係る線路設備等
　　(イ)　構築物については，最初の5年度分は価格の3分の1，その後の5年度分は価格の3分の2
　　(ロ)　立体交差化施設に係る線路設備については，最初の5年度分は価格の6分の1，その後の5年度分は価格の3分の1
　ハ　一般ガス事業者・簡易ガス事業者が新設したガス事業用の償却資産
　　　最初の5年度分は価格の3分の1，その後の5年度分は価格の3分の2
　ニ　農業協同組合・中小企業等協同組合等が取得した共同利用に供する機械

---

[7]　このほか，適用期限がある課税標準の特例もある。たとえば，昭和57年度から平成31年度までの各年度分の償却資産税にかぎり，沖縄電力株式会社が電気供給業の用に供する償却資産については，課税標準となるべき価格の3分の2の額とされる（法附則15⑤）。また，平成29年3月31日までに鉄道事業者等が取得した車両の運行の安全性の向上に資する償却資産については，最初の5年度分の償却資産税にかぎり，課税標準となるべき価格の3分の1の額とされる（法附則15⑭）。さらに，平成28年度税制改正によって，中小企業者等が平成31年3月31日までの間において，①販売開始から10年以内，②旧モデル比で生産性が年平均1％以上向上，③1台または1基の取得価額が160万円以上の，いずれにも該当する機械装置を取得した場合には，償却資産税の課税標準を最初の3年間価格の2分の1とする措置が講じられている（財務省『平成28年度税制改正の大綱』30～31頁（2015年））。

装置

　　最初の3年度分は，価格の2分の1

ホ　外航船舶等

　　外航船舶は価格の6分の1，準外航船舶は価格の4分の1

ヘ　内航船舶

　　価格の2分の1

ト　離島航路事業の用に供する船舶

　　価格の6分の1

チ　国際路線に就航する航空機

　　国際航空機は価格の5分の1，国際路線専用機は価格の10分の1，国際路線準専用機は価格の15分の2

リ　主として離島路線に就航する航空機

　(イ)　航空機については，最初の3年度分は価格の3分の1，その後の3年度分は価格の3分の2

　(ロ)　最大離陸重量30屯未満の小型航空機については，価格の4分の1

ヌ　日本放送協会の事業用の償却資産

　　価格の2分の1

ル　国立研究開発法人日本原子力研究開発機構の研究施設等

　　最初の5年度分は価格の3分の1，その後の5年度分は価格の3分の2

ヲ　東北新幹線，北陸新幹線および九州新幹線に係る線路設備・電路設備等

　　最初の5年度分は価格の6分の1，その後の5年度分は価格の3分の1

ワ　青函トンネル・本四連絡橋に係る鉄道施設

　　価格の6分の1

カ　河川改修による鉄軌道の橋梁の新設・改良またはトンネルの新設により敷設された線路設備等

　(イ)　線路設備等については，最初の5年度分は価格の3分の2，その後の5年度分は価格の6分の5

　(ロ)　河川事業用の償却資産については，最初の5年度分は価格の6分の1，

その後の5年度分は価格の3分の1
ヨ　国立研究開発法人宇宙航空研究開発機構の業務用の償却資産
　　最初の5年度分は価格の3分の1，その後の5年度分は価格の3分の2
タ　国立研究開発法人海洋研究開発機構の業務用の償却資産
　　最初の5年度分は価格の3分の1，その後の5年度分は価格の3分の2
レ　熱供給事業者が新設した熱供給事業用の償却資産
　　最初の5年度分は価格の3分の1，その後の5年度分は価格の3分の2
ソ　独立行政法人水資源機構がダムの用に供する償却資産
　　最初の5年度分は価格の2分の1，その後の5年度分は価格の4分の3
ツ　旅客鉄道株式会社等から無償譲渡された特定地方交通線に係る償却資産
　　価格の4分の1
ネ　国立研究開発法人新エネルギー・産業技術総合開発機構の業務用の償却資産
　　最初の5年度分は価格の3分の1，その後の5年度分は価格の3分の2
ナ　国立研究開発法人科学技術振興機構の業務用の償却資産
　　最初の5年度分は，価格の2分の1
ラ　新関西国際空港株式会社の業務用の償却資産
　　価格の2分の1
ム　特定鉄道事業者が新たに敷設した鉄道に係る線路設備・電路設備等
　　最初の5年度分は価格の4分の1，その後の5年度分は価格の2分の1
ウ　鉄道事業者等により新たに建設された変電所の用に供する償却資産
　　最初の5年度分は，価格の5分の3
ヰ　中部国際空港株式会社の業務用の償却資産
　　価格の2分の1
ノ　外国貿易船による物品運送の用に供されるコンテナー
　　価格の5分の4
オ　家庭的保育事業の用に供する償却資産
　　価格の2分の1

ク　居宅訪問型保育事業の用に供する償却資産
　　　価格の2分の1
　ヤ　事業所内保育事業の用に供する償却資産
　　　価格の2分の1
　マ　国立研究開発法人日本医療研究開発機構の業務用の償却資産
　　　最初の5年度分は価格の3分の1，その後の5年度分は価格の3分の2

4　東日本大震災に係る被災代替資産の特例

　上記1から3までの特例措置とは趣を異にするが，東日本大震災における被災代替償却資産に係る特例措置についても，簡単に触れておく。平成23年3月11日に発生した東日本大震災により滅失・損壊した償却資産の所有者等が，災害救助法が適用された市町村の区域内において，平成23年3月11日から平成31年3月31日までの間に滅失・損壊した償却資産に代わるものと市町村長が認める償却資産を取得し，または改良した場合における償却資産税の課税標準を4年度分その価格の2分の1の額とする特例措置が講じられている[8]（法附則56⑫）。

（1）　被災代替資産の特例の適用対象者

　被災代替資産の特例の適用を受ける「所有者等」は，つぎに掲げる者と定められている（令附則33⑰）。

　イ　被災償却資産の所有者
　ロ　被災償却資産が所有権留保付売買に係る売主および買主の共有物とみなされた場合の買主
　ハ　上記イ・ロに掲げる者から被災償却資産の全部または一部を取得した相続人
　ニ　上記イ・ロが法人の場合の合併法人または分割承継法人

---

[8]　財務省『平成23年度税制改正の解説』873～875頁（2011年）。

（2） 必要添付書類

被災代替資産の適用を受けようとする場合には、滅失・損壊した償却資産および特例を受けようとする償却資産に関する事項等を記載した書類および被害を受けた償却資産が東日本大震災により滅失・損壊したことを証する書類等を市町村長に提出しなければならない（令附則33⑳、則附則24⑪）。

　イ　被災償却資産の所有者の氏名、名称、住所、本店所在地、被災家屋の所在地を記載した書類

　ロ　被災償却資産が東日本大震災により滅失・損壊した旨を証する書類

　ハ　被災償却資産が存したことを証する書類

　ニ　被災償却資産に代わるものとして特例の適用を受けようとする償却資産の詳細を明らかにする書類

　ホ　相続人等に該当する旨を証する書類

5　新たな機械装置の投資に係る固定資産税の特例

さらに、平成27年12月24日に閣議決定された『平成28年度税制改正の大綱』では、「中小企業の生産性向上に関する法律（中小企業等経営強化法）の制定を前提に、中小企業者等が、同法の施行の日から平成31年3月31日までの間において、同法に規定する認定生産性向上計画（経営力向上計画）に記載された生産性向上設備（経営力向上設備等）のうち一定の機械及び装置の取得をした場合には、当該機械及び装置に係る固定資産税について、課税標準を最初の3年間価格の2分の1とする措置を講ずる」と明記された[9]。この改正により、中小企業者等の設備投資を後押しするための、償却資産税による設備投資減税が創設されている。

---

9) 財務省・前掲注7) 30頁。なお、この改正については、経済産業省より、新たな投資による地域経済活性化の観点から、償却資産税の減免が要望される一方で、地方六団体等からは、固定資産税は市町村にとって安定した非常に重要な基幹税であり、国の経済対策のために償却資産税の見直しを行うべきではなく、現行制度堅持との要望が出されていた。そのため、与党税制調査会においては、これらを踏まえた議論がなされている（財務省『平成28年度税制改正の解説』955頁（2016年））。

（1） 中小企業等経営強化法の概要

償却資産税による投資減税の前提条件とされる中小企業等経営強化法は，中小企業者等の生産性の向上を図ることを目的とし，従前の「中小企業の新たな事業活動の促進に関する法律」の一部改正により，新たに制定されたもので，支援措置の柱はつぎの２つに分けられる（経営強化12〜21）。

イ　事業分野の特性に応じた支援

　国は，基本方針に基づき，事業分野ごとに経営力向上の方法等を示した「事業分野別指針」を策定する。個別の事業分野に知見のある者から意見を聴くなどして，中小企業者等の経営力向上に係るベストプラクティスを事業分野別指針に反映させていく。

ロ　中小企業者等による経営力向上に係る取組の支援

　中小企業者等は，事業分野別指針に沿って，顧客データの分析を通じた商品・サービスの見直し，ITを活用した財務管理の高度化，人材育成などにより，経営力向上計画について国の認定を得ることができる[10]。認定事業者は，税制や金融支援などの措置が受けられる。また，経営革新等支援機関――税務，金融および企業財務に関する専門的知識や中小企業支援に係る実務経験が一定レベル以上の個人，法人，中小企業支援機関。具体的には，税理士，公認会計士，弁護士，金融機関，商工会や商工会議所など――は，国の認定を得て，中小企業者等による経営力向上計画の作成・実施を支援する。

（2） 支　援　措　置

認定事業者への支援措置には，資金繰りの支援や補助金等の優先採択のほか，償却資産税の軽減がある。具体的には，租税特別措置法に規定する中小企業者等が，平成28年７月１日から平成31年３月31日までの間に認定を受けた経営力向上計画に基づき取得した一定の機械装置に対して課する償却資産税の課税標準について，新たに課税されることとなった年度から３年度分は価格の２分

---

[10]　ちなみに，中小企業等経営強化法の施行に伴い，経営力向上計画47件―建設業１件，製造業32件，情報通信業７件，卸・小売業２件，学術研究・専門・技術サービス業４件，サービス業１件―が認定されている（平成28年７月29日現在）。

の1とされる（法附則15㊻）。

この特例措置の対象資産は，経営力向上設備等として経営力向上計画に記載される機械装置のうち，1台または1基の取得価額が160万円以上のものとされている[11]（令附則11㊷）。なお，これには，リース事業者が新たに取得し，中小企業者等がファイナンス・リース取引による資産の引渡しを受けた場合における機械装置を含む（法附則15㊻括弧書）。

（3） 若干の指摘

このように，中小企業等経営強化法の制定においては，償却資産税による投資減税が柱的な位置付けである。そもそも，どのような政策をどのような規模で講じるべきかを議論するためには，関係するデータが存在し，それに基づいた議論が行われることが望ましい。償却資産税による投資減税は，平成27年12月の税制改正大綱で，いわば急転直下的に決定がされたものとはいえ，経済産業省としては従前より主張してきた政策である。

ところが，林幹雄経済産業大臣は，委員会答弁において，「計算定量的には把握してはいないんですけれども，企業へのヒアリングなどによれば，前向きな設備投資への意欲はあるものの，投資を行えば経営が苦しくなるため踏みとどまっている赤字企業も存在いたします」と述べており，赤字の中小企業がどの程度の設備投資を行っているのか，また，どのような機械装置に投資をしているのかといったデータがないと推察される[12]。

これらのデータについては，早急に整備する必要があろう。それから，投資減税の政策効果について適宜分析を行い，中小企業者等の設備投資を期待以上に促進する効果をもつのであれば，投資減税を延長するとか，対象資産を拡充するとか，課税標準を価格の4分の1にするとか，さらには償却資産税の全廃も検討に値するかもしれない。

11） ただし，中古品の取得は対象外となる（法附則15㊻括弧書）。
12） 第190回国会参議院経済産業委員会会議録7号平成28年4月14日10頁。

第3節　税　　　率

　固定資産税は，昭和25年の創設当時，一定税率1.6％として出発した。しかし，翌26年度には，標準税率1.6％，制限税率3.0％に改正された。その後，図表7に表示したように，昭和29年度，30年度，34年度と，税率が引き下げられ，平成16年度には，課税自主権を尊重する観点から，制限税率が撤廃され，固定資産税の税率については，標準税率1.4％のみが定められている（法350①）。

《算　式》

　　償却資産の価格×1.4％＝固定資産税額（100円未満切捨て）

　具体的に適用される税率は，各市町村が標準税率を基準として税条例によって定めることになる。もっとも，標準税率は，地方を通ずる国民の税負担の均衡化を図ろうとするものである。住民負担の実状を考慮すれば，特に必要がある場合を除き，できるだけ標準税率によることが望ましい。実際，ほとんどの市町村は，標準税率を採用している。

図表7　税率の改正推移

年　度	一定税率	標準税率	制限税率
昭和25	1.6％	—	—
26	変　更	1.6％	3.0％
29	—	1.5％	2.5％
30	—	1.4％	〃
34	—	〃	2.1％
平成16	—	〃	撤　廃

（出所）　総務省自治税務局『平成28年度地方税に関する参考計数資料』128～133頁（2016年）に基づき，筆者が作成。

1　標 準 税 率

　地方税の税率をどのように定めるかということは，地方自治の本旨からいえば，地方行政の内容と住民の意思とに委ねられるべきものである。とはいえ，税目によっては，国税・地方税を通ずる国民の税負担や国の経済政策の観点から，ある程度の規制を加えることが必要なものもある。そこで，地方税法にお

いては，地方団体のとるべき税率について，その税目の性格等に応じ，標準税率，制限税率，一定税率および任意税率の，4つの税率を定めている[13]。このうち，固定資産税の課税にあたって採用されているのは，標準税率である。

平成27年4月1日現在における全市町村数は，図表8に表示したとおり，1,719団体（前年度1,720団体）である。このうち，標準税率の採用市町村は，平成26年より1団体増の1,566団体で，全体の91.1%を占めている[14]。これに対して，超過税率の採用市町村は，2団体減の153団体（8.9%）となっている。なお，標準税率を下回る税率を採用している市町村はなかった。

図表8　固定資産税の税率採用状況

単位：団体（％）

課税団体	標準税率未満	標準税率	超過税率	合計
人口50万以上の市	―	29 (100)	―	29 (100)
人口5万以上50万未満の市	―	461 (92.8)	36 (7.2)	497 (100)
人口5万未満の市	―	214 (81.1)	50 (18.9)	264 (100)
町　　村	―	862 (92.8)	67 (7.2)	929 (100)
全市町村	―	1,566 (91.1)	153 (8.9)	1,719 (100)

（注）1．東京都特別区は，1団体として計上している。
　　　2．構成比は，小数点2位以下四捨五入。
（出所）　総務省自治税務局『平成28年度地方税に関する参考計数資料』43頁（2016年）に基づき，筆者が作成。

固定資産税の標準税率は，1.4％とされている（法350①）。標準税率とは，

---

13) なお，標準税率以外の税率で課税する場合に超えてはならないものとして法定されている税率が，制限税率である。また，一定税率とは，地方団体が課税する場合にこれ以外の税率によることを許さないものとして法定されている税率である。そして，地方税法上税率について何ら定めをしておらず，専ら地方団体に税率設定の判断を委ねているケースを「任意税率」と呼ぶ。
14) ちなみに，地方税法では，「公益上その他の事由に因り必要がある場合においては，不均一の課税をすることができる」（法6②）と定められている。しかしこれは，特定の土地，家屋または償却資産について税率を異にすることができる旨の規定であり，一時的に固定資産の種類別に固定資産税の税率を不均一とすることは，制度上負担の不均衡をもたらすことを承認することになり，違法であると考えられている（昭和30年3月7日自丙市22号自治庁税務部長回答）。

市町村が課税する場合に通常よるべき税率であって，市町村はその財政上その他の必要があるときは，これと異なる税率を定めることができる。なお，標準税率は，総務大臣が地方交付税の額を定める際に基準財政収入額の算定の基礎として用いる税率である（法1①五）。また，市町村は，財政上の余裕がある場合は標準税率を下回って課税することもできるし，財政上特別の必要がある場合はこれを上回って課税することもできる。

もっとも，標準税率の性格から，地方財政法では，地方債をもって，学校その他の文教施設，保育所その他の厚生施設，消防施設，道路，河川，港湾その他の土木施設などの公共施設または公用施設の建設事業費および公共用もしくは公用に供する土地またはその代替地としてあらかじめ取得する土地の購入費の財源とする場合には，都道府県知事または総務大臣の許可を受けることが必要となる（地財5五・5の4④）。さらに，市町村として確保すべき収入の徴収等を怠ったものと認められる場合には，市町村に対して交付すべき地方交付税を減額し，または，すでに交付した地方交付税の一部の返還を命ぜられる（地財26①）。

また，固定資産税の税率については，標準税率が示されており，基本的には各市町村の財政事情に応じて税率を定めうる。とはいえ，この場合においても，固定資産税の全体について1つの税率を任意に定めうるものであって，土地，家屋あるいは償却資産の別に，または他の財産の分類によって，それぞれ異なった税率を定めうる趣旨ではない。なぜなら，地方税法は，固定資産税として1つの税目を考え，同法6条2項（公益等による不均一課税）の規定により，公益上その他の事由によって必要がある場合に不均一課税をする場合以外は，税負担の均衡上，固定資産税の全体について一定の割合により負担を求めることを原則としているからである。

2　意見聴取制度

固定資産税の税率は，地方自治の本旨からは，市町村の行政需要と住民の意思に委ねられるべきものである。とはいえ，市町村が超過課税を行うにあたっ

ては，真に必要な財政需要があるかどうかを慎重に検討し，公正妥当に税率を定めなければならない。特に，一の納税義務者が市町村における固定資産税の課税客体となる固定資産の大部分を所有しているような場合に超過課税を行われると，実質的に一の納税義務者のみの負担において追加的な税収を調達することになる。そこで，このような場合には，市町村議会において，納税義務者の意見を聴取する制度が設けられており，慎重な手続を踏むこととされている。

すなわち，市町村の固定資産税の課税標準の総額のうち，一の納税義務者に係る固定資産税の課税標準額の割合が3分の2を超える場合であって，1.7％を超える税率で固定資産税を課する旨の税条例を制定しようとするときは，市町村議会において，納税義務者の意見を聴くものとされている（法350②）。しかし，具体的な議会での手続については，地方税法には特段の定めはない。

そのため，該当する議案が提出されたら，まず，課税標準の総額が3分の2を超える納税義務者（特定納税義務者）に意見を求める旨を議会で議決する。その後，議長名で特定納税義務者に文書で意見を求める。そして，意見を特定納税義務者から議長あてに提出させ，議長がそれを本会議で報告するか，あるいは特定納税義務者の本会議への出席を求め，議場において意見陳述させるという，地方自治法上の手続による。いずれにせよ，具体的な税率は，市町村ごとに税条例で定めることになる。とはいえ，市町村は，安易に標準税率を超える税率を定めるべきではないであろう。

第4節 非　課　税

　非課税とは，地方団体が課税を行うことを法律上禁止しているものであって，地方税法において非課税として法定しているものについては，地方団体の意思のいかんにかかわらず，納税義務を負わせることができない。いわば，地方団体の課税権を制限したものである。償却資産税においては，非課税の範囲を定める場合に，その根拠を償却資産の所有者の性格に求めているものと，償却資産それ自体の性格・用途の面に求めているものとに区別される。前者は「人的非課税」といい，後者を「物的非課税」と呼ぶ。

1　人的非課税

　地方税法においては，人的非課税について，「市町村は，国並びに都道府県，市町村，特別区，これらの組合，財産区及び合併特例区に対しては，固定資産税を課することができない」（法348①）と規定されている。この非課税措置は，国・地方団体等の公的な性格と国・地方団体相互非課税の観念に基づくものであると説明されている[15]。

　すなわち，固定資産の所有者の性格からみて，特に非課税とすべきものを定めるものであって，国・地方団体等が所有する固定資産については，それが，どのような性格を有するものであろうと，また，どのような用途に供されているものであろうとを問わず，すべて固定資産税を課することができないということを意味するものである。このように，国・地方団体等が非課税とされている点については，つぎの点に注意すべきであろう[16]。

　第1に，租税の面では非課税扱いとされているにもかかわらず，一定の固定資産については，国有資産等所在市町村交付金法3条（交付金額の算定）の規定により，交付金算定標準額に1.4％を乗じて得た額を交付することとされている[17]。というのは，国・地方団体等といえども，その所有している固定資産が一般私人の所有している固定資産と異ならないような状態で使用収益されているものについては，当該資産が国・地方団体等に所属していることのみを理由として何らの負担もしないことは，市町村の行政サービスとの応益関係を考えると均衡を失することになるからである。

　交付対象固定資産は，国有資産等所在市町村交付金法上，①所有する国・地方団体以外の者が使用している固定資産，②空港の用に供する固定資産，③国有林野に係る土地，④発電所，変電所または送電施設の用に供する固定資産，⑤水道・工業用水道の用に供するダムの用に供する固定資産，⑥国家備蓄施設

---

15)　自治省固定資産税課編『固定資産税逐条解説』83頁（地方財務協会，改訂版，1986年）。

16)　石島弘ほか『固定資産税の現状と納税者の視点―現行制度の問題点を探る―』154～157頁〔碓井光明〕（六法出版社，1988年）。

17)　石島ほか・前掲注12) 154～155頁〔碓井〕。

の用に供する固定資産である（交付金2①）。所有団体以外の者が使用している固定資産とは，それに対する除外規定から理解されるように，その範囲に関して，解釈適用上の問題が多い。

第2に，非課税独立行政法人についても，原則として，固定資産税は非課税とされている（法348⑥）。ただし，国有資産等所在市町村交付金の対象とされている固定資産については，固定資産税が課される[18]。というのは，国との関係と異なり，相互非課税の考え方が妥当しないことなどから，交付金によることなく固定資産税レベルで課税扱いとしているのである。

第3に，「国並びに都道府県，市町村，特別区，これらの組合，財産区及び合併特例区」という名称が付されていると，論理必然的に非課税扱いが導かれる。とすれば，地方団体の経済活動が増加するにつれて，同種の経済活動を行う民間事業者との関係において，固定資産税負担のないことが，公正な競争を妨げるという問題が提起されるおそれがある。したがって，その団体の性格や事業内容の妥当性などを十分考量した上で，非課税扱いとするか否かを適時に見直すべきであろう。

2　物的非課税

償却資産税は，つぎに掲げる償却資産に対しては課することができない[19]（法348②本文・④～⑨）。これは，償却資産が公益性の高い用途に供される場合，その用途の性質によって非課税とされるためである。したがって，この用途による非課税は，原則的に，償却資産の所有者が誰であるかを問わず，自らその用に供しているものは当然のこと，他の者から当該資産を借り受けてその用に使用している場合にも適用される[20]。

---

18) たとえば，①非課税独立行政法人以外の者が使用している固定資産，②発電所，変電所または送電施設の用に供する固定資産，③水道施設・工業用水道施設のうちダム以外のものの用に供する土地，または水道・工業用水道の用に供するダムの用に供する固定資産が，対象資産である（令51の16の2）。
19) ただし，これらの資産について，それぞれの目的以外に使用されている場合は，非課税とされない（法348③）。

イ 学校法人等が設置する学校において直接保育または教育の用に供する償却資産
ロ 学校法人等が設置する寄宿舎に係るものにおいて直接その用に供する償却資産
ハ 公益社団法人・公益財団法人，宗教法人または社会福祉法人が設置する幼稚園において直接保育の用に供する償却資産
ニ 公益社団法人・公益財団法人が設置する図書館において直接その用に供する償却資産
ホ 公益社団法人・公益財団法人または宗教法人が設置する博物館において直接その用に供する償却資産
ヘ 社会医療法人，特定医療法人，公益社団法人・公益財団法人，非営利型法人，社会福祉法人などが設置する看護師・歯科衛生士等の養成上において直接教育の用に供する償却資産
ト 社会福祉法人が保護施設の用に供する一定の償却資産
チ 社会福祉法人等が児童福祉施設の用に供する一定の償却資産
リ 社会福祉法人等が老人福祉施設の用に供する一定の償却資産
ヌ 社会福祉法人が障害者支援施設の用に供する償却資産
ル 社会福祉法人等が包括的支援事業の用に供する償却資産
ヲ 社会福祉法人等が社会福祉事業の用に供する一定の償却資産
ワ 更生保護法人が更生保護事業の用に供する一定の償却資産
カ 社会医療法人が直接救急医療等確保事業に係る業務の用に供する一定の償却資産
ヨ 公益社団法人・公益財団法人で学術の研究を目的とするものが，その目的のため直接その研究の用に供する一定の償却資産
タ 非課税独立行政法人・公立大学法人が所有する一定の償却資産
レ 外国政府が所有する大使館等の用に供する一定の償却資産

20) もちろん，例外として，所有者および用途の両方が特定されている場合，または所有者について特定されている場合がある。

もっとも，これらの資産を有料で借り受けた者が使用する場合は，所有者に償却資産税を課することができる（法348②但書）。課税するかどうかは，各市町村の任意とされる。市町村長は，新たに償却資産税を課することになるものがある場合においては，償却資産の価格等の登録後遅滞なく，その旨を当該資産に対して課する償却資産税の納税義務者に通知するように努めなければならない（法348⑩）。

　これは，前年度分の償却資産税について非課税規定の適用を受けた償却資産については，これを通知することにより納税義務者の便宜を図る趣旨によるものであり，当該年度において，当該資産が非課税規定の適用を受けなくなるものであることが一般の納税義務者にも一見して明らかである場合を除いては，通知をすることが望ましい（取扱通知(市)3章17）。

　なお，非課税制度を設ける公益に関しては，その市町村の公益として認められるものであるか否かを吟味しなければならない。その意味では，地方税法による非課税規定の創設に関しては，なるべく抑制的な態度をとるべきである。実際，非課税の規定には，一見明確にみえる規定についてさえトラブルの生ずるケースや，非課税措置を受けられるか否かをめぐって信義則の適用が問題となるケースなど，地方団体泣かせのものが多い[21]。

　また，非課税等特別措置の適用にあたっては，定期的に実地調査を行うことなどにより利用状況を的確に把握し，適正な認定を行う必要がある。そして，実地調査時点の現況等を記載した対象資産に関する諸資料の保管・整理等に努め，その的確な把握を行うとともに，利用状況の把握のため必要があると認められる場合には，税条例により申告義務を課することが適当である[22]（取扱通知(市)3章18）。

---

21) たとえば，最判昭和49年9月2日民集28巻6号1033頁，最判昭和53年7月18日訟月24巻12号2696頁などがある。
22) 実地調査については，第6章第3節を参照のこと。

3 課税免除

　地方税法6条1項は,「地方団体は,公益上その他の事由に因り課税を不適当とする場合においては,課税をしないことができる」と定めている。これを「課税免除」といい,講学上の非課税であることに変わりはない。とはいえ,地方団体の自主的判断において,税条例に定めることによって課税除外にする措置である。また,同条2項は,「地方団体は,公益上その他の事由に因り必要がある場合においては,不均一の課税をすることができる」と定めている。これは,軽減の方式をとるかぎり,不均一による一部課税免除ができるということである。

(1) 非課税と課税免除の異同

　非課税と課税免除を比べると,納税義務を生じないという点において共通である。だが,両者は,つぎの点が異なっている[23]。

　イ　判断の主体

　　非課税は,法律で全国画一的に定まるので,その判断の主体は国である。これに対して,課税免除の場合は,各地方団体である。

　ロ　税条例の必要性

　　非課税は任意的条例事項と解されるので,税条例の定めは必ずしも必要とされない[24]。これに対して,課税免除を行う場合には,必ず税条例の定めを必要とする。このことは,課税免除は,補助金の賦与と同じ経済効

---

[23] 地方税法総則研究会編『逐条問答地方税法総則入門』57～58頁(ぎょうせい,新訂版,1994年)。

[24] もちろん,本来的意味での必要的条例事項として,課税客体と課税標準とが掲げられているが,非課税は課税客体規定の一部,課税標準の特例は課税標準規定の一部とも考えられるから,非課税と課税標準の特例は必要的条例事項だとする見解もある。しかしながら,本来的意味での必要的条例事項が考えられた理由は,地方税を賦課徴収するにあたっては,その地方税の大綱について地方団体の住民の同意を必要とするという点にあったのである。このことから,地方税の大綱について地域住民の代表としての地方議会の同意があれば,非課税や課税標準の特例といった政策的理由等による特例は,国会レベルの議決で足りると考えられるので,これらの特例は任意的条例事項だと解されている(地方税法総則研究会・前掲注23)54～55頁)。

果をもつことから，議会の議決を経た団体意思に任されるべきであるという考えに合致する。

　ハ　条件の賦与

　非課税は，地方団体に対する課税権の一定範囲での制限であり，地方税法上非課税とされている対象について，たとえば，非課税要件を充足している旨の申請がなければ非課税を認めないということはできない。この点では，無条件な非課税である。これに対して，課税免除は，どのようなかたちの課税免除とするかは，すべて各地方団体の決定するところであるから，課税免除要件を充足している旨の申請を課税免除の条件とするようなかたちでの課税免除も許されるものと考えられる。

いずれにせよ，納税義務者の立場からすれば，その根拠が地方税法であるか，税条例であるかの違いがあるだけで，租税債務が発生しない点において，非課税にほかならない。したがって，課税免除とは，税条例による「地方団体の自主的な非課税措置」であるといってよい[25]。

（2）公益上その他の事由

課税免除や不均一課税を地方団体が行うことは，明らかに，公平の原則に反する措置である[26]。このことから，課税免除や不均一課税を行うことができ

---

25) 碓井光明『要説地方税のしくみと法』54頁（学陽書房，2001年）。
26) 公平の原則は，租税原則の中で最も重要なものであり，公平な税制であるからこそ，近代民主主義の中で国家が課税権を有することの正当性が与えられるといってよい。一般に，公平については，「垂直的公平」と「水平的公平」の2つの概念がある。垂直的公平とは，「タテの公平」とも呼ばれ，より大きな担税力をもつ者はより大きな負担をすべきである，ということである。これに対して，水平的公平とは，「ヨコの公平」とも呼ばれ，担税力の等しい者は等しく負担すべきである，ということである。後者は，いかなる経済社会状況においても変わることのない最も基本的な要請である。経済が国際化・複雑化する中にあっても，課税の制度面・執行面を通じて，この要請に常に応えていかなければならない。さらに，最近では，「世代間の公平」が，一層重要となってきている。これは，人がどの時代に生まれたかによって，生涯を通じた税負担に大きな差があるのはおかしい，という考え方である。少子高齢社会においては，相対的に少なくなる勤労世代だけが税負担を負うことになれば，その負担が過重となり，経済社会の活力が阻害される（吉田克己『現代租税論の展開』26～27頁（八千代出版，2005年））。

る場合は，公平の原則を侵害することによって生ずる弊害よりも課税免除や不均一課税による利益のほうが大である場合に限られる。これを実定法化する場合の指導原理が「公益上その他の事由」ということになる。ここで，「公益上の事由」とは，課税しないことが直接公益を増進し，または課税することが直接公益を阻害する場合であり，「その他の事由」とは，公益に準ずる事由であるといわれる。

（3） 課税免除と不均一課税

課税免除は「公益上その他の事由に因り課税を不適当とする場合」であり，不均一課税は「公益上その他の事由に因り必要がある場合」となっており，両者は「公益上その他の事由」において共通しているものの，前者のほうが厳しい要件であるとする見解がある[27]。しかしそれは，訓示的な意味であって，不均一課税なら許されるが，課税免除は許されないというような，両者を区別する法的判断は，きわめて困難である。同一の税目において，選択された課税免除と不均一課税との比較において，公益の観点から著しいアンバランスがある場合に違法とされる余地が残されている[28]。

4 課税免除の事例

固定資産税の課税免除は，自主的なものであるだけに多数あるのではないかと思われがちだが，実際にはきわめて少ない。むしろ，減免方式や固定資産税相当額を奨励金として交付している例のほうが多い。課税免除の例としては，仙台市や京都市などの，緑地の保全目的の課税免除があげられる。

（1） 仙台市の課税免除

仙台市の場合をみると，仙台市税条例23条の3は，「次に掲げる固定資産に

しかし思うに，どの時代に生まれても行政サービスの便益を同じように受けるわけではないし，時代によって税負担が違うのは致し方ないことである。にもかかわらず，ことさらに「世代間の公平」を主張するのは，十分慎重でなければならない。

27) 地方税法総則研究会・前掲注23) 62頁。
28) 碓井・前掲注25) 51頁。

対しては，固定資産税を課さない。ただし，当該固定資産を有料で貸し付けている場合は，この限りでない」と定めており，この規定によって多数の課税免除が実施されている。

イ 「杜の都の環境をつくる条例」17条に規定する協定を締結した保存緑地，または同条例25に規定する協定を締結した保存樹木等もしくは当該樹木保存区域の土地

ロ 都市緑地法12条1項（特別緑地保全地区に関する都市計画）の規定に基づき定められた特別緑地保全地区内の山林，原野および池沼

ハ 自然環境保全条例12条1項の規定に基づき指定された県自然環境保全地域，または同条例23条1項の規定に基づき指定された緑地環境保全地域内の山林，原野および池沼

ニ 文化財保護法の規定による指定を受けた文化財に係る土地，または文化財保護条例もしくは仙台市文化財保護条例の規定による指定を受けた文化財に係る固定資産[29]

ホ 本市の承認を受けて設置したちびっ子広場の用に供する土地

ヘ 専ら広く地域の集会の用に供する家屋およびその敷地

ト 学校法人，公益社団法人，公益財団法人，宗教法人および社会福祉法人以外の者が設置した幼稚園において，直接保育の用に供する固定資産

チ 道路上に相当の区間連続して設けられたアーケード

（2） 京都市の課税免除

京都市の場合をみると，京都市税条例41条は，第1項において「古都における歴史的風土の保存に関する特別措置法第6条第1項の規定により指定を受けた歴史的風土特別保存地区の区域内における土地及び家屋で，その所有者が使用するものに対しては，固定資産税を課さない」とした上で，第2項において「前項に定めるもののほか，公益上その他の事由により市長が課税を不適当と認める固定資産に対しては，固定資産税を課さない」と定めている。この委

---

29) ただし，専ら文化財の保護の用に供するものに限る（仙台市税条例23の3四括弧書）。

任により，つぎのような多数の課税免除が実施されている（京都市税条例施行細則4の5）。

イ　本市の区域内の一部の地域において，専ら直接当該地域の公共の用に供される集会所または公会堂その他の建物およびその敷地

ロ　児童公園，児童遊園その他これらに類するもの

ハ　社会事業的収容施設その他の公共の用に供する固定資産

ニ　公共用アーケード

ホ　私立の特別支援学校または幼稚園において，直接保育または教育の用に供する固定資産

ヘ　学校法人がその設置する寄宿舎で各種学校に係るものにおいて，直接その用に供する家屋およびその敷地

ト　消防水利の用に供する土地および償却資産，ならびに，専ら消防団の用に供する固定資産

チ　労働組合が専らその本来の用に供する固定資産

リ　国宝または重要文化財として指定されたものの保管または観賞の用に供する家屋およびその敷地，ならびに，やま，ほこ，みこしおよびこれらに付属するものの保管の用に供する家屋およびその敷地

ヌ　特別名勝または名勝として指定された山林

ル　京都府指定有形文化財に指定され，または京都市指定有形文化財に指定された家屋およびその敷地

ヲ　上記に掲げるもののほか，市長が特に必要と認める固定資産

（3）　若干の指摘

租税立法においては，課税要件および租税の賦課・徴収に関する定めを政令・省令等に委任することは許される。しかしそれは，課税要件法定主義の趣旨からして，具体的・個別的委任に限られ，一般的・白紙的委任は許されない。具体的・個別的であるといいうるためには，委任の目的・内容および程度が委任する法律自体の中で明確にされていなければならない[30]。地方税条例主義の趣旨からして，税規則に対して個別的に委任する趣旨を明確にすべきであっ

て，上記（2）のような，包括的委任規定は適切でない。

　もっとも，税規則への委任の問題を別として，これだけ課税免除の措置を講じる姿勢は高く評価されてよい。ただし，税規則においてもなお，「市長が特に必要と認める固定資産」をあげていることについては，疑問が提起される。また，大阪市税条例70条も，「固定資産税の不均一課税につき法令に定があるもののうち，市長が必要と認めるものに対しては，第63条，第63条の2（償却資産に対して課する固定資産税の課税標準），第64条及び第64条の2の規定にかかわらず，不均一の課税をすることができる」と定めている。この不均一課税の規定も，地方税条例主義の観点から，同様に問題視されよう。

5　減　　免

　一般的に，いったん成立した租税債務の全部を租税債権者が放棄し消滅させる場合を「免除」といい，一部について放棄し消滅させる場合を「軽減」と呼び，両者を併せて「減免」と称している。租税法においては，減免を課税団体が自由に行うことを許さない。これは，いわゆる「合法性の原則」による[31]。

---

30)　金子宏『租税法』77頁（弘文堂，第21版，2016年）。そこでは，「この基準に該当しない委任規定は，一般的・白紙委任として無効であり，したがってそれに基礎をおく政省令の規定も無効となる」と述べている。これに対して，北野弘久博士は，「課税権は立法権であるので，地方税については各地方議会の制定する条例で規定するのが建て前である。長は，いかに公選による民主的基盤をもつとはいえ，あくまで執行機関であるので，長の規則は例外的なものとして位置づけられなければならない。本来的租税条例主義論のもとでは，条例と規則との関係は，法律と命令との関係と同じようにとらえられるべきであろう。条例が規則に個別に具体的に委任した場合にのみその枠の中で規則において法規の制定ができる」と指摘している（北野弘久『税法学原論』200頁（青林書院，第6版，2007年））。

31)　合法性の原則とは，租税法は強行法であり，課税要件が満たされているのであれば，課税団体には租税の減免，あるいは租税の徴収をしないという自由裁量の余地はなく，必ず法律で定められたとおりの税額を徴収しなければならない，という原則である。この原則は，税負担の公平維持のために，租税法の執行にあたって不正の介在や納税者に対する不適正な取扱いを排除するための租税法律主義の手続法的側面である。ただし，①納税者に有利な行政先例法が成立した場合，②特定の納税者を不利に扱うことが平等取扱原則に反するような場合，③個別的救済の法理とし

そこで，地方税の減免についても，地方税法または税条例の根拠が必要となる。こうした根拠なしに減免をなすことは，違法である。たとえ，補助金の名目を有していても，租税相当額の減免に等しいことを税条例の根拠なしにすることは，違法の疑いが強い。

（1）　課税免除と減免の異同

課税免除と減免は，税条例の定めるところにより，税金を徴収しない点では同じである。ところが，つぎのような差異がある[32]。

　イ　租税法律関係上の差異

租税法律関係は，それを時系列的にみると，「成立 → 確定 → 納付等による消滅」の3段階に区別される。すなわち，地方税債権は，税条例の定める要件（課税要件）を充足したときのみ発動され，住民もまた，課税要件を充足したときのみ，地方税を納付する義務を負う。この課税要件が充足されたときに，地方税債権は成立したとされるのである。

しかしながら，租税債権債務関係が成立しても，具体的な税額がいくらになるかということは，そんなに明白なことではない。すなわち，具体的に課税標準や税額を計算して，納税義務者に通知し，確認する段階にまで高まった租税法律関係を「確定」と称するのである。賦課処分による税目では，課税団体が課税要件充足の事実を察知しないかぎり，「成立 → 確定」の段階には進まない。課税団体が課税要件充足の事実を察知し，課税標準や税額を計算して，納税通知書を納税義務者に送付することにより，はじめて確定することになる。

確定した税額は，納期限までに納付されれば，消滅することになる。このような租税法律関係の変遷のうち，課税免除は，成立さえしないことによって徴収ができない。他方，減免は，成立後消滅前の状況にある地方税債権を課税団体が一方的に放棄することによって，徴収することができな

　ての信義則ないし禁反言の法理の適用が認められる場合，その範囲で合法性の原則は制約を受ける。

32）　地方税法総則研究会・前掲注23）58〜60頁。

くなる。言い換えれば，課税免除では，税条例にその旨の定めがあれば，絶対的に徴収できないわけである。これに対して，減免では，課税団体の債権は成立し，または確定さえしているかもしれないものの，徴収することをやめる点に差異がある。

ロ　判断基準上の差異

減免は，すでに成立している地方税債権を放棄するものである以上，税金を徴収することによる納税義務者への打撃が大きいときにのみ許される。つまり，減免は，納税義務者の担税力の減少その他納税義務者個人の事情を判断基準とするものである。これに対して，課税免除は，各種の政策目的・税負担の均衡等に着目して，ある程度画一的に一定の範囲の者に課税しないこととするものであり，その判断基準は，個々の納税義務者の担税力ではなく，全く別次元の政策的理由に基づいている。この点，課税免除は，減免よりもむしろ非課税に類似しており，いわば税条例による非課税措置を意図したものである。

（2）　減免の事例

地方税法367条は，「市町村長は，天災その他特別の事情がある場合において固定資産税の減免を必要とすると認める者，貧困に因り生活のため公私の扶助を受ける者その他特別の事情がある者に限り，当該市町村の条例の定めるところにより，固定資産税を減免することができる」と定めている。この規定は，減免の要件とその程度は税条例に定めることを予定しており，「その他特別の事情がある場合」の範囲については，各市町村の政策等が反映され，条例化されている。

たとえば，京都市の場合をみると，つぎに掲げる固定資産について，それぞれ税額の減免を行っている（京都市税条例55①）。

イ　震災，風水害，火災その他これらに類する災害または盗難により損失を受けた固定資産に対しては，市長が認める損失の程度に応じて固定資産税を減免する。

ロ　生活保護法の規定による生活扶助を受ける者が納税者である固定資産に

対しては，固定資産税を免除する。
ハ　国ならびに都道府県，市町村，特別区，これらの組合および財産区による買収または収納により，または都市計画法に基づく事業の執行により，使用収益することができなくなった固定資産に対しては，固定資産税を免除する。
ニ　土地区画整理事業により減歩された土地に対しては，減歩率相当額を軽減する。
ホ　上記イからニまでに定めるもののほか，市長が特に必要と認める固定資産に対しては，固定資産税を減免する。ここでいう「市長が特に必要と認める固定資産」は，つぎのいずれかに該当する固定資産とし，それぞれに掲げる金額を減免する（京都市税条例施行細則4の6①）。

(イ)　都市計画法8条1項7号に掲げる風致地区に指定された山林については，税額の10分の4相当額

(ロ)　「公共用地の取得に関する特別措置法」2条に規定する特定公共事業の用に供するために特定公共事業の施行者に譲渡等がなされたため，現に使用収益することができなくなった固定資産については，税額の全部

(ハ)　公衆浴場法2条1項の規定により営業の許可を受け，かつ，物価統制令4条に規定する統制額の指定を受けている公衆浴場の用に供する固定資産については，税額のうち当該部分に相当する金額の3分の2相当額

(ニ)　共有資産で，賦課期日における共有者の一部が地方税法348条1項の規定により固定資産税を課することができないとされている者であるものについては，税額のうち固定資産税を課することができないとされている者の固定資産に係る持分の割合に相当する額

(ホ)　当該年度の初日に学校法人が，その設置する小学校または中学校において直接教育の用に供する固定資産については，税額の全部

(ヘ)　中国残留邦人等支援法14条2項1号に規定する生活支援給付を受ける者が納税者である固定資産については，税額の全部

(ト)　上記(イ)から(ヘ)までに掲げる固定資産のほか，市長が特に必要と認める

ものについては，市長が定める額

(3) 減免の問題点

　固定資産税の減免に関する問題点を指摘しておく[33]。第1に，税規則の中で，さらに市町村長の判断に委ねている場合が多く，その場合には，密室で減免がなされる可能性がある。たとえば，京都市税条例施行細則4条の6第1項7号は，「前各号に掲げる固定資産のほか，市長が特に必要と認めるもの」については「市長が定める額」を減免すると定めており，予算審議を通じたコントロールもなく，不明朗な政治的圧力によって実施される可能性もある。

　第2に，公益性は，その時代に応じて変遷するものであるから，公益による減免措置の見直しが必要となる。第3は，地方税法が課税標準の特例によって負担軽減措置を講じている場合において，税条例により減免措置を講じることができるかという点である。横出しによる減免措置は，課税免除同様許容される。これに対して，同様の要件で上乗せ的な減免をなすには，若干躊躇を感じる。とはいえ，真に市町村公益と判断するのであれば，それを否定するだけの理由は見当たらない。

　第4に，非課税ないし課税標準の特例によるべきことを，減免措置によって達成しようとする「減免への逃避」は，厳に慎まなければならない[34]。第5に，減免にあたり，条件・負担等の付款を付すことができるか否かが問題となる。第6に，地価の高騰地域に限って，減免措置を講ずることができるかどうかという問題がある。いずれにせよ，これらの問題点については，なお十分な検討が必要とされよう。

第5節　免税点制度

　償却資産税においては，零細な課税客体をすべて追求して課税していくことは，その税収に比して，いたずらに徴税事務を煩雑にし，徴税費を増嵩させることになって徴税の目的を達成することにならない。そこで，課税標準額が一

---

33) 石島ほか・前掲注16) 179～181頁〔碓井〕。
34) 碓井光明『地方税条例』100頁（学陽書房，1979年）。

定の額に満たないものについては、課税しないことによって、徴税の合理化を図ろうとする免税点制度が設けられている。他方で、免税点制度には、積極的に税負担を緩和するという趣旨も含まれている。

1 固定資産税における免税点

固定資産税においては、免税点制度が採用されており、市町村は、固定資産税の課税標準となるべき額が、土地にあっては30万円、家屋にあっては20万円、償却資産にあっては150万円に満たない場合には、固定資産税を課することができない[35]（法351本文）。免税点制度は、課税標準額が一定額未満のものについて課税しないことによって、徴税の合理化を図ろうとするものである。

昭和25年の固定資産税の創設当時、免税点は、図表9に表示したとおり、土地、家屋および償却資産ともに1万円の同額であった。その後、償却資産については、翌26年度、29年度、31年度において、それぞれ3万円、5万円、10万円と引き上げられた。償却資産については、いたずらに零細な課税客体

図表9 免税点の改正推移

年　度	償却資産	家　屋	土　地
昭和25	10,000円	10,000円	10,000円
26	30,000円	〃	〃
29	50,000円	〃	〃
31	100,000円	〃	〃
34	150,000円	30,000円	20,000円
39	〃	〃	24,000円
41	300,000円	50,000円	80,000円
48	1,000,000円	80,000円	150,000円
平成3	1,500,000円	200,000円	300,000円

（出所）　総務省自治税務局『平成28年度地方税に関する参考計数資料』128～133頁（2016年）に基づき、筆者が作成。

35）　ただし、財政上その他特別の必要がある場合には、市町村の税条例の定めるところによって、その額がそれぞれ30万円、20万円または150万円に満たないときであっても、固定資産税を課することがきる（法351但書）。

を捕捉することによる徴税費の増嵩と納税義務者との間の紛争を避けるとともに，零細事業者の税負担の軽減に資するため，逐次免税点の引上げが平成3年度まで行われた。これ以降，償却資産については，免税点未満の納税義務者数の割合が土地・家屋より大幅に上回っていたため，免税点の引上げは行われず，今日に至っている。

(1) 固定資産の免税点

免税点は，一の納税義務者が市町村内において所有するすべての土地，家屋，償却資産ごとに，それぞれの固定資産税の課税標準となるべき額の合計額のそれぞれについて適用される。したがって，納税義務者が市町村内に，同一の種類の固定資産を複数所有している場合には，これらを合算した上で免税点の判定がなされる。

なお，固定資産のうち，土地・家屋の免税点は，現行の評価方法，負担調整措置に関連して，資産相互間の負担を総合的勘案して定められたものである。他方，償却資産については，年々減価し，かつ，必ずしも所在の一定しない機械器具の類について零細なものまで捕捉しようとすることは手数がかかる割合に収入が少なく，しかも手続その他の上で資力に乏しい零細事業者に与える影響が大きいことなどを考慮して，特に免税点が高くされている（取扱通知（市）3章27)。

(2) 固定資産の名寄せ

市町村は，各納税義務者ごとに名寄帳を備えて，これに基づき免税点の適用を判定することになる。つまり，免税点の判定は，一の納税義務者が市町村内において所有するすべての土地，家屋または償却資産についての，それぞれの課税標準となるべき額を名寄せした合計額によって行われる。

イ 同種の固定資産

たとえば，事業者が市町村の区域内で2個の償却資産を所有し，その価格が70万円と90万円であったとすれば，その名寄せした合計額が免税点未満ではないので，償却資産税が課されることになる。

700,000円＋900,000円＝1,600,000円≧1,500,000円

⇒　課税（償却資産）
ロ　異種の固定資産
　　たとえば，事業者が1個の家屋と1個の償却資産とを所有し，その価格が70万円と90万円であったとすれば，家屋についてはその価格が免税点未満ではないので，固定資産税が課されることになる。他方，償却資産については，その所有する固定資産全体の価格が160万円となったとしても，その償却資産の価格が免税点未満なので，償却資産税は課されない。

　　700,000円≧200,000円　⇒　課税（家屋）
　　900,000円＜1,500,000円　⇒　免税（償却資産）

（3）　特別区と政令指定都市

　免税点は，原則として，市町村の行政区域ごとに納税義務者について名寄せが行われ判定される。ところが，東京都の特別区および政令指定都市の区の区域は，一の市の区域とみなして固定資産税の規定を適用することとされている（法737①）。それゆえ，免税点についても，これらの区域ごとに名寄せを行って，免税点が判定される。

　イ　同一区内で所有する場合
　　たとえば，事業者が同一区内で2個の償却資産を所有し，その価格が80万円と100万円であったとすれば，その名寄せした合計額が免税点未満ではないので，償却資産税が課されることになる。

　　800,000円＋1,000,000円＝1,800,000円≧1,500,000円
　　⇒　課税（償却資産）

　ロ　複数の区内で所有する場合
　　たとえば，事業者が南区内に課税標準額80万円と60万円の償却資産，北区内に課税標準額60万円と100万円の償却資産を所有している場合には，前者は免税点未満となるので，償却資産税が課されないことになり，後者は免税点未満ではないので，償却資産税が課されることになる。

　　800,000円＋600,000円＝1,400,000円＜1,500,000円
　　⇒　免税（南区分）

600,000円＋1,000,000円＝1,600,000円≧1,500,000円

　　⇒　課税（北区分）

（4）　共　有　資　産

　免税点は，納税義務者ごとに適用される。したがって，共有資産に係る固定資産税については，それぞれの共有者が他の固定資産を所有している場合であっても，単有資産の課税標準額と共有資産の課税標準額とを合算することはなく，その共有されている固定資産を別の人格が所有しているものとして免税点未満であるかどうかを判定することになる。

　イ　同一他者と共有する場合

　　　たとえば，事業者が同一市内に単有している課税標準額100万円の償却資産のほか，同一他者と共有している償却資産を所有し，その課税標準額が80万円と120万円であったとすれば，前者は免税点未満となるが，後者はその名寄せした合計額が免税点未満ではないので，償却資産税が課されることになる。

　　　1,000,000円＜1,500,000円　⇒　免税（単有分）

　　　800,000円＋1,200,000円＝2,000,000円≧1,500,000円

　　　　⇒　課税（共有分）

　ロ　異なる他者と共有する場合

　　　たとえば，事業者が同一市内に他者Ａと共有する課税標準額40万円と60万円の償却資産と，他者Ｂと共有する課税標準額70万円と90万の償却資産を所有している場合には，前者は免税点未満となるので，償却資産税が課されないことになり，後者は免税点未満ではないので，償却資産税が課されることになる。

　　　400,000円＋600,000円＝1,000,000円＜1,500,000円

　　　　⇒　免税（Ａとの共有分）

　　　700,000円＋900,000円＝1,600,000円≧1,500,000円

　　　　⇒　課税（Ｂとの共有分）

2 少額償却資産の取扱い

　償却資産税においては，以下のような少額償却資産は，課税対象としないこととされている（法341四，令49）。なお，少額償却資産に該当するか否かについては，消費税等の経理方式として税抜処理を採用している場合は税抜価格で，税込処理を採用している場合は税込価格で判定する（直法2―1通達9，直所3―8通達9）。また，少額償却資産であるかどうかは，通常1単位として取引されるその単位，たとえば，機械装置については1台または1基ごとに，工具器具備品については1個，1組または1揃いごとに判定することになる[36]（法基通7―1―11，所基通49―39）。

（1）少額減価償却資産

　使用可能期間が1年未満である減価償却資産，または取得価額が10万円未満である減価償却資産で，法人税法施行令133条または所得税法施行令138条（少額の減価償却資産の取得価額の損金・必要経費算入）の規定により，当該資産の取得価額が一時に損金または必要経費に算入されたもの（少額減価償却資産）については，償却資産税の課税対象とされない。

（2）一括償却資産

　法人税法施行令133条の2または所得税法施行令139条（一括償却資産の損金・必要経費算入）の規定を適用して，3年均等償却を行った取得価額が20万円未満である減価償却資産（一括償却資産）については，償却資産税の課税対象とされない。

（3）少額リース資産

　所有権移転ファイナンス・リース取引に係るリース資産で，その取得価額が20万円未満のもの（少額リース資産）については，償却資産税の課税対象とされない[37]。

---

36) 詳しくは，第1章第3節1～3を参照のこと。
37) このほか，所有権移転外ファイナンス・リース取引もある。これは，借手側において償却資産の対象とならないため，この20万円未満の取扱いは，所有権移転ファイナンス・リース取引が前提となる（法税64の2①，所税67の2①）。

（4） 中小企業者等の少額減価償却資産

　租税特別措置法28条の2または67条の5（中小企業者等の少額減価償却資産の取得価額の損金・必要経費算入の特例）の規定により，取得価額が30万円未満である減価償却資産につき，その事業の用に供した事業年度において損金または必要経費に算入されたもの（中小企業者等の少額減価償却資産）については，償却資産税の課税対象とされない。

　これらの取扱いは，税務会計における所得の計算上の便宜的な措置であり，それにより，これらの資産が減価償却を認められる資産でないということになるわけではない。これらの資産は，いずれも零細なものに限られているので，このようなものにまで償却資産税を課することは適当ではないとの考えから，原則として課税客体たる償却資産から除かれる。

第5章　資産評価制度

chapter 5

　本章では，償却資産税の評価制度についてみることにする。償却資産税は，資産価値に応じて課される財産税であることから，償却資産に係る評価の目的は財産課税としての適正な時価を求めることにある。また，その課税客体である償却資産の数が膨大であることから，課税実務の便宜も考慮する必要がある。それゆえ，細部の取扱いとなると，図表10に表示したように，償却計算の期間，減価償却の具体的方法，前年中の新規取得資産の償却および評価額の最低限度

図表10　償却資産の評価

項　目	法人税・所得税の取扱い	償却資産税の取扱い
償却計算の期間	事業年度	暦年（賦課期日制度）
減価償却の方法	建物，建物附属設備及び構築物以外の一般の資産は定率法，定額法の選択制度	一般の資産は定率法
前年中の新規取得資産	月割償却	半年償却
圧縮記帳	適用あり	適用なし
特別償却・割増償却	適用あり	適用なし
増加償却	適用あり	適用あり
少額減価償却資産	損金算入可能	損金算入分は課税対象外
一括償却資産	3年間で損金算入可能	損金算入分は課税対象外
即時償却資産	損金算入可能	課税対象となる
評価額の最低限度	備忘価額（1円）	取得価額×5％
改良費（資本的支出）	原則区分，一部合算も可	区分評価

（出所）　資産評価システムセンター『平成28年度固定資産税関係資料集Ⅲ―償却資産調査編―』41頁（2016年）に基づき，筆者が作成。

などが税務会計と相違する。

第1節　償却資産の評価

　償却資産については，土地・家屋のように，評価額の据置制度がとられておらず，課税標準となる価格は，毎年，償却資産に係る賦課期日における価格によって，当該資産の評価を行うこととされている（法409③）。具体的には，固定資産評価基準によって評価される。ではまず，償却資産の評価の基本について，順番に解説していく[1]。

1　評価の基本

> 【固定資産評価基準第3章第1節一】
> 　償却資産の評価の基本
> 　償却資産の評価は，前年中に取得された償却資産にあっては当該償却資産の取得価額を，前年前に取得された償却資産にあっては当該償却資産の前年度の評価額を基準とし，当該償却資産の耐用年数に応ずる減価を考慮してその価額を求める方法によるものとする。

　固定資産の評価によって求められる価格（適正な時価）とは，土地，家屋および償却資産の各資産ごとに，正常な条件下における取引価格をいい，固定資産評価基準が適正な時価を求めるための方法・手続を規定している。償却資産については，土地・家屋のように，いわゆる「価格の据置制度」がないので，毎年度賦課期日現在の状況に基づいて，同日現在の価格によって評価される[2]。この場合においても，土地・家屋の評価と同様，固定資産評価基準に定める方法・手続によって評価される。

---

1) 固定資産税務研究会編『平成25年度償却資産評価実務ハンドブック』35〜48頁（地方財務協会，2013年）。
2) 価格の据置制度とは，原則として，3年ごとの基準年度に評価替えを行い，賦課期日現在の価格を固定資産課税台帳に登録し，第2年度および第3年度は，新たな評価を行わないで，基準年度の価格をそのまま据え置くという制度である。

第5章　資産評価制度

　償却資産の評価は，前年中に取得した償却資産にあっては当該資産の取得価額を基準とし，前年前に取得した償却資産にあっては当該資産の前年度の評価額を基準とし，当該資産の耐用年数に応ずる減価を考慮して，その価額を求める方法による。固定資産評価基準では，このように一般償却資産の評価にあたって，前年中に取得した償却資産と，前年前に取得した償却資産とに分け，さらに前年前に取得した償却資産で新たに課税されることになるものに区分して規定されている。

　ここでいう「適正な時価」とは，税務会計における取得価額を基礎に算出したものであり，償却資産の評価の基本は，つぎの点において税務会計の取扱いと同一である。

　イ　償却資産の取得価額は，原則として，税務会計における減価償却費の計算の基礎となる取得価額の算定の方法の例により算定する点

　ロ　耐用年数は，耐用年数省令別表1，別表2，別表5および別表6に掲げる耐用年数または短縮・見積耐用年数による点

　ハ　耐用年数に応ずる減価は，税務会計における旧定率法による減価率を用いて控除額を算定し，増加償却に対応して控除額の加算を認める点

　ニ　取得価額から減価償却限度額を控除した金額をもって評価額の最低限度とする点

　一般償却資産の評価は，この評価の基本に従って，その価格を求める方法による。もっとも，取替資産または鉱業用坑道については，その資産の特性等にかんがみ，特別な評価方法—取替資産に適用される「取替法」または鉱業用坑道の償却方法として認められている「生産高比例法」—によるものとして，固定資産評価基準第3章第2節および第3節において，これらの資産の評価の特例が設けられている[3]。

---

　3)　なお，取替資産とは，軌条，まくら木その他多量に同一の目的のために使用される償却資産で，毎事業年度，使用に耐えなくなったこれらの資産の一部がほぼ同数量ずつ取り替えられるもので，税務署長の承認を受けた資産をいう。また，鉱業用坑道とは，一般的に地下資源の採掘を目的として堀削されるもので，その資源の採掘の終了とともにその使命を終えるものである。

しかし思うに，償却資産税の課税ベースである償却資産の評価額は，理論的には当該資産の利用からの将来収益の流列の割引現在価値に等しいので，償却資産税は将来収益に対する課税と解釈できる。そのため，各事業年度の所得に対する法人税と課税ベースを同じにしており，二重課税が生じる[4]。したがって，償却資産税を課すことは，その分だけ法人税の実効税率を実質的に引き上げるため，投資に対して税負担を課せられるとの意識を事業者にもたせるかもしれない。

2　前年中に取得した償却資産

> 【固定資産評価基準第3章第1節二】
> 　前年中に取得された償却資産の評価
> 　前年中に取得された償却資産の評価は，当該償却資産の取得価額から当該償却資産の取得価額にr／2を乗じて得た額を控除してその価額を求める方法によるものとする。

　前年中に取得した償却資産とは，その年度の初日の属する年の前年中に取得した償却資産をいう。この場合の前年中とは，前年度に係る賦課期日の翌日からその年度に係る賦課期日までの期間と解されている。また，取得とは，償却資産の所有権を取得し，かつ，当該資産が事業の用に供することができる状態

---

[4]　この点につき，中里実教授は，「企業の申告に基づいて毎年評価が行われる点において，償却資産に対する固定資産税の，企業に対する所得税・法人税・事業税との著しい類似性が明示的に現れている。この点からも，償却資産に対する固定資産税は，土地・家屋に対する固定資産税とは，本質的に異質であり，むしろ，事業所得に対する所得税や，法人税と同根の租税と考えるべきなのではなかろうか」と疑問を呈している（中里実『デフレ下の法人課税改革』45頁（有斐閣，2003年））。これに対して，佐藤主光教授は，「（償却資産）税の実態は資本課税の性格が強いといえる。企業からみれば，償却資産課税は設備投資に伴う税負担であり，このことは（地方）法人二税・法人税と合わせて投資設備にかかわる『経済的』実効税率の増加要因となる」と指摘している（佐藤主光『地方税改革の経済学』272頁（日本経済新聞出版社，2011年））。

に置かれるに至って，はじめて償却資産の取得があったことになる[5]。

前年中に取得した償却資産の評価は，償却資産の取得価額から当該資産の取得価額にr／2を乗じて得た額を控除して，その価額を求める方法による。ここでいう「r」は，図表11に掲げる耐用年数に応ずる減価率である。なお，あらかじめ1から耐用年数に応ずる減価率の2分の1を控除して得た率（半年分の減価残存率）を算出しておき，取得価額に半年分の減価残存率を乗じて得た額をもって，償却資産の価額としても結果は全く同じである。実務上は，より便利な図表11の「減価残存率」を用いた評価方法が採用されることが多い。

図表11　償却資産の減価率・減価残存率

耐用年数	減価率	減価残存率		耐用年数	減価率	減価残存率	
		前年中	前年前			前年中	前年前
	r	1−r/2	1−r		r	1−r/2	1−r
2	0.684	0.658	0.316	14	0.152	0.924	0.848
3	0.536	0.732	0.464	15	0.142	0.929	0.858
4	0.438	0.781	0.562	16	0.134	0.933	0.866
5	0.369	0.815	0.631	17	0.127	0.936	0.873
6	0.319	0.840	0.681	18	0.120	0.940	0.880
7	0.280	0.860	0.720	19	0.114	0.943	0.886
8	0.250	0.875	0.750	20	0.109	0.945	0.891
9	0.226	0.887	0.774	21	0.104	0.948	0.896
10	0.206	0.897	0.794	22	0.099	0.950	0.901
11	0.189	0.905	0.811	23	0.095	0.952	0.905
12	0.175	0.912	0.825	24	0.092	0.954	0.908
13	0.162	0.919	0.838	25	0.088	0.956	0.912

（注）1．減価償却率は，税務会計における耐用年数に応ずる旧定率法による償却率と全く同じ率である。
　　　2．「前年中」の欄は半年分の減価残存率，「前年前」の欄は1年分の減価残存率である。
（出所）　固定資産評価基準別表15（耐用年数に応ずる減価率表）に基づき，筆者が作成。

5) 取得の様態としては，①他者からの購入，②自己の建設，製作または製造，③合併による受け入れ，④出資による受け入れなどがある。

《算　式》
　　評価額＝取得価額×$(1-\dfrac{減価率}{2})$
　　　　　＝取得価額×減価残存率

（１）　半年償却法

　こうした評価方法の特徴は，いわゆる「半年償却法」と「定率償却法」である。ではまず，半年償却法の内容についてみる。税務会計においては，法人が事業年度の中途において，その事業の用に供した固定資産についての減価償却限度額は，所有している月数に応じて償却する，いわゆる「月割償却法」による。月割償却法によると，前年の６月以前に取得した資産は，半年償却法による場合より多くの減価償却費が，反対に，７月以降に取得した資産は，より少ない減価償却費が算定されることになる。にもかかわらず，償却資産税の評価においては，半年償却法を採用されている。

　その理由は，第１に，前年中に取得した資産は，一の事業者をとってみれば，その取得の月はまちまちであり，それらを総合して考えれば，すべての資産を平均して前年の中央となる時点に取得したものとみなしても大差がないことである。第２に，すべての資産について取得の月ごとに減価償却の計算を行うとなれば，実務上もきわめて煩雑となることから，むしろ１つの擬制としてすべての資産を前年の中央となる時点に取得したものとして割り切って考えるほうが手続的にも便利であり，かつ，簡易でもある。要するに，固定資産評価基準は，この半年償却法の長所を取り入れているのである。

（２）　定率償却法

　一般の有形減価償却資産について認められている定率法と定額法を比較してみると，定額法は，費用均等化により期間比較が容易で計算も簡単であり，誰にでも理解されうることなどの利点をあげることができ，また，資産の実体価値を比較しようとする償却資産税における評価の趣旨からは定額法のほうがより適正な時価に近い価額が算定できるという考え方もありうる。ところが，償却資産税の評価における一般償却資産の減価償却の方法について，一貫して定率法が採用される。それは，つぎの理由による。

イ　償却資産を取得した当初は資産そのものの効率が高く，収益もかなりあがるから，旧定率法を適用することにより当初においてより多く償却を行うこととするのが適当であること[6]

ロ　一度償却率が決定されると，その後は機械的に償却額が算出される簡便さがあること

ハ　減価償却費の低減割合に急減があるから，定額法に比べて投下資本額を早期に回収できるなどの理由により，事業者の大部分が税務会計上も定率法を採用していること

ニ　法人が償却方法を選定しなかった場合には，一般償却資産については自動的に法定償却方法である定率法によるとされていること

ホ　償却資産は，年数が経過するとともに効率が低下し，修繕費がかさむのを常とするから，減価償却費と維持修繕費とを合計した費用としては，むしろ定率法による場合のほうが総費用の各年別の負担が実質的に均等となり，実情に合致すること

3　前年前に取得した償却資産

【固定資産評価基準第3章第1節三】
　前年前に取得された償却資産の評価
　前年前に取得された償却資産（新たに課税されることとなるものを除く）の評価は，当該償却資産の前年度の評価額から当該償却資産の評価額に当該償却資産の「耐用年数に応ずる減価率表」に掲げる耐用年数に応ずる減価率を乗じて得た額を控除してその価額を求める方法によるものとする。ただし，法人税法施行令第57条第1項又は所得税法施行令第130条第1項の規定により，当該償却資産の使用可能期間のうちいまだ経過していない期間（未経過使用可能期間）を基礎として償却限度額を計算することについて，当該年度の賦課期日までに国税局長の承認を受け，未経過使用可能期間を

---

[6]　旧定率法については，第1章第2節1(2)を参照のこと。

> もって耐用年数とみなすこととされた当該償却資産の評価は，前年度の評価額から未経過使用可能期間に応ずる減価率を乗じて得た額を控除してその価額を求める方法によるものとする。

　前年前に取得した償却資産のうち，前年度においてすでに償却資産税を課されているものについては，その前年度の課税の基礎となった評価額が存在するから，償却資産の「前年度の評価額」から前年度の評価額に減価率を乗じて得た額を控除して，その価額を求めるものとされている。なお，あらかじめ１から耐用年数に応ずる減価率を控除して得た率（１年分の減価残存率）を算出しておき，前年度の評価額に１年分の減価残存率を乗じて得た額をもって，償却資産の価額としても結果は全く同じである。実務上は，上記２の場合と同様，図表11の「減価残存率」を用いた評価方法が採用されることが多い。
《算　式》
　　評価額＝前年度の評価額×（１－減価率）
　　　　　＝前年度の評価額×減価残存率

　償却資産税の評価において，こうした前年度の評価額から償却資産の耐用年数に応ずる１年分の減価を行って評価額を算定する方法は，主として，つぎのような理由から，採用されているのである。

　償却資産の評価額を算定する方法としては，①当初の取得価額にその取得後の経過年数に対応する減価率を乗じて得た額を取得価額から控除する方法と，②すでに過去の経過年数に対応する減価額は考慮されている前年度の評価額に当該資産の耐用年数に応ずる１年分の減価率を乗じて得た額を前年度の評価額から控除する方法との，２つの方法が考えられる。実務上の便宜という観点からみて，後者の方法がより便利であるということが，第１の理由である。

　第２に，償却資産の減価に関する方法としては，税務会計における短縮耐用年数や増加償却などの制度が採り入れられるに至ったため，前年度の評価額が当初の取得価額から経過年数に応じて算出される通常の減価計算を行って得られるものと異なる場合がある。そのため，償却資産の評価上の誤りを生じない

ためにも，前年度の評価額を基準とする方法が適当となる。

ところで，法人（または青色申告者）の有する減価償却資産が，つぎに掲げる事由のいずれかに該当するため，未経過使用可能期間が法定耐用年数に比しておおむね1割以上短いことになった場合，その該当する減価償却資産の未経過使用可能期間を基礎としてその償却限度額（または償却費）を計算することについて国税局長の承認を受けたときは，その承認を受けた日の属する事業年度以後の各事業年度の償却限度額（またはその年分以後の各年分の償却費）の計算については，その承認に係る未経過使用可能期間（短縮耐用年数）をもって法定耐用年数とみなされる（法税令57①，所税令130①，法基通7－3－18，所基通49－13）。

　イ　減価償却資産の材質または製作方法が，これと種類および構造を同じくする他の減価償却資産の通常の材質または製作方法と著しく異なること
　ロ　減価償却資産の存する地盤が隆起しまたは沈下したこと
　ハ　減価償却資産が陳腐化したこと
　ニ　減価償却資産がその使用される場所の状況に基因して，著しく腐しょくしたこと
　ホ　減価償却資産が通常の修理または手入れをしなかったことに基因して，著しく損耗したこと
　ヘ　上記イからホまでに準ずる一定の事由であること[7]

この場合，償却資産の評価額は，当該資産の「前年度の評価額」から，短縮耐用年数をもって法定耐用年数とされた，図表11の左欄の「耐用年数」に応ずる減価率を乗じて得た額を控除して，その価額を求めることになる。

---

[7]　たとえば，「減価償却資産の構成が当該耐用年数を用いて償却限度額を計算すべきこととなる同一種類の他の減価償却資産の通常の構成と著しく異なること」や「当該資産（機械装置）の属する設備が別表第2（機械装置の耐用年数表）に特掲された設備以外のものであること」などである（法税則16，所税則30）。

4　新たに課税される前年前に取得した償却資産

【固定資産評価基準第3章第1節四】
　前年前に取得された償却資産で新たに課税されることとなるものの評価
　前年前に取得された償却資産で当該年度において新たに課税されることとなるものの評価は，二及び三に準じて行うものとする。ただし，当該償却資産が昭和25年12月31日以前に取得されたものであるときは，当該償却資産の取得価額に「物価の変動に応ずる補正倍数表」(別表第16) に掲げる取得の時期に応ずる倍数を乗じて補正を行うものとする。

　前年前に取得した償却資産のうち，その年度において新たに償却資産税を課されることになるものは，きわめて例外的なものである。強いてあげれば，つぎのような場合がこれに該当する。
　イ　その年度の前年度まで償却資産税が非課税とされていた償却資産が税制改正，所有権移転，用途変更などにより，その年度から課税されることになる場合
　ロ　従来まで自家用として使用していた資産を，新たに店舗等に移して事業の用に供するようになったため，その年度から課税されることになる場合
　また，その年度において新たに償却資産税を課されることになるものについては，もとより，前年度の評価額は存在しない。したがって，このような償却資産の評価は，上記2・3の評価方法に準じ，償却資産の取得価額を基準とし，当該資産を取得した年から前年までの経過年数に基づいて算定した当該資産の耐用年数に応ずる減価を考慮して，その価額を求める方法による。具体的には，償却資産の取得価額に，つぎの算式により計算して，その価額を求めることになる。実務上は，上記2・3の場合と同様，図表11の「減価残存率」を用いた評価方法が採用されることが多い。
《算　式》
　　評価額＝取得価額×$(1-\dfrac{減価率}{2})$×$(1-減価率)^{経過年数-1}$
　　　　　＝取得価額×前年中の減価残存率×前年前の減価残存率$^{経過年数-1}$

第2節　評価の要素

　償却資産の評価については，固定資産評価基準によって，償却資産の価格を算定する。この価格は，「適正な時価」（法341五）をいい，税務会計における取得価額を基礎として，耐用年数および取得後の経過年数に応ずる減価を考慮して評価される。評価額の算出にあたっては，原則として，評価の基準を取得価額とすることが，果たして，その時価を正しく反映しうるかは疑問である。そこで，以下では，取得価額や耐用年数などの評価の要素について，項目別に解説していく[8]。

1　取得価額

【固定資産評価基準第3章第1節五】

　取　得　価　額

　　償却資産の取得価額とは，償却資産を取得するためにその取得時において通常支出すべき金額（当該償却資産の引取運賃，荷役費，運送保険料，購入手数料，関税，据付費その他当該償却資産をその用途に供するために直接要した費用の額（付帯費の額）を含む）をいうものとし，原則として，他から購入した償却資産にあってはその購入の代価に，自己の建設，製作，製造等に係る償却資産にあってはその建設，製作，製造等のための原材料費，労務費及び経費の額に当該償却資産の付帯費の額を含めた金額によるものとする。ただし，当該金額が当該償却資産を取得するためにその取得時において通常支出すべき金額と認められる額と明らかに，かつ，著しく相違すると認められる場合にあっては，その取得時において通常支出すべき金額によるものとする。

　償却資産の取得価額とは，当該資産を取得するために，その取得時において通常支出すべき金額をいう[9]。この場合，「通常支出すべき金額」の中には，

---

8)　固定資産税務研究会・前掲注1）48〜110頁。

附帯費を含む。たとえば，機械装置を購入し，その据え付けを完了し，事業の用に供することができる状態に置かれたときに償却資産に該当する。このような意味で，事業の用に供しうる状態を実現するために要した費用は，償却資産の取得価額に算入すべきである。

具体的には，他から購入した償却資産にあってはその購入の代価に，自己の建設，製作または製造（建設等）に係る償却資産にあってはその建設等のための原材料費，労務費および経費に当該資産の附帯費を含めた金額による。この場合，「取得時において通常支出すべき金額」とは，現に償却資産を所有している者が，それを取得する際に通常支出すべき金額を意味するものであって，承継取得に係る償却資産については，当該資産が当初においていくらで取得したかにかかわらず，承継取得に際して実際に支出された，または通常支出されるべきであった金額による。

このような方式を「承継取得価額主義」といい，旧評価基準において採用されていた「原始取得価額主義」とは全く異なるものである[10]。ところで，償却資産については，「事業の用に供することができる」ことが課税客体の要件の1つとなっている（法341四）。にもかかわらず，固定資産評価基準では，いわゆる「取得年月日」について特段触れられていない。

償却資産税における課税客体の要件および所有者課税の原則から，償却資産の取得年月日とは，原則として，償却資産の所有権を取得し，かつ，当該資産が事業の用に供することができる状況に置かれた時点の年月日をいうと，定義付けるのが適当と考えられる。したがって，償却資産の所有権を取得した日が，

---

9) なお，取得とは，償却資産を新品として購入した場合のみではなく，中古品として購入した場合もさす。したがって，中古の償却資産の購入の場合には，購入後の評価額は購入前の評価額と切り離して，あくまでその購入の時期および取得価額を基準として算出することになる。

10) ちなみに，原始取得価額主義とは，「償却資産の取得の時期及び取得価額は，現に所有している者の取得した時期及び取得価額の如何にかかわらず当初にその償却資産が取得された場合におけるその取得の時期及びその取得価額とする」という方式である（旧評価基準第3章第1節五）。

必ずしも当該資産の取得時期であるとは限らず，①当該資産の所有権を取得し，かつ，②当該資産が事業の用に供することの，2要件を充足した時点の年月日が取得年月日となる。一般的には，税務会計における減価償却の始期と同じである。ただし，つぎの償却資産については，それぞれに掲げる取扱いによる。

イ　賃貸用の償却資産

賃貸用の償却資産の場合には，いつでも賃借人に引き渡されるよう整備が完了し，顧客を待っている状態になれば，償却資産税の課税対象となる。

ロ　適格合併等により取得した償却資産

償却資産の適正な評価という観点から，適格合併または適格現物分配（適格合併等）により取得した償却資産の取得年月日は，取得価額と同様，当該資産における被合併等法人の取得年月日を使用することが，実務では適当と考えられる[11]。

2　取得価額の算定

【固定資産評価基準第3章第1節六】

取得価額の算定

償却資産の取得価額は，本章に特別の定めがある場合を除くほか，法人税法及びこれに基づく命令又は所得税法及びこれに基づく命令による所得の計算上当該償却資産の減価償却費の計算の基礎となる取得価額の算定の方法の例によって算定するものとする。ただし，法人税法第42条から第50条まで及び第142条の規定により法人の各事業年度の所得の計算上損金に算入される額並びに所得税法第42条から第44条まで及び第165条の規

---

11) なお，適格合併とは，一定の適格要件に該当する合併で，被合併法人の株主等に合併法人株式または合併親法人株式のいずれか一方の株式または出資以外の資産が交付されないものをいう（法税2十二の八）。また，適格現物分配とは，内国法人を現物分配法人とする現物分配のうち，その現物分配により資産の移転を受ける者が，その現物分配の直前において内国法人との間に完全支配関係がある普通法人・協同組合等のみであるものをいう（法税2十二の十五）。

> 定により個人の各年の所得の計算上総収入金額に算入しない額は，当該償却資産の取得価額に含めて算定するものとし，同法第58条に規定する取得資産の取得価額は，当該取得資産の取得時における価額によって算定するものとする。

　償却資産の取得価額は，固定資産評価基準第3章に特別の定めがある場合以外は，法人税関係法令または所得税関係法令による所得の計算上，減価償却費の計算の基礎となる取得価額の算定方法の例によって算定される。

（1）基本的な算定方法

　税務会計における取得価額の基本的な算定方法は，法人税法施行令54条または所得税法施行令126条（減価償却資産の取得価額）の規定による。

　イ　購入した減価償却資産

　　　購入した減価償却資産の取得価額は，①当該資産の購入代価と，②当該資産を事業の用に供するために直接要した費用との合計額とされる[12]（法税令54①一，所税令126①一）。

　ロ　自己の建設等に係る減価償却資産

　　　自己の建設等に係る減価償却資産の取得価額は，①当該資産の建設等のために要した原材料費，労務費および経費と，②当該資産を事業の用に供するために直接要した費用との合計額とされる[13]（法税令54①二，所税令126①二）。

　ハ　適格合併，適格分割，適格現物出資または適格現物分配により移転を受けた減価償却資産

　　　これらの場合における減価償却資産の取得価額は，つぎに掲げる区分に

---

[12] なお，法人が不当に高価で買い入れた減価償却資産について，その買入価額のうち実質的に贈与をしたものと認められた金額がある場合には，買入価額から当該金額を控除した金額が取得価額とされる（法基通7―3―1）。

[13] ただし，法人が算定した建設等の原価の額が実際原価と異なる場合において，その原価の額が適正な原価計算に基づいて算定されているときは，法人の計算によるその原価の額をもって取得価額とみなされる（法税令54②）。

応じて，それぞれ定める金額とされる[14]（法税令54①五）。

(イ) 適格合併等により移転を受けた減価償却資産

適格合併または残余財産の全部を分配する適格現物分配（適格合併等）により移転を受けた減価償却資産の取得価額は，①適格合併等に係る被合併法人または現物分配法人が，適格合併の日の前日または残余財産の確定の日の属する事業年度において，当該資産の償却限度額の計算の基礎とすべき取得価額と，②適格合併等に係る合併法人または被現物分配法人が，当該資産を事業の用に供するために直接要した費用との合計額とされる。

(ロ) 適格分割等により移転を受けた減価償却資産

適格分割，適格現物出資または上記(イ)以外の適格現物分配（適格分割等）により移転を受けた減価償却資産の取得価額は，①適格分割等に係る分割法人，現物出資法人または現物分配法人が，適格分割等の日の前日を事業年度終了の日とした場合に，当該事業年度において当該資産の償却限度額の計算の基礎とすべき取得価額と，②適格分割等に係る分割承継法人，被現物出資法人または被現物分配法人が，当該資産を事業の用に供するために直接要した費用との合計額とされる[15]。

ニ 上記イからハまで以外の方法により取得をした減価償却資産

この場合の減価償却資産の取得価額は，①その取得の時における当該資産の取得のために通常要する価額と，②当該資産を事業の用に供するため

---

14) ちなみに，注意すべき点は，合併，分割，現物出資または事後設立（企業組織再編成）により資産を移転する前後で経済実態に実質的な変更がないと考えられる場合には，課税関係を継続させるという観点から，企業組織再編成により移転を受けた資産については，他の様態による取得の場合と異なり，それを取得した時において付すべき受入価額と償却限度額の計算の基礎とする取得価額とが異なるということである。

15) なお，適格分割とは，一定の適格要件に該当する分割で，分割対価資産として分割承継法人の株式または分割承継親法人株式のいずれか一方の株式以外の資産が交付されないものをいう（法税２十二の十一）。また，適格現物出資とは，一定の適格要件に該当する現物出資である（法税２十二の十四）。

に直接要した費用との合計額とされる[16]（法税令54①六，所税令126①五）。

（2） 消費税等の取扱い

償却資産税の課税客体である償却資産の取得価額を算定する場合における，消費税および地方消費税（消費税等）の取扱いについても，税務会計における消費税等の取扱いと同様となる。すなわち，事業者は，その課税所得金額の計算にあたり，税抜経理方式または税込経理方式のいずれの方式によるかは，その事業者の任意とされている[17]。その選択した方式は，原則として，その事業者の行うすべての取引について適用される[18]（直法2－1通達3本文，直所3－8通達2）。

したがって，税務会計において税抜経理方式を選択した場合には，消費税等の額を売上，仕入，経費その他の収益等の金額または固定資産等の取得価額（本体価格）から区分し，これらの金額または取得価額に含めないで経理することになる。他方，税込経理方式を選択した場合には，消費税等の額を売上，仕入，経費その他の収益等の金額または固定資産等の取得価額（本体価格）と区分せず，これらの金額または取得価額に含めて経理することになる。

こうした税務会計における消費税等の取扱いは，償却資産税における償却資産の取得価額の算定についても適用される。要するに，償却資産の取得価額は，

---

[16] たとえば，贈与とか交換により取得した減価償却資産，債権の弁済として取得した減価償却資産などである。

[17] たとえば，税抜経理方式によると，課税売上に係る消費税等の額は仮受消費税等とし，課税仕入に係る消費税等の額については仮払消費税等とする。これに対して，税込経理方式によると，課税売上に係る消費税等の額は売上金額，仕入に係る消費税等の額は仕入金額などに含めて計上し，消費税等の納付額は租税公課として損金または必要経費に算入する。なお，消費税の納税義務が免除されている免税事業者は，税込経理方式による（直法2－1通達5，直所3－8通達5）。

[18] ただし，事業者が売上等の収益に係る取引につき税抜経理方式を選択している場合には，固定資産，繰延資産および棚卸資産（固定資産等）の取得に係る取引，または販売費・一般管理費等の支出に係る取引の，いずれかの取引について税込経理方式を選択適用できるほか，固定資産等のうち棚卸資産の取得に係る取引については，継続適用を条件として固定資産および繰延資産と異なる方式を選択適用できる（直法2－1通達3但書，直所3－8通達3）。

事業者が税務会計において税抜経理方式によっている場合は消費税等の額を含まない金額となり，事業者が税込経理方式によっている場合は消費税等の額を含んだ金額となる。

（3） 特殊な費用の取扱い

減価償却資産を取得するためには，種々の費用を要する。これらの費用のうちには，取得価額に必ず算入しなければならないのか，あるいは，一時の経費として損金算入できるのか，などについて判断を迷う費用が多い。そこで，つぎの特殊な費用については，それぞれ取扱いが定められている。

イ　購入代価に含まれる利息相当部分

法人（または個人事業者）が減価償却資産を取得する場合には，割賦販売契約や延払条件付譲渡契約により購入する場合が多い。こうして購入した減価償却資産の取得価額には，これらの契約において購入代価と割賦期間分の利息および売手側の代金回収のための費用に相当する金額とが明らかに区分されている場合の，その利息および費用相当額を含めないことができる（法基通7―3―2，所基通65―11）。

ロ　租　税　公　課

減価償却資産の取得に関連して支出する，登録免許税その他登録のために要する費用などの租税公課は，原則として，当該資産の取得価額に算入される。ただし，租税公課を損金経理（または必要経費に計上）している場合には，これを減価償却資産の取得価額に算入しないことができる（法基通7―3―3の2，所基通49―3）。

ハ　事後的に支出する費用

新工場の落成・操業開始等に伴って支出する記念費用のように，減価償却資産の取得後に生ずる付随費用については，当該資産の取得価額に算入しないことができる。しかし一方，工場，ビル，マンションなどの建設に伴って支出する住民対策費・公害補償費等の費用で，当初からその支出が予定されているものについては，たとえその支出が建設後に行われるものであっても，減価償却資産の取得価額に算入される（法基通7―3―7）。

ニ　地方団体に対する寄付等

　法人が地方団体から工場誘致等により固定資産を取得し，購入の代価のほかに，その取得に関連して地方団体またはこれらの指定する公共団体等に「寄附金または負担金の名義」で金銭を支出した場合においても，その支出した金額が実質的にみて当該資産の代価を構成すべきものと認められるときは，その支出した金額は当該資産の取得価額に算入される（法基通7－3－3）。

ホ　防壁・石垣積み等の費用

　埋立て，地盛り，地ならし，切土，防壁工事その他土地の造成または改良のために要した費用は，その土地の取得価額に算入することになる。しかしながら，土地についてした防壁・石垣積み等であっても，その規模・構造等からみて土地と区分して構築物とすることが適当と認められるものについては，土地の取得価額に算入しないで，構築物の取得価額とすることができる（法基通7－3－4，所基通38－10）。

ヘ　集中生産を行うための機械装置の移設費

　集中生産またはよりよい立地条件において生産を行うなどのため，一の事業場の機械装置を他の事業場に移設した場合，またはガスタンクや鍛圧プレスなど多額の据付費を要する機械装置を移設した場合には，運賃・据付費等その移設に要した費用（移設費）は，その機械装置の取得価額に算入し，その移設直前の帳簿価額のうちに含まれている据付費（旧据付費）に相当する金額は，損金（または必要経費）に算入される（法基通7－3－12前段，所基通49－5本文）。

　この場合において，その移設費の合計額が機械装置の移設直前の帳簿価額の10％に相当する金額以下であるときは，旧据付費を損金（または必要経費）に算入しないで，移設費をその移設をした日の属する事業年度の損金（またはその年分の必要経費）に算入することができる（法基通7－3－12後段，所基通49－5但書）。

(4) 若干の留意点

　特殊な費用については，いくつか留意すべき点がある。まず，償却資産の評価の基準とすべき取得価額の算定にあたって税務会計の例による場合に，減価償却資産の取得に関連して支出した種々の費用のうちには，①必ず取得価額に算入すべき費用と，②取得価額に算入することができる費用とがある。後者の例としては，上記(2)のイ「購入代価に含まれる利息相当部分」や，ロ「租税公課」である。これらを取得価額に算入するかどうかは，いずれも税務会計上は事業者の任意である。

　本来，財産課税たる償却資産税の性格からは，このように事業者の会計処理いかんによって同種の償却資産の取得価額が異なり，その結果，同種の償却資産の評価額が異なることには問題がないわけではない。しかしながら，税務会計上は，事業者の判断に任されている事項のすべてについて，償却資産の評価にあたっては，いずれか1つの方式によるべきことを定め，事業者の任意に任せないこととすれば，当然，税務会計上の取扱いとは一致しない場合が生じ，いたずらに事務処理を煩雑化させることになる。

　したがって，取得価額に算入するかどうかを事業者の選択に委ねている償却資産についても，その事業者の税務会計における取扱いに合わせるのがよいであろう。というのは，法人税や所得税の税務計算を行う際の減価償却計算の基礎となっており，その把握が容易であること，また，固定資産の過大申告による法人税や所得税の租税回避を防ぐ意味もある。

3　取得価額が明らかでない場合

【固定資産評価基準第3章第1節七】
　取得価額が明らかでない償却資産の取得価額
　取得価額が明らかでない償却資産の取得価額は，当該償却資産の再取得価額によるものとする。この場合において，再取得価額とは，当該年度の賦課期日に一般市場において当該償却資産を新品として取得するために通

> 常支出すべき金額をいうものとする。

　事業を営む場合においては，償却資産に関する帳簿を備えるのは当然のことである。実際問題として，小規模事業者の中には，帳簿を備えていない場合がある。また，備えていても，その記録が不完全なため，償却資産の取得価額が明らかでない場合が少なくない。さらに，きわめて複雑な合併をしたなど，特殊な事情があるために取得価額が不明な償却資産がある場合もある。まして，災害その他の事故によって帳簿が消失したような場合には，償却資産の記録が不明となり，その取得価額にも不明なものが生ずるのはやむを得ない。

　このように，取得価額が何らかの事由により明らかでない償却資産があった場合においては，原則として，当該資産の再取得価額による。さらに，再取得価額もまた明らかでないときは，「資産再評価の基準の特例に関する省令」2条（取得価額の不明な資産）または3条（取得の時期および取得価額の不明な資産）の規定の例によって推定して求めた，償却資産の取得時期における正常な価額によるものとされている。

　ここでいう「再取得価額」とは，償却資産税が課されるべき年度の賦課期日現在に一般市場において，償却資産を新品として取得するために通常支出すべき金額（新品購入価額）である。なお，自己の建設等に係る償却資産にあっては，当該資産を賦課期日現在において，新たに建設等を行う場合に通常これに要する費用をいう。

　また，償却資産が中古品として承継取得されたものである場合においては，当該資産の再取得価額は，当該資産の新品価格から当該資産を現に所有している者がそれを取得した日までの経過年数に応じて，固定資産評価基準第3章第1節二から四までの「償却資産の評価」に準じて，その耐用年数に応ずる減価を行った後の額である。すなわち，同種の資産を現在取得すればいくらかを計算し，それから経過年数に応ずる減価を控除した金額を評価額とするものであって，これを通常「複成原価」という。

　なお，取得価額が明らかでない償却資産で，再取得価額も明らかでない場合

とは，現在においては同種のものが生産されていないなどの理由により，市町村においても調査できない償却資産が該当する。もっとも，固定資産評価基準が承継取得に係る償却資産については，承継取得価額を基礎として評価する考え方をとっているため，現実には，推定によって取得価額を求めなければならない場合はきわめて少ない。

4　耐用年数

> **【固定資産評価基準第3章第1節八】**
> 　耐用年数
> 　償却資産の耐用年数は，減価償却資産の耐用年数等に関する省令別表第1，別表第2，別表第5及び別表第6に掲げる耐用年数によるものとする。ただし，耐用年数の全部又は一部を経過した償却資産で減価償却資産の耐用年数等に関する省令第3条第1項及び第2項の規定による耐用年数によるものにあっては当該耐用年数によるものとする。

　償却資産の評価は，当該資産の耐用年数に応ずる減価を考慮して，その価額を求める方法による。具体的には，減価償却資産の「耐用年数に応ずる減価率表」（固定資産評価基準別表15）に掲げる耐用年数に応ずる減価率を用いるので，償却資産の評価にあたっては，当該資産の耐用年数を決定しなければならない。この場合における耐用年数は，税務会計において減価償却資産についての償却計算の基礎とすべき耐用年数をそのまますべて適用することとされている。

　これは，納税義務者および評価者の技術的便宜を考慮し，償却資産の評価は税務会計における取扱いとできるかぎり統一をとるという趣旨に基づくものである。このように，償却資産の評価にあたっては，税務会計において用いられる耐用年数がそのまま適用されることになる。しかしそれは，あくまで税務会計における耐用年数の取扱いが適正であるということを前提にしているのであって，もしそれが誤っている場合には適正な耐用年数によらなければならない。したがって，償却資産の評価にあっても，税務会計における耐用年数と同

じく，法定耐用年数，見積耐用年数および短縮耐用年数がある。

(1) 法定耐用年数

　法定耐用年数とは，原則として，通常考えられる維持・補修を加えた場合に，償却資産の本来の用途・用法により，現に通常予定されている効果をあげることができる年数，すなわち「通常の公用持続年数」をいい，将来において予測できる程度の一般的な経済的陳腐化をも考慮して定められている。具体的には，耐用年数省令別表に掲げられた耐用年数であり，一般的な減価償却資産の耐用年数と，特例的な減価償却資産の耐用年数とで構成されている。

イ　一般的な減価償却資産の耐用年数

　　一般的な減価償却資産については，耐用年数省令別表１（機械装置以外の有形減価償却資産の耐用年数表）と別表２（機械装置の耐用年数表）に掲げられた法定耐用年数による。このうち，別表１においては，建物，建物附属設備，構築物，船舶，航空機，車両運搬具，工具器具備品について，それぞれ種類，構造または用途，細目の異なるごとに耐用年数が定められている。他方，別表２においては，機械装置について，その設備ごとに耐用年数が定められている。

ロ　特例的な減価償却資産の耐用年数

　　特例的な減価償却資産については，耐用年数省令別表５（公害防止用減価償却資産の耐用年数表）と別表６（開発研究用減価償却資産の耐用年数表）に掲げられた法定耐用年数による。このうち，別表５においては，構築物および機械装置で公害防止用の減価償却資産について特例的に適用すべき耐用年数が定められている。他方，別表６においては，新たな製品の製造もしくは新たな発明，または現に企業化されている技術の著しい改善を目的として特別に行う試験研究の用に供されている建物，建物附属設備，構築物，工具器具備品，機械装置，ソフトウェアにつき採用することができる耐用年数が定められている。

(2) 見積耐用年数

　法定耐用年数は，減価償却資産を事業の用に供した時以後における当該資産

第5章　資産評価制度

の効用持続期間であるから，他の者においてすでに事業の用に供されていた中古資産を取得した場合にも，法定耐用年数によることとする対応には限界がある。そのため，中古資産を取得した場合には，原則として，中古資産を事業の用に供した時以後の使用可能期間の年数を見積もる方法（見積法）により，その見積もった年数を耐用年数（見積耐用年数）とすることができることとされている[19]（耐令3①一）。

　イ　中古資産の見積耐用年数の算定

　　法人が中古資産を取得した場合において，当該資産を事業の用に供するにあたって支出した資本的支出の金額が減価償却資産の再取得価額の100分の50に相当する金額を超えるときは，当該資産については，見積耐用年数によることはできず，耐用年数省令別表1，別表2，別表5または別表6に定める法定耐用年数によるものとされている（耐通1－5－2）。

　　同様に，法人が見積法または簡便法により算定した耐用年数により減価償却を行っている中古資産につき，各事業年度に資本的支出を行った場合において，一の計画に基づいて支出した資本的支出の合計額または各事業年度中に支出した資本的支出の合計額が，減価償却資産の再取得価額の100分の50に相当する金額を超える場合についても，中古資産の耐用年数は，見積耐用年数によることはできず，法定耐用年数によるものとされている[20]（耐通1－5－3）。

　ロ　経過年数が不明な場合の経過年数の見積り

　　法人がその有する中古資産に適用する耐用年数を簡便法により計算する場合において，当該資産の経過年数が不明なときは，その構造，形式，表

---

[19]　ちなみに，見積耐用年数の算定は，その事業の用に供した事業年度においてすることができるのであるから，当該事業年度においてその算定をしなかったときは，その後の事業年度においてはその算定をすることができない（耐通1－5－1）。

[20]　簡便法とは，①法定耐用年数の全部を経過した資産は「中古資産の法定耐用年数×20％」，②法定耐用年数の一部を経過した資産は「（中古資産の法定耐用年数－経過年数）＋経過年数×20％」を，それぞれ耐用年数とする方法である。ただし，その年数が2年に満たないときは，これを2年とする（耐令3①二）。

示されている製作の時期などを勘案して，その経過年数を適正に見積もるものとされている（耐通1－5－5）。

ハ　資本的支出の額を区分して計算した場合の耐用年数の簡便計算

　　法人がその有する中古資産に適用する耐用年数について，簡便法によることができない場合であっても，法人がつぎの算式により計算した年数を中古資産に係る耐用年数として計算したときには，中古資産を事業の用に供するにあたって支出した資本的支出の金額が減価償却資産の再取得価額の100分の50に相当する金額を超えるときを除き，これを認めることとされている（耐通1－5－6）。

$$\left. \frac{中古資産の取得価額（資本的支出を含む）}{\dfrac{中古資産の取得価額（資本的支出を除く）}{簡便法により算定した耐用年数} + \dfrac{中古資産の取得価額（資本的支出を除く）}{簡便法により算定した耐用年数}} \right\} = 見積耐用年数 [21]$$

ニ　法定耐用年数が短縮されたときの取扱い

　　法人が，中古資産を取得し，その耐用年数を簡便法により算定している場合において，その取得の日の属する事業年度後の事業年度において中古資産に係る法定耐用年数が短縮されたときには，改正後の耐用年数省令の規定が適用される最初の事業年度において改正後の法定耐用年数を基礎に中古資産の耐用年数を簡便法により再計算することが認められている[22]（耐通1－5－7）。

ホ　中古資産の総合耐用年数の見積り

　　総合償却資産については，法人が工場を一括して取得する場合など，耐用年数省令別表1，別表2，別表5または別表6に掲げる一の「設備の種類」または「種類」に属する資産の相当部分につき中古資産を一時に取得

---

21)　ただし，1年未満の端数があるときは，これを切り捨てた年数とする（耐通1－5－6括弧書）。

22)　なお，再計算において用いられる経過年数は，中古資産を取得したときにおける経過年数による（耐通1－5－7（注））。

した場合にかぎり，つぎのように中古資産の総合耐用年数を見積もって，中古資産以外の資産と区別して償却することができる[23]（耐通1―5―8）。

$$\frac{中古資産の取得価額の合計額}{\left(\frac{個々の資産の取得価額}{それぞれの使用可能と見積られる残存耐用年数}\right)の合計額} = 見積耐用年数[24]$$

(3) 耐用年数の変更

　税務会計において，耐用年数省令の改正があった場合には，償却資産の評価を行うにあたり適用すべき耐用年数は，改正前と改正後のいずれによるべきかという問題が生ずる。評価技術上の観点からみても，償却資産の評価は毎年2月中に終了して，3月には償却資産課税台帳を縦覧に供しなければならないのであるから，耐用年数も賦課期日現在において確定しているものによらざるを得ない。

　したがって，償却資産の耐用年数は，その年度の賦課期日現在における耐用年数による。耐用年数省令の改正により，耐用年数の変更が行われた場合における適用関係としては，つぎのような事例がある。

　イ　法　人　税

　　法人税については，改正省令の施行日を含む年の4月1日以後に開始する事業年度分に適用する場合と，同日以後に終了する事業年度分に適用する場合とがある。前者の場合には，4月1日以後に開始する事業年度分から変更後の耐用年数によるわけであり，償却資産税にあっては，それが翌年1月1日現在において確定している耐用年数として，翌年度分の償却資

---

[23]　ちなみに，取得した中古資産がその設備の相当部分であるかどうかは，中古資産の再取得価額の合計額が，中古資産を含めた当該資産の属する設備全体の再取得価額の合計額のおおむね100分の30以上であるかどうかにより判定し，法人が二以上の工場を有するときは，工場別に判定するものとされている（耐通1―5―9）。

[24]　なお，個々の中古資産の耐用年数の見積りが困難な場合には，当該資産の種類または設備の種類について定められた法定耐用年数の算定の基礎となった個々の資産の個別耐用年数を基礎として，耐用年数省令3条1項2号（中古資産の耐用年数等）の規定の例により，その耐用年数を算定することができる（耐通1―5―8(2)）。

産税における評価から適用される。したがって，新しい耐用年数の適用始期は，両税で必ずしも一致しない。

　他方，後者の場合には，4月1日以後に終了する事業年度分から変更後の耐用年数によるわけであり，この意味では，新しい耐用年数がその年1月1日以前に遡及適用されることになる。しかし，この場合にあっても，その新しい耐用年数がその年度の賦課期日現在において確定していないので，前者の場合と同様，翌年度分の償却資産税における評価から適用される。

ロ　所　得　税

　所得税については，改正省令の施行日を含む年以後の年分に適用される。この場合には，賦課期日現在の時点で確定している耐用年数であるから，変更前と変更後の耐用年数を適用して償却計算を行う期間は，償却資産税における評価の場合と全く一致する。

第3節　評価額の修正

　以上みてきたように，法定耐用年数は，標準的な償却資産について，通常の平均的に予定された使用時間を基礎として算定されているものである。したがって，事業者の生産活動が景気の好況等に伴ってきわめて活発となり，通常の平均的に予定された使用時間を著しく超えるため，償却資産の損耗が甚だしいときにおいてまで，法定耐用年数に応ずる控除額の計算をして，当該資産の評価を行っていくことは，当該資産の減価の実態に合致しないことになる。そこで，以下のような修正が行われる[25]。

---

25)　固定資産税務研究会・前掲注1）110～123頁。

1 控除額の加算

> 【固定資産評価基準第3章第1節九】
> 控除額の加算
> 　法人税法施行令第60条又は所得税法施行令第133条の規定の適用を受ける償却資産については，二又は三によって当該償却資産の取得価額又は前年度の評価額から控除する額は，二又は三にかかわらず，次の(1)に掲げる額に，(2)に掲げる額を加算した額とする。
> (1)　二又は三によって当該償却資産の取得価額又は前年度の評価額から控除する額
> (2)　(1)に掲げる額のうち，法人税法施行令第60条又は所得税法施行令第133条の規定の適用を受けた期間に係る額（前年中に取得された償却資産で，当該適用を受けた期間が6月を超える場合は6月として計算した額）に法人税法施行規則第20条又は所得税法施行規則第34条に定めるところにより計算した増加償却割合を乗じて計算した額

　税務会計で増加償却が認められる場合，すなわち，機械装置の使用時間が，通常の経済事情における機械装置の平均的な使用時間を超える場合について，償却資産の評価は，税務会計における取扱いとできるかぎり統一をとるべきであるという要請にも配慮し，税務会計に準じて，控除額を加算することとされている。

(1) 要　件

　税務会計においては，法人（または青色申告者）の有する機械装置で定率法または定額法によって償却しているものにかぎり，その使用時間が法人（または青色申告者）の営む事業の通常の経済事情における平均的な使用時間を超える場合において，「増加償却の届出書」を確定申告書の提出期限までに所轄税務署長に提出し，かつ，その平均的な使用時間を超えて使用したことを証する書類を保存しているときは，その償却限度額は普通償却限度額と当該限度額（または償却費はその年分の償却費と当該償却費）に増加償却割合を乗じて計算した金

額との合計額とすることが認められている[26]（法税令60，所税令133，法税則20の2，所税則34③）。

このように，超過使用に関する書類を所轄税務署長に提出したことにより，税務会計における償却限度額の特例（または償却費の特例）の適用を認められる償却資産については，償却資産税における評価を行うにあたっても，これに対応する控除額の加算を認めるものである。したがって，控除額の加算の適用を受ける償却資産と，税務会計において増加償却の適用を受ける機械装置とは，全く同一である。

（2）加算額の算出方法

上記（1）の要件に該当する償却資産についての控除額は，本来の場合における控除額に，その控除額に増加償却割合を乗じた金額を加算した額とされる。つまり，加算額は，つぎの算式により計算される。

《算　式》

$$\text{前年中に取得した償却資産の加算額} = \text{本来の控除額} \times \frac{\text{増加償却適用期間}}{6} \times \text{増加償却割合}[27]$$

$$\text{前年前に取得した償却資産の加算額} = \text{本来の控除額} \times \frac{\text{増加償却適用期間}}{12} \times \text{増加償却割合}$$

前年中に取得した償却資産について，本来の控除額は，当該資産が前年中に取得したものとみなして，いわゆる「半年償却法」により計算される。控除額の加算にあたって，その計算の基礎となるものは本来の控除額を超えることができないから，増加償却適用期間が6月を超える場合には，6月にとどめられる。また，事業年度が賦課期日を含んでいる場合の加算を認めるべき期間は，事業年度の初日から賦課期日までに相当する期間であることはいうまでもない。なお，事業年度により増加償却割合が異なる場合には，それぞれ増加償却割合の異なる期間ごとにより加算額を算出することになる。

---

[26] 詳しくは，第1章第2節5を参照のこと。
[27] ただし，税務会計における増加償却適用期間が6月を超える場合には，6月とする。

第 5 章　資産評価制度

(3) 増加償却割合

控除額の加算の算出のために用いる「増加償却割合」は，平均的な使用時間を超えて使用する機械装置につき，1,000分の35に当該事業年度（またはその年分）における機械装置の1日当たりの超過使用時間を乗じて計算した割合とされている[28]（法税則20①，所税則34①）。この場合において，「1日当たりの超過使用時間」とは，つぎに掲げる時間のうち，法人（または青色申告者）の選択したいずれかの時間をいう（法税則20②，所税則34②）。

　イ　その機械装置に属する個々の機械装置ごとに(イ)に掲げる時間に(ロ)に掲げる割合を乗じて計算した時間の合計時間
　　(イ)　個々の機械装置の当該事業年度（またはその年分）における平均超過使用時間[29]
　　(ロ)　その機械装置の取得価額のうちに個々の機械装置の取得価額の占める割合
　ロ　その機械装置に属する個々の機械装置の当該事業年度（またはその年分）における平均超過使用時間の合計時間を，当該事業年度終了の日（またはその年12月31日）における個々の機械装置の総数で除して計算した時間

2　評価額の最低限度

【固定資産評価基準第3章第1節十】
評価額の最低限度
償却資産の評価額は，当該償却資産の評価額が当該償却資産の取得価額

---

[28]　ただし，当該割合に小数点以下2位未満の端数があるときは，これを切り上げる（法税則20①括弧書，所税則34①括弧書）。
[29]　平均超過使用時間とは，個々の機械装置がその通常の経済事情における1日当たりの平均的な使用時間を超えて当該事業年度（またはその年分）において使用された場合における，その超えて使用された時間の合計時間を個々の機械装置の当該事業年度（またはその年分）において通常使用されるべき日数で除して計算した時間をいう（法税則20②一イ括弧書，所税則34②一イ括弧書）。

> （物価変動に伴う取得価額の補正を行った場合においては，当該補正後の額とする）又は改良費の価額の100分の5に相当する額を下ることとなる場合においては，当該100分の5に相当する額とする。

　償却資産は物理的減耗および経済的陳腐化により減価していくが，それを事業の用に供しているかぎり，必ず一定の価値があるとの趣旨から，償却資産の評価にあたっては評価額の最低限度が設けられている。この場合において，一定の価値は，個々の償却資産につき，資産の種類，事業の内容，資産の素材などによって異なることが予測される。しかし，それを判定することは，技術的にきわめて困難であるので一律に定めることとし，償却資産の評価は，従前の税務会計における取扱いとできるかぎり統一をとるべきであるという考え方から，取得価額または改良費の100分の5に相当する額としている。

　従前は，税務会計上，減価償却可能限度額の制度があり，取得価額の100分の5（評価額の最低限度）は，取得価額からその100分の95（減価償却可能限度額）を控除した金額に対応していた。ところが，平成19年度税制改正において減価償却制度の見直しが行われた。それにより，償却可能限度額および残存額が廃止され，残存簿価1円まで償却できるようになった[30]。しかしながら，償却資産税においては，事業の用に供しているかぎり，償却資産には必ず一定の価値があるとの趣旨から，その評価額の最低限度は，引き続き，取得価額または改良費の100分の5に相当する額としている。

　なお，特例として，取替資産についてはその取得価額の100分の50に相当する額，鉱業用坑道についてはゼロ円とされている。また，償却資産が昭和25年12月31日以前に取得したものである場合には，当初の取得価額に「物価の変動に応ずる補正倍数」（固定資産評価基準別表16）を乗じて取得価額を補正し

---

[30] なぜなら，他の主要先進国においては，減価償却資産の取得価額が全額または備忘価格まで償却可能となっており，国際的なイコールフッティングを確保し，わが国経済の成長基盤を整備する観点から，償却可能限度額および残存価額の抜本的な見直しが行われたのである（財務省『平成19年度税制改正の解説』249頁（2007年））。詳しくは，第1章第2節2を参照のこと。

たものが基準とされる。

3 評価額の補正

【固定資産評価基準第3章第1節十一】
　評価額の補正
　償却資産について当該償却資産が災害その他の事故により著しく損傷したことその他これに類する特別の事由があり，かつ，その価額が著しく低下した場合においては，当該償却資産の評価額は，当該償却資産の価額の低下の程度に応じ，二又は三によって求めた当該償却資産の価額を減額して求めるものとする。

　償却資産の評価は，その「適正な時価」（法341五）を求めることを目的としている。それは，償却資産の耐用年数に応ずる減価を考慮して，その価額を求める方法による。ところが，個々の償却資産については，災害等により一般的な方法によっては適正な時価を算出できない場合が考えられる。いわば「評価額の補正」は，そのような場合に適用される。

(1) 要　　件
　評価額の補正は，つぎの場合に行われる。
イ　償却資産が災害その他の事故により著しく損傷したこと，その他これに類する特別の事由があり，かつ，その価額が著しく低下した場合
ロ　法人または青色申告者の所有する償却資産について，短縮耐用年数を適用されるべき事由と同様な事由が，白色申告者の所有する償却資産に生じた場合
ハ　法人または青色申告者の所有する償却資産について，増加償却の適用による控除額の加算が認められるべき事由と同様な事由が，白色申告者の所有する償却資産に生じた場合
ニ　法人または青色申告者の所有する償却資産について，陳腐化による控除額の加算が認められるべき事由と同様な事由が，白色申告者の所有する償

却資産に生じた場合

（2）算定方法

　評価額の補正は，償却資産の価格の低下の程度に応じて行われる。これは，償却資産の個別的な事由に基づく特別の減価を評価額に反映させるものであるから，個々の償却資産について特別の減価の程度に応じて行われるべきであって，補正の割合について何らかの一般的な制限を設けることは適当でない。なお，具体的に評価額の補正の割合をどの程度にするかについては，つぎのように取り扱われる。

　まず第1に，償却資産が災害時の事故により著しく損傷したこと，1年以上にわたり遊休状態にあること，その本来の用途に使用することができないため他の用途に供されたことの事由については，税務会計において評価損の計上ができる事由と同様であると整理されている。したがって，評価額の補正を行う場合には，税務会計において認められた評価損の割合をもって行うべきである。

　第2に，償却資産がその構成，材質，作成方法などについて法人税法施行令57条1項各号または所得税法施行令130条1項各号に掲げる事由があり，その実際の耐用年数が耐用年数省令で定める耐用年数と著しく異なること，償却資産の使用時間が所有者の事業の通常の経済事情における当該資産の平均的な使用時間を超えるため，その損耗が著しいことの事由については，税務会計における法人または青色申告者の所有する減価償却資産について適用されるべき耐用年数の短縮または増加償却と同様の事由である。したがって，償却資産について耐用年数の短縮または控除額の加算を適用した場合における，評価額となるよう補正すべきである。

　そして第3に，上記に準ずる特別の事由については，その実態に合わせて，第1または第2の取扱いに準じて取り扱うべきである。たとえば，白色申告者の所有する償却資産について，法人または青色申告者の所有する償却資産に適用されるべき陳腐化による控除額の加算が認められることになるような事由と同じ事由が生じた場合には，その取扱いに準じて評価額の補正を行うべきことになる。

（3） 適 用 手 続
　償却資産について，評価額の補正を適用されるべき特別な事由が生じた場合においては，当該資産の所有者は，償却資産の申告の際，つぎに掲げる事由別に，その事由および評価額を減額した基礎となる補正割合などを記載した書類を提出する。このような書類が提出されないと，実際問題として評価額の補正を行うことは困難となる。
　　イ　償却資産が災害時の事故により著しく損傷したこと，１年以上にわたり遊休状態にあること，その本来の用途に使用することができないため他の用途に供されたことの事由に該当する場合
　　　　税務会計において減価償却資産について認められた評価損の事由，その評価損として損金または必要経費に算入した額などを証する書類，評価額の減額をした場合における補正割合などを記載した書類
　　ロ　償却資産がその構成，材質，作成方法などについて法人税法施行令57条１項各号または所得税法施行令130条１項各号に掲げる事由があり，その実際の耐用年数が耐用年数省令で定める耐用年数と著しく異なることの事由に該当する場合
　　　　償却資産について，法人または青色申告者の所有する減価償却資産について耐用年数の短縮を適用すべき事由と同様な事由，耐用年数を短縮した場合の補正割合などを記載した書類
　　ハ　償却資産の使用時間が所有者の事業の通常の経済事情における当該資産の平均的な使用時間を超えるため，その損耗が著しいことの事由に該当する場合
　　　　償却資産について，法人または青色申告者の所有する減価償却資産について適用されるべき控除額の加算と同様な事由，評価額の減額をした場合の補正割合などを記載した書類
　　ニ　上記イからハまでに準ずる特別の事由に該当する場合
　　　　上記イからハまでに準ずる特別の事由，評価額の減額をした場合の補正割合などを記載した書類

4　物価の変動に伴う取得価額の補正

> 【固定資産評価基準第3章第1節十二】
> 　物価の変動に伴う取得価額の補正
> 　償却資産の取得の時期と当該年度の賦課期日との間において償却資産の取得価額について著しい変動があると認められる場合においては，当該償却資産の当該年度の前年度の評価額は，当該評価額の基礎となっている取得価額を卸売物価指数等を基準として総務大臣が定める補正率によって補正した額を基準とし，当該償却資産の耐用年数に応ずる減価を行って求めた額によるものとする。

　償却資産の取得後，物価の著しい変動があった場合には，取得価額を基準として耐用年数に応ずる減価を考慮してその価額を求める方法により算出された評価額は，その「適正な時価」（法341五）とは認められないことになる。そのような場合には，償却資産の取得価額を「卸売物価指数等を基準として総務大臣が定める補正率」によって補正し，その額を基準として評価額を算出することにより，償却資産の評価額を物価の著しい変動に対応させることが定められている。

　もっとも，固定資産評価基準には，「卸売物価指数等を基準として総務大臣が定める補正率」は掲げられていない。というのは，固定資産評価基準が適用された昭和39年度から現在に至るまでの間に特に著しい物価の変動がなく，物価の変動に伴う取得価額の補正を行う必要が認められなかったからである。したがって，この規定は，いわば将来における予測し難い状態の発生に備えたものといえる。

第4節　改　良　費

　改良費とは，税務会計上，資本的支出として取り扱われるものであって，償却資産について支出された金額が，その使用可能期間を延長させる部分またはその価額を増加させる部分の金額をいう（法基通7―8―1，所基通37―10）。こ

れに対して，資産の耐用年数または価額を増加するものではなく，あらかじめ見積もられた使用可能期間にその能力を維持させるために支出された金額は「修繕費」といい，一時に損金または必要経費に算入される（法基通7－8－2，所基通37－11）。償却資産税における改良費の評価は，税務会計とは異なり，以下のように行われる[31]。

【固定資産評価基準第3章第1節十三】

　改　良　費

　償却資産の改良のため支出した金額（改良費の価額）がある場合において，当該改良を加えられたことにより増価した部分の評価は，当該改良を加えられた償却資産の取得価額又は前年度の評価額と区分して，当該改良費の価額を基準とし，当該改良を加えられた償却資産の「耐用年数に応ずる減価率表」に掲げる耐用年数に応ずる減価率により本節の定めの例によって行うものとする。この場合において，改良費の価額は，その有する償却資産について支出した金額で次に該当するもの（次のいずれにも該当する場合には，いずれか多い金額）とする。

(1) 当該支出した金額のうち，その支出により，当該償却資産の取得時においてこれにつき通常の管理又は修理をするものとした場合に予測される当該償却資産の使用可能期間を延長させる部分に対応する金額

(2) 当該支出した金額のうち，その支出により，当該償却資産の取得時においてこれにつき通常の管理又は修理をするものとした場合に予測されるその支出を行った時における当該償却資産の価額を増加させる部分に対応する金額

1　区分評価方式

償却資産の改良のため支出された金額がある場合においては，その改良を加

---

31)　固定資産税務研究会・前掲注1）124～131頁。

えられたことにより増価した部分の評価は，その改良を加えられた本体部と区分して，それぞれの改良部分ごとに，その改良のために支出された金額を基準とし，その改良を加えられた償却資産の耐用年数に応ずる減価を考慮して行われる。すなわち，改良部分の評価方法においては，つぎの算式で示したように，それぞれ改良部分ごとに，その改良を加えられた償却資産の本体部や改良部分とは区分して，あたかも「一個の独立の償却資産」のように取り扱うこととされている。

《算　式》

$$\text{前年中の改良費の評価額} = \text{改良費} \times \left(1 - \frac{\text{本体部の耐用年数に応ずる減価率}}{2}\right)$$

$$\text{前年前の改良費の評価額} = \text{改良費に係る前年度の評価額} \times \left(1 - \text{本体部の耐用年数に応ずる減価率}\right)$$

　改良費の価額は，税務会計における資本的支出に対応するものである。資本的支出は，その減価償却資産の取得価額に加算することができるとされている（法税令55②，所税令127②）。つまり，税務会計においては，いわゆる「合算方式」により減価償却を行うことができる。これに対して，償却資産税においては，以下のような理由により，本体部から改良部分を区分して評価する，いわゆる「区分評価方式」が採用されている。

（1）　申告・評価実務上の便宜

　納税義務者の申告事務および評価者の評価実務の両面からみて，別個の計算を行うほうが便利である。もし仮に，本体部と改良部分を合わせて評価することとしたら，償却資産税の場合，賦課期日（1月1日）を経過した後でなければ改良費の内容が確定しないため，正しく評価額を算定することができない。ところが，申告書の提出期限（1月末日）と評価額の決定期限（3月末）との関係上，評価実務は賦課期日以前から始められるのが通常であるから，本体部ないし改良部分についてだけでもあらかじめ評価額を算定しておくことができる，いわゆる「区分評価方式」が採用されたわけである。

（2）　課税標準の特例との関係

　償却資産税においては，課税標準の特例措置が設けられており，改良部分に

ついてのみ本体部とは別個に課税標準の特例が適用されることがある。この場合には，当然，改良部分の評価額が明らかでなければならない。もし仮に，本体部と改良部分とを合わせて評価するのならば，課税標準の特例が適用されるべき改良部分の評価額を求める基準をあらかじめ定めておく必要が生ずることになる。これが，もう1つの理由である。

2　資本的支出と修繕費の区分

改良費については，税務会計における資本的支出と同一である（法税令132，所税令181）。法人（または個人事業者）が固定資産について支出した費用において修繕費が多額の場合には，会計処理の重要性の原則から，その支出金額に期間費用としての修繕費以外の改造や改良などの資本的支出が混入しているのではないかという疑念が出てくることが多い。そのため，修繕費の会計処理上における，資本的支出と修繕費の境界の問題が出てくるわけである[32]。

（1）　企業会計上と税務会計上の違い

資本的支出とは，企業会計上における収益的支出に対応する言葉であり，取得価額となるべき費用の支出をすべて包含する概念として用いられている[33]。したがって，企業会計においては，固定資産を対象として取得後に行われる支出のうち，取得原価に組み入れられるものを「資本的支出」という。これに対して，税務会計上の考え方は，「資本的支出」という言葉を専ら修繕費との区分で使用しているため，企業会計上の資本的支出よりもやや狭く，改造等の質的な支出に限定し，資本的支出は，すべて資産の価額に加算することとされている[34]（法税令55，所税令127）。

---

[32]　小島多計司『資本的支出と修繕費』54頁（中央経済社，1983年）。

[33]　ちなみに，収益的支出とは，有形固定資産に係る支出のうち，単なる維持・管理にすぎない支出であって，当該資産の取得原価に算入してはならない支出をいう。ある支出を資本的支出として処理するか，収益的支出として処理するかによって，当期および次期以降の財政状態および経営成績は著しく影響を受け，これによって期間損益は著しく異なることになるので，両者は区別されなければならない。

[34]　資本的支出については，第1章第2節2（3）を参照のこと。

他方，修繕費についての考え方では，修繕費の処理について，企業会計上，2つの異なった見解がある。その見解とは，除却法と取替法のことで，理論的には除却法が優れている。ところが，会計処理が簡単である点や，物価変動の下では取替法が後入先出法的な意味をもつ点などから取替法が一般的には用いられ，税務会計における修繕費の処理方法も原則的には取替法の考え方を採用している[35]。

　つまり，資本的支出とは，固定資産について支出した金額が，当該資産の耐用年数を延長し，または価額を増加したときに，それらに対応する金額をいう。他方，修繕費とは，固定資産の耐用年数または価額を増加するものではなく，あらかじめ見積られた使用可能期間にその能力を維持させるために支出された金額である。

　資本的支出に該当するものについては，これを固定資産の取得価額に加算して減価償却が行われる。これに対して，修繕費に該当するものについては，これをその事業年度の損金（またはその年分の必要経費）に算入することが認められている。改良費は，このように税務会計における資本的支出に対応するものであり，ある追加的支出が改良費，つまり資本的支出に該当するかどうかは，以下のような区分基準によって判断される。

（2）資本的支出とされる費用

　法人（または個人事業者）が，その有する固定資産の修理・改良等のために支

---

[35]　吉牟田勲『新版法人税法詳説―立法趣旨と解釈―』178～179頁（中央経済社，平成10年度版，1998年）。なお，除却法とは，修繕・改良等を行った場合，固定資産の損傷部分の未償却原価を費用化し，その部分の修繕のための作業原価を当該資産の価額に付加する方法をいう。この方法では，維持管理費を除き，支出される修繕費・改良費等は，その全額を資本的支出とするもので，修繕費と資本的支出の区分問題は生じない。しかし，その反面，除却部分の未償却原価の計算が困難となる。これに対して，取替法とは，修繕・改良等を行った場合，固定資産の損傷部分の未償却原価はそのままにしておいて，その部分の修繕のための作業原価を費用化する方法をいう。この方法では，その修繕の性格に応じ，修繕・改良等のための支出のうち即時に費用化すべき部分（修繕費）と，その効果の及ぶ期間に配分して費用化すべき部分（資本的支出）との区分が必要となる。

出した金額のうち，当該資産の価値を高め，またはその耐久性を増すことになると認められる部分に対応する金額が資本的支出となる。たとえば，つぎのような金額は，原則として，資本的支出に該当する[36]（法基通7－8－1，所基通37－10）。

　イ　建物の避難階段の取付など，物理的に付加した部分に係る費用

　ロ　用途変更のための模様替えなど，改造または改装に直接要した費用

　ハ　機械装置の部分品を特に品質または性能の高いものに取り替えた場合の，その取替えに要した費用のうち，通常の取替えの場合にその取替えに要すると認められる費用を超える部分の金額

（3）　修繕費に含まれる費用

法人（または個人事業者）が，その有する固定資産の修理・改良等のために支出した金額のうち，当該資産の通常の維持管理のため，またはき損した固定資産につきその原状を回復するために要したと認められる部分の金額が修繕費となる。たとえば，つぎのような金額は，修繕費に該当する（法基通7－8－2，所基通37－11）。

　イ　建物の移えいまたは解体移築をした場合における，その移えいまたは移築に要した費用[37]

　ロ　機械装置の移設に要した費用

　ハ　地盤沈下した土地を沈下前の状態に回復するために行う地盛りに要した費用

　ニ　建物や機械装置などが地盤沈下により海水等の浸害を受けることになったために行う床上げ，地上げまたは移設に要した費用

　ホ　現に使用している土地の水はけを良くするなどのために行う砂利・砕石等の敷設に要した費用や，砂利道・砂利路面に砂利・砕石等を補充するた

---

[36]　ただし，建物の増築，構築物の拡張・延長等は，建物等の取得にあたる（法基通7－8－1（注），所基通37－10（注））。

[37]　ただし，解体移築にあっては，旧資材の70％以上がその性質上再使用できる場合であって，旧資材をそのまま利用して従前の建物と同一の規模および構造の建物を再建築するものに限る（法基通7－8－2(1)但書，所基通37－11(1)但書）。

めに要した費用

(4) 少額・周期の短い費用の損金算入

　一の計画に基づき同一の固定資産について行う修理・改良等が，つぎのいずれかに該当する場合には，その修理・改良等のために要した費用については，上記(1)の取扱いにかかわらず，修繕費として損金経理（または必要経費に計上）することができる[38]（法基通7—8—3，所基通37—12）。

　イ　その一の修理・改良等のために要した費用—その一の修理・改良等が二以上の事業年度にわたって行われるときは，各事業年度ごとに要した金額—が20万円に満たない場合

　ロ　その修理・改良等がおおむね3年以内の期間を周期として行われることが，既往の実績その他の事情からみて明らかである場合

(5) 形式基準による修繕費の判定

　一の修理・改良等のために要した費用のうちに資本的支出であるか修繕費であるかが明らかでない金額がある場合において，つぎのいずれかに該当するときは，修繕費として損金経理（または必要経費に計上）することができる（法基通7—8—4，所基通37—13）。

　イ　その金額が60万円に満たない場合

　ロ　その金額が固定資産の前期末における取得価額のおおむね10％相当額以下である場合

(6) 資本的支出と修繕費の区分の特例

　一の修理・改良等のために要した費用のうちに資本的支出であるか修繕費であるかが明らかでない金額がある場合において，法人（または個人事業者）が，継続してその金額の30％相当額と，その修理・改良等をした固定資産の前期末（または前年12月31日）における取得価額の10％相当額との，いずれか少な

---

[38] なお，同一の固定資産は，①一の設備が二以上の資産によって構成されている場合には，当該設備を構成する個々の資産とし，②送配管，送配電線，伝導装置などのように，一定規模でなければその機能を発揮できないものについては，その最小規模として合理的に区分される（法基通7—8—3（注），所基通37—12（注））。

い金額を修繕費とし，残額を資本的支出とする経理をしているときは，これが認められる（法基通7－8－5，所基通37－14）。

（7） 災害の場合の特例

災害により被害を受けた固定資産（被災資産）について支出した，つぎの費用に係る資本的支出と修繕費の区分については，上記（1）から（5）までの取扱いにかかわらず，それぞれつぎのように取り扱われる（法基通7－8－6，所基通37－14の2）。

- イ 被災資産につきその原状を回復するために支出した費用は，修繕費として損金経理（または必要経費に計上）する。
- ロ 被災資産の被災前の効用を維持するために行う補強工事，排水または土砂崩れの防止などのために支出した費用について，法人（または個人事業者）が，修繕費とする経理をしているときは，これが認められる。
- ハ 被災資産について支出した費用のうちに資本的支出であるか修繕費であるかが明らかでないものがある場合において，法人（または個人事業者）が，その金額の30％相当額を修繕費とし，残額を資本的支出とする経理をしているときは，これが認められる。

第6章　賦課徴収と申告制度
chapter 6

　最後に，前章までのまとめとして，償却資産の申告について確認することにしたい。普通徴収の方法によって徴収する租税における納税義務者の申告は，申告納付の方法によって徴収する租税の申告と異なり，本来，課税客体の捕捉や課税標準額の算定などのための資料として徴されるものであって，その申告自体において直ちに具体的な納税義務を発生させるものではない[1]。償却資産

---

[1] ちなみに，抽象的に成立した租税債務を納付可能な具体的租税債務へと確定していく手続を「納税義務の確定」といい，これは，納税義務者または課税団体によるそのための一定の行為によって確定される場合と，納税義務者または課税団体によるそのための一定の行為を要せず法律上当然に確定される場合とがある。後者は，確定のために何らの手続を要しない場合であるから，その確定方式は「自動確定方式」と呼ばれる。これに対して，前者の確定の手続は，申告納税方式と賦課課税方式に区別される。このうち，申告納税方式とは，納税義務が納税義務者の申告行為によって確定することを原則とし，その申告がない場合またはその申告が正しくない場合にかぎり，課税処分たる更正・決定により確定する方式で，地方税では「申告納付」という（法1①八，税通16①一）。この方式においては，納税義務の確定について納税義務者に第一次的な役割が与えられ，納税義務者がこの役割を遂行しない場合に，はじめて課税団体が納税義務の確定について第二次的・補充的な役割を果たすのである。他方，賦課課税方式とは，納税義務が課税団体の処分によって確定する方式で，地方税では「普通徴収」と呼ばれる（法1①七，税通16①二）。たとえ，納税義務者が課税標準等の申告をする場合であっても，納税義務者のそのような申告行為によって納税義務が確定するのではなく，納税義務の確定は専ら地方団体の行政処分によって行われる。具体的には，地方団体の長が課税資料をもとにして税額を計算（賦課決定）し，これを文書により納税者に告知（課税処分）する（法13①）。

税は，いわゆる「台帳課税主義」をとっており，課税の基本となる償却資産課税台帳は，市町村長に対する償却資産の所有者の申告を基礎として調整されるものであるから，この申告は，納税義務の決定と密接な関連があり，きわめて重要な役割を有するものである。

第1節　償却資産の申告

　償却資産税は賦課決定税目であるので，償却資産の場合も，各市町村が課税客体を確定し評価を行い，課税することになる。ところが，償却資産については，土地・家屋と異なり，登記制度がないため，その所在地の市町村長に申告することが義務付けられている（法383）。しかし事実上，企業の申告をそのまま受け入れることによって，課税標準たる償却資産の評価を決定されることから，税負担の不公平の問題が生じる可能性がある。そこで，第2節以下で述べる「実地調査」は，適正申告を担保している。

1　償却資産税における申告制度

　土地・家屋については，原則として，不動産登記簿を基礎として，課税客体

図表12　申告から課税までの流れ

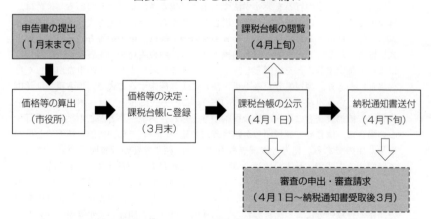

（出所）　神戸市『平成28年度償却資産（固定資産税）申告の手引』5頁（2015年）に基づき，筆者が作成

および納税義務者たる所有者などが固定資産課税台帳に登録されることになっているので，固定資産税として，特に土地・家屋の所有者について課税客体の把握のための申告義務を課していない。ところが，償却資産については，土地・家屋のような登記制度がないため，課税客体等を捕捉することがきわめて困難なので，償却資産の所有者に対して，以下のような申告義務を課している。

(1) 市町村長に対する申告

償却資産税の納税義務がある償却資産の所有者は，毎年1月1日現在において所有する当該資産について，その所在，種類，数量，取得時期，取得価額，耐用年数，見積価額その他償却資産課税台帳の登録および当該資産の価格の決定に必要な事項を記載した「償却資産に係る申告書（償却資産課税台帳）」(26号様式)を1月31日までに当該資産の所在地の市町村長に申告しなければならない[2]（法383, 則14①表(四)）。これが一般的であるが，以下のように，都道府県知事または総務大臣に申告する特殊なケースもある。

(2) 都道府県知事・総務大臣に対する申告

償却資産税の納税義務者は，つぎの総務大臣が指定する償却資産のうち，一の都道府県内に所在するものにあっては，毎年1月1日現在における当該資産について，償却資産課税台帳に登録されるべき事項およびこれに記載をされている事項その他当該資産の評価に必要な事項を記載した「固定資産に係る申告書」(30号様式)を1月31日までに当該資産の所在地の都道府県知事に申告しなければならない。さらに，二以上の都道府県にわたって所在するものにあっては，同様に必要な事項を記載した「固定資産に係る申告書」(30号様式)を1月31日までに総務大臣に申告することになる[3]（法389①・394, 則14①表(八)）。

　イ　船舶，車両その他の移動性・可動性償却資産で二以上の市町村にわたって使用されるもの

　ロ　鉄道，軌道，発電，送電，配電もしくは電気通信の用に供する固定資産

---

2) 一般償却資産については，第3章第3節2を参照のこと。

3) 移動性・可動性資産については第3章第3節3を，配分資産については第3章第3節4を，それぞれ参照のこと。

または二以上の市町村にわたって所在する固定資産で，その全体を一の固定資産として評価しなければ適正な評価ができないと認められるもの

（3）　大規模償却資産についての申告

大規模償却資産の所有者は，毎年1月1日現在において所有する当該資産について，その所在，種類，数量，取得時期，取得価額，耐用年数，見積価額その他償却資産課税台帳の登録および当該資産の価格の決定に必要な事項を記載した「償却資産に係る申告書（償却資産課税台帳）」（26号様式）を1月31日までに当該資産の所在地の都道府県知事に申告しなければならない[4]（法745①，則14①表(四)）。

（4）　みなし所有者の申告義務

上記（1）から（3）までについては，償却資産税の納税義務がある償却資産の所有者に申告義務を課している（法383・394・745）。さらに，地方税法においては，所有者課税の原則を貫くことが不合理となる場合，償却資産の所有者以外の者を所有者とみなして納税義務者とする，いわゆる「みなし所有者制度」が設けられている（法343④～⑨）。したがって，つぎのような場合には，みなし所有者が償却資産の申告を行うことになる。

イ　所有権留保付売買資産

所有権留保付売買に係る償却資産の所有権は，契約上売主にあるものの，償却資産税については，当該資産が売主と買主の共有物とみなされる結果，両者が連帯して納付する義務を負うことになる[5]（法10の2①）。また，必ずしも契約書に売買である旨が明記されている必要はなく，外見上は賃貸

---

4)　大規模償却資産については，第3章第3節5を参照のこと。

5)　なお，所有権留保付割賦販売とは，売買代金債権を担保するために，売買の目的物の所有権を買主に移転せず，売主に留保する特約がなされた割賦販売をいい，割賦販売法7条は，当事者間に明示の特約がなくても所有権留保がなされたことを推定する規定を置いている。また，割賦販売は，通常の販売に比べて，代金回収の期間が長期にわたり，分割払いであることから，代金回収上の危険率が高く，貸倒引当金および代金回収費，アフター・サービス費などの引当金の計上については，特別な配慮が必要となる。しかも，その算定にあたっては，不確実性と煩雑さとを伴うことが多い。詳しくは，第3章第2節4を参照のこと。

契約であっても，同様に連帯納税義務を負うことになる。このように，市町村は，売主または買主に対して，納税通知書の発付等をすることができる。とはいえ，割賦販売の場合等にあっては，社会の納税意識に合致するよう原則として買主に対して課税し，償却資産の申告についても，原則として買主が行うよう取り扱われる（取扱通知(市)3章10)。

ロ　信託償却資産

信託会社が，その信託行為の定めるところに従い，これを譲渡することを条件として他の者（借受者）に賃貸し，借受者の事業の用に供しているときは，借受者をもって償却資産の所有者とみなされる（法343⑧）。したがって，信託償却資産については，借受者が申告を行うことになる[6]。

なぜなら，信託償却資産については，信託業務の運営上，名目上の所有権者は信託会社となっているものの，信託会社が名目的な所有権を保有するにとどまり，当該資産の実質的な収益の帰属は，むしろ当該資産を現に使用収益し，究極的に所有権を取得することになる借受者に帰属するものと考えられるからである（取扱通知(市)3章12）。もっとも，借受者が最終的に所有権を取得しない場合には，所有者である信託会社に対して課税し，償却資産の申告についても，信託会社が申告を行うことになる。

ハ　家屋の附帯設備

家屋の附帯設備であって，家屋の所有者以外の者がその事業の用に供するため取り付けたものであり，かつ，家屋に付合したことにより家屋の所有者が所有することになったもの（特定附帯設備）については，それを取り付けた者の事業の用に供することができる資産である場合にかぎり，取り付けた者をもって特定附帯設備の所有者とみなされる[7]。したがって，取り付けた者が償却資産の申告を行うことになる（法343⑨）。

(5)　リース資産についての申告

ファイナンス・リース取引については，税務会計上，すべて売買取引とみな

---

[6]　信託については，第3章第2節3を参照のこと。
[7]　特定附帯設備については，第3章第2節2を参照のこと。

される[8]。しかし，その所有権は，リース会社に留保されており，所有者に課されている償却資産税においては，これらの取扱いと異なり，所有権を有しているリース会社が納税義務者である。したがって，所有権移転外リース資産の申告義務者は，リース会社となる。もっとも，つぎのリース取引については，税務会計上，実質的に売買があったもの（所有権移転リース取引）として取り扱われる。所有権移転リース取引については，賃借人が償却資産の申告を行うことになる。

　イ　リース期間の終了時または中途において，無償または名目的な対価で賃借人に譲渡されるもの
　ロ　リース期間の終了時または中途において，著しく有利な価額で買い取る権利が賃借人に与えられているもの
　ハ　使用可能期間中，賃借人のみによって使用されると見込まれるもの，またはリース資産の識別が困難であると認められるもの

（6）　共有資産についての申告

　固定資産税においては，納付について連帯納税義務者間で特約があったとしても，共有物として課税される（法10の2①）。償却資産の申告においても，共有物については，単有名義の申告とは別に「代表者（筆頭者）外〇名」という所有者名での申告が必要となる。また，共有者の人数は同じでも，その内訳が異なる場合には，別の申告書を提出する必要がある。「種類別明細書（増加資産・全資産用）」（26号様式別表1）にも，共有物を一の資産として記載し，その取得価額は各共有者の持分の合計額となる（則14①表（四））。なお，納税通知書は，通常，申告記載の筆頭者あてに送付される。

（7）　免税点未満の償却資産についての申告義務

　免税点制度は，課税標準額が一定額未満のものを課税しないことによって，費用対効果の観点から徴税の合理化を図っている[9]（法351）。そこで，償却資産課税台帳に登録された価格に基づいて，同一の納税義務者が，その市町村内

　8）　リース資産については，第3章第2節5を参照のこと。
　9）　詳しくは，第4章第5節を参照のこと。

において所有するすべての償却資産について、その課税標準となるべき額の合計額が免税点未満であるかどうかを判定することになる。したがって、賦課期日現在において所有している償却資産については、免税点の適用の有無にかかわりなく、その年1月31日までに申告しなければならない。

2 申告方法

このように、償却資産の申告は、きわめて重要な役割を有する。申告方法には、従来の「書面申告」と、IT時代に対応した「電子申告」とがある。もちろん、いずれの方法によっても、まず、つぎの準備作業が必要である。

　イ　固定資産台帳（減価償却明細）から、償却資産税の課税対象でない資産を除外し、申告対象資産を抽出する。

　ロ　固定資産台帳（減価償却明細）に記載されていない申告対象資産を抽出する。

　ハ　抽出した申告対象資産に対して、税務会計との相違点を修正する。

　ニ　申告対象資産を単有分と共有分に分割し、共有資産については全持分を合計した取得価額を確認する。

（1）書面申告

こうした準備作業を終えると、単有分と共有分について、別々に申告書を作成し、資産所在地の市町村長に提出することになる。各市町村では、地方税法施行規則14条（固定資産税に係る書類の様式）の規定に基づき、「償却資産申告書（償却資産課税台帳）」（26号様式）、「種類別明細書（増加資産・全資産用）」（26号様式別表1）または「種類別明細書（減少資産用）」（26号様式別表2）を作成し、毎年申告時期に併せて継続的に申告している納税義務者あてに送付している[10]（則14①表(四)）。こうした申告方法を「一般方式」と呼ぶ。

なお、資産件数が膨大であったり、申告すべき市町村が多数ある事業者では、独自にコンピュータによる資産管理システムを開発し、申告書作成ソフトと連

---

10)　ただし、新たに申告を行う事業者の場合には、各市町村の窓口で配布されている。

動させて償却資産の申告を行うことができる。こうした申告方法を「電算処理方式」といい，各市町村では，一定の条件を満たしていれば，電算処理方式による申告も認めている。たとえば，東京都の場合は，つぎに掲げる条件を前提に認めている[11]。

　イ　種類別明細書は，毎年度の増加・減少のみならず，同一区に所在するすべての資産を記載して提出すること
　ロ　種類別明細書には，資産ごとの評価額および課税標準額を記載すること
　ハ　評価額の計算にあたっては，前年度評価額を基礎とする方法によること
　ニ　減価残存率の端数処理は，小数点以下4位を四捨五入すること
　ホ　耐用年数に応ずる減価率は，固定資産評価基準別表15によること

（2）電子申告

　さらに，インターネットを利用した「電子申告」が，今後の税務手続の中心を担う手段と位置付けられている。その経緯を振り返ると，地方団体の相互協力を基本理念として地方税の電子化を推進することにより，納税者の利便性の向上を図るとともに，税務行政の高度化および効率化に寄与することを目的として，平成15年8月7日に任意団体「地方税電子化協議会」が組織化された。地方税電子化協議会は，平成18年4月1日に社団法人化―その後，平成24年4月1日に一般社団法人へ法人格を変更―され，平成22年4月1日からは全地方団体でシステム稼働されている。

　電子申告は，インターネットを利用して地方税の手続を電子的に行うシステムで，「地方税ポータルシステム（eLTAX）」と呼ばれており，eLTAX対応ソフトウェア「PCdesk」を使用して，自宅やオフィスなどからインターネットで申告手続を行うことができる[12]。なお，電子申告にも，いわゆる「本人申告」と「代理人申告」がある。いずれの申告においても，はじめてeLTAXを利用する場合には，eLTAXのホームページから利用届出を行い，利用者IDを

　11）　東京都主税局・都税事務所『平成28年度固定資産税（償却資産）申告の手引き』18〜19頁（2015年）。
　12）　地方税ポータルシステムHP（http://www.eltax.jp/）。

取得する。それから，以下のような方法によって，それぞれ電子申告を行うことになる。

（3）　本人申告の場合

納税義務者が電子申告を行う場合は，つぎの基本的な流れによる。

　イ　ログイン／暗証番号の変更

　　　PCdeskの起動時に，ログインという操作を行う。また，PCdeskの操作中にインターネット経由でeLTAXポータルセンタに接続する際にも，ログインする必要がある。なお，はじめてeLTAXポータルセンタへログインする際には，暗証番号を変更する。

　ロ　申告データの準備

　　　基本情報ファイル（利用届出の情報）をもとに提出先や申告税目などの作成条件を入力し，申告データのひな型を作成する。

　ハ　申告データの作成

　　　申告データのひな型を編集することにより，申告データを作成する。

　ニ　電子署名の付与

　　　納税義務者が申告データを送信するときは，利用者本人の電子署名が必要となる。

　ホ　申告データの送信

　　　電子署名を付与した申告データをeLTAXポータルセンタへ送信する。

　ヘ　メッセージの確認

　　　eLTAXポータルセンタには利用者ごとにメッセージボックスが用意されており，eLTAXポータルセンタや地方団体からのメッセージが届く。メッセージには，「受付通知」と「お知らせ」との2種類がある。

（4）　代理申告の場合

税理士が代理人として電子申告を行う場合は，つぎの基本的な流れによる。

　イ　ログイン／暗証番号の変更

　　　納税義務者・税理士ともに，それぞれの利用者IDでログインする。

　ロ　納税義務者の切り替え

税理士が,①納税義務者の基本情報ファイルをeLTAXポータルセンタからダウンロードする場合,②納税義務者の申告データを作成する場合,③メッセージボックスで,納税義務者あてのメッセージを確認する場合には,納税義務者を切り替える。
ハ　基本情報ファイルの授受
　　利用届出により登録した利用者の情報,提出先・手続の情報,申告税目の情報が格納されている「基本情報ファイル」を税理士と納税義務者の間で受け渡しする。この情報は,申告データの入力欄に自動的に入力されるので,入力の手間が省け,入力誤りを防ぐことができる。
ニ　申告データの準備
　　基本的には,税理士が,納税義務者の切り替えを確認した上で,基本情報ファイルをもとに提出先や申告税目などの作成条件を入力し,申告データのひな型を作成する。
ホ　申告データの作成
　　申告データのひな型を編集することにより,申告データを作成する。
ヘ　電子署名の付与
　　税理士が納税義務者の申告データを送信するときは,税理士の電子署名が必要となる。この場合,納税義務者の電子署名は不要である。
ト　申告データの送信
　　基本的には,税理士が,納税義務者の切り替えを確認した上で,電子署名を付与した申告データをeLTAXポータルセンタへ送信する。
チ　メッセージの確認
　　納税義務者は,自身で送信した場合でも税理士が送信した場合でも,いつでも自身あての申告データの受付通知を確認できる。しかしながら,税理士の場合は,自身で送信した場合には納税義務者の申告データでも受付通知を確認できるものの,納税義務者が送信した申告データについては,税務代理契約をしているとしても受付通知を確認することはできない。

3 その他の申告等に関する書類

通常の「償却資産申告書(償却資産課税台帳)」(26号様式)のほか,非課税,課税標準の特例,減免,耐用年数の短縮などが適用となる償却資産については,各市町村の税条例または税規則で定める様式による申告,申請または届出が必要となる(則14①)。

(1) 非課税申告書

地方税法348条,同法附則14条に規定する償却資産は,償却資産税が非課税となる[13]。その適用にあたっては,各市町村の税条例または税規則で定める様式による申告が義務付けられている。申告にあたっては,法令で定める要件を満たしていることを証明する書類を添付する必要がある。

(2) 課税標準の特例に係る届出書

地方税法349条の3,同法附則15条,15条の2または15条の3に規定する償却資産は,課税標準の特例が適用され,償却資産税が軽減される[14]。各市町村では,税条例または税規則で定める様式による届出を義務付けている。届出書の提出にあたっては,非課税と同様,法令で定める要件を満たしていることを証明する書類を添付する必要がある。

(3) 減免申請書

地方税法367条(固定資産税の減免)の規定に基づき,各市町村では税条例または税規則で定め,一定の要件を備えた償却資産について償却資産税を減免している[15]。減免が適用される償却資産は,市町村の税条例または税規則によって異なる。減免の適用にあたっては,所有者の申請があった場合にかぎり,償却資産税の全部または一部が免除される。なお,所有する償却資産に減免が適用される場合には,各市町村の定める様式で減免を申請することになる。また,申請書には,法令で定める要件を満たしていることを証明する書類を添付する必要がある。

---

13) 詳しくは,第4章第4節1・2を参照のこと。
14) 詳しくは,第4章第4節3を参照のこと。
15) 詳しくは,第4章第4節5を参照のこと。

（4） 耐用年数の短縮等を適用した償却資産に係る届書

　税務会計において、つぎの適用を受けた償却資産がある場合には、納税地を所轄する国税局長または税務署長の承認を受けていることを証する書類の写しを添付して、各市町村が定める様式による届出を行うことが必要となる。これらの資産については、税務会計における所得の計算上の取扱いに準じて評価額が算出される。

　イ　耐用年数の短縮

　　　国税局長の承認を受けた資産について、各市町村に届出があった場合には、国税局長が承認した短縮耐用年数を用いて評価額の算定を行うことになる。

　ロ　増加償却

　　　増加償却が認められた機械装置について、各市町村に届出があった場合には、償却資産税の評価額の算定においても、増加償却の適用を受けた期間に係る額に増加償却割合を乗じて計算した金額を、取得価額または前年度の評価額から控除する金額に加算することになる[16]。

　ハ　陳腐化資産の一時償却

　　　陳腐化資産の一時償却の規定は、平成23年度税制改正で廃止された。ただし、平成23年3月31日以前に開始した事業年度および平成23年以前の各年分において、旧令の規定による承認を受けた場合の、その承認に係る減価償却資産の償却計算については、経過措置の規定により引き続き適用される（旧法税令60の2、法税令附則6③、旧所税令133の2、所税令附則4②）。この場合には、本来の控除額に、当該資産の取得価額または前年度の評価額から控除する額に加算することになる。

　　　　控除額＝（前年度の修正評価額×承認を受けた耐用年数に応ずる減価率）
　　　　　　　＋（前年度の評価額－前年度の修正評価額）

　ニ　耐用年数の確認

---

[16]　詳しくは、第1章第2節5を参照のこと。

構築物，器具備品，機械装置のうち，耐用年数表上のいずれの区分にも該当しない資産については，所轄税務署長に「耐用年数の確認に関する届出書」を提出して，その確認を受ければ，いずれかに類似している区分の資産の耐用年数を適用することができる（耐通1―1―9）。耐用年数の確認を受けた資産について，各市町村に届出があった場合には，償却資産税の評価額の算定において，その耐用年数を用いることになる。

第2節　償却資産の実地調査

固定資産税は，固定資産の資産価値に着目し，その所有の事実に担税力を認めている財産税であるので，課税団体は，常に，その課税客体である具体的な資産の適正な時価について把握しておかなければならない。そのため，固定資産を実地に調査し，当該資産の状況を知っておく必要がある。特に，償却資産は，土地・家屋と異なり，納税義務者の申告によって課税客体を把握し，申告された課税資料に基づき賦課決定を行うものであるから，賦課漏れを防ぎ，適正な課税を期すためには，実地調査はきわめて重要である。

1　質問検査権

市町村の徴税吏員，固定資産評価員および固定資産評価補助員，ならびに，都道府県の職員で都道府県知事が指定する者および総務省の職員で総務大臣が指定する者（徴税吏員等）は，固定資産税の賦課徴収に関する調査のために必要がある場合においては，つぎに掲げる者に質問し，またはイ・ロの者の事業に関する帳簿書類その他の物件を検査することができる[17]（法353①）。ここでいう「賦課徴収に関する調査」とは，賦課徴収に関して必要とされる一切の事

---

[17]　なお，質問・検査のうち，質問は，通常口頭によることを想定しているが，文書による質問ないし答弁も差し支えない。また，質問する場所についても，通常は相手方の住所等であろうが，出頭を求めてもよいし，相手方と出会った場所おいて行うことも差し支えない。他方，検査についても，質問の場合と同様に解することができる。また，検査の時間も，相手方の承諾を前提とする以上，捜索の場合のような制限はないものの，これに準じて行うのが適当な場合が多い。

項についてあらゆる調査を意味し，納税義務の有無についての調査，固定資産の評価，課税標準額・税額の算定から納税に至るまでの徴税手続の進行上必要なすべての調査を含む。

イ　納税義務者または納税義務があると認められる者[18]
ロ　上記イに掲げる者に金銭・物品を給付する義務があると認められる者
ハ　上記イ・ロに掲げる者以外の者で，固定資産税の賦課徴収に関し直接関係があると認められる者

また，「必要がある場合」とは，客観的な必要性が認められる場合という意味であって，この必要性の認定は，第一義的には，質問検査権を行使する徴税吏員等の合理的な判断に委ねられている[19]。もっとも，徴税吏員等の自由裁量に委ねられているわけではない。したがって，客観的な必要性の認められない場合に，質問・検査を行うことは違法であり，それに対しては，答弁義務ないし受忍義務は生じない。しかし，専門技術的な判断を必要とする問題であることから，徴税吏員等の必要性の認定が違法とされる事例は，実際問題として少ないと思料される[20]。

償却資産税を賦課するにあたっては，その基礎となる課税事実，すなわち，納税義務者の所有に係る償却資産およびその価格等を的確に把握することが必要である。そこで，地方税法は，「市町村長が固定資産税の賦課徴収について，政府に対し，固定資産税の納税義務者で所得税若しくは法人税の納税義務があ

---

[18]　なお，会社分割に係る分割法人および分割承継法人については，金銭・物品を給付する義務があると認められる者に含まれる（法353②）。
[19]　最高裁も，荒川民商事件において，「質問検査の範囲，程度，時期，場所等実定法上特段の定めのない実施の細目については，右にいう質問検査の必要があり，かつ，これと相手方の私的利益との衡量において社会通念上相当な限度にとどまるかぎり，権限ある税務職員の合理的な選択に委ねられている」と判示している（最決昭和48年7月10日刑集27巻7号1205頁）。
[20]　もちろん，徴税吏員等が合理的な判断を下したものであるとしても，それが本当に妥当であるのかどうか，納税義務者の理解を得るよう，徴税吏員等には説明責任がある。したがって，通常調査の対象とならない書類等で，調査の報告の趣旨を尋ねても徴税吏員等から明確な回答がない場合には，当然果たすべき説明責任を果たしていないため，やむを得ず提出を拒んでも問題はないと考えられる。

るものが政府に提出した申告書若しくは修正申告書又は政府が当該納税義務者の所得税若しくは法人税に係る課税標準若しくは税額についてした更正若しくは決定に関する書類を閲覧し，又は記録することを請求した場合には，政府は，関係書類を市町村長又はその指定する職員に閲覧させ，又は記録させる」（法354の2）と定めている。

　これにより，償却資産に係る適正申告の確保および未申告の解消のため，実地調査を確実に行えるよう，国税資料の活用を図ることが可能となっている。課税団体としては，自ら進んで調査を行うとともに，必要がある場合には，納税義務者に帳簿書類等の呈示を求め，質問・検査を行うことができなければならない[21]。このような必要に応じて設けられたものが，質問検査権である。質問検査権は，任意調査におけるものであり，納税義務者の意思に反し，徴税吏員等の実力行使による強制調査を認めたものと解すべきではない。もっとも，これを拒否するなどの場合には，罰則があるということで，その実効性が保たれている[22]（法354）。

　徴税吏員等は，質問検査権を行使するにあたっては，その身分を証明する証票を携帯し，関係人の請求があったときは，これを提示しなければならない（法353③）。これは，単なる訓示規定ではなく，強行規定であって，これに違反する質問・検査は違法であり，それに対しては応答義務ないし受忍義務は生じない。もっとも，特に提示を求められないまま，質問・検査が実施され，相手方も受忍してこれに応じた場合は，質問検査権の行使それ自体は有効である[23]。

　しかし，質問検査権の行使については，相手方のあらかじめの同意または承

---

[21]　具体的には，国税申告書・別表や固定資産台帳（減価償却明細）など所有資産内容がわかる税務書類の写しの提出を求める「書類調査」と，納税義務者の事務所等に赴いて帳簿等を実地に確認する「実地調査」とが行われる。

[22]　たとえば，①帳簿書類その他の物件の検査を拒み，妨げ，または忌避した者，②帳簿書類で虚偽の記載をしたものを呈示した者，③徴税吏員等の質問に対して，答弁をしない者または虚偽の答弁をした者，いずれかに該当する場合は，1年以下の懲役または50万円以下の罰金に処せられる（法354①）。

[23]　最判昭和27年3月28日刑集6巻3号546頁。

諾が必要であり，あらかじめの同意または承諾がなくては，全く質問検査権の行使ができないということにもなり，質問検査権の存在そのものが無意味となってしまう。そこで，質問検査権の行使については，相手方のあらかじめの明示による概括的な同意，または検査について個別の明示の不答弁もしくは物件不提示がないかぎり，これを継続して実行することができると解されている。

また，質問検査権は，犯罪捜査のために認められたものと解してはならないとされ，あくまで償却資産税の賦課徴収を目的とする行政上の権限である。したがって，専ら司法上の犯罪構成を前提とし，刑事手続として定められている日本国憲法35条または38条1項の規定と無関係であることは明らかである。とはいえ，相手方に対して，不当な不利益を予想させる不実の事実や違法な処理をすることを示し，答弁や物件の提示を強要するという「心理的強制の方法」や，物件または物件の存在場所を相手を排除して占拠するという「事実的強制の方法」によって行使することは許されないと解されている。

2 償却資産に係る申告義務違反に対する制裁

償却資産に係る虚偽の申告・不申告等に対しては，以下のような懲役・罰金等の制裁が設けられている。これらの規定によって，申告制度の実効性が担保されている。

(1) 不申告に関する過料

市町村は，償却資産の所有者が申告すべき事項について正当な事由がなく申告をしなかった場合においては，その者に対して，その税条例で10万円以下の過料を科する旨の規定を設けることができる[24]（法386）。これは，行政罰で，市町村長が処分することになるものであるから，過料を科された者について

---

24) さらに，償却資産の申告をしないことにより，償却資産税の全部または一部を免れた者は，3年以下の懲役もしくは50万円以下の罰金に処し，またはこれを併科される。この場合，免れた税額が50万円を超える場合においては，情状により，その罰金の額は50万円を超える額で，その免れた税額以下とすることができる。なお，脱税に関する罪は，滞納処分に関する罪と同様に，両罰規定が設けられている(法358③〜⑤)。

は，その処分に不服がある場合には，行政不服審査法の規定により，その処分を受けた日から3月以内に市町村長に審査請求をすることができる（行審18①）。なお，審査請求は，所定の事項を記載した「審査請求書」を提出して行わなければならない（行審19①・②）。

（2）虚偽の申告等に関する罪

償却資産の所有者が申告すべき事項について虚偽の申告をした場合は，1年以下の懲役または50万円以下の罰金に処せられる（法385①）。また，法人の代表者または法人もしくは個人事業者の代理人，使用人その他の従業員がその法人または個人事業者の業務または財産に関して虚偽の申告をした場合には，その行為者を罰するほか，その法人または個人事業者に対して，罰金刑が科せられる（法385②）。なお，都道府県知事または総務大臣が評価すべき償却資産の所有者が，申告すべき事項について申告をせず，または虚偽の申告をした場合にも，同じ罰則規定がある（法395）。

（3）不申告による延滞金

納税義務者が償却資産税に関する申告を怠ったことにより，価格等の決定が遅れたことに伴い，その賦課徴収が遅延した場合において，不足税額に加えて延滞金が徴収される[25]。すなわち，市町村長は，償却資産に関し申告をする義務がある者が，そのすべき申告をしなかったことまたは虚偽の申告をしたことにより，償却資産の価格を決定し，または修正したことに基づいて，その者に係る固定資産税額に不足税額があることを発見した場合においては，直ちにその不足税額を追徴しなければならない（法368①）。

この場合には，市町村の徴税吏員は，不足税額をその決定があった日までの納期の数で除して得た額に，本来の納期の翌日から納付の日までの期間の日数に応じて，年14.6％―不足税額に係る納税通知書において納付すべきこととされる日までの期間，またはその日の翌日から1月を経過する日までの期間については，年7.3％―の割合を乗じて計算した延滞金を加算して徴収しなけれ

---

[25] 延滞金とは，税金を納期限までに完納しない場合において，正当に納付した者との均衡の観点から，延滞利子的にこれに加算して徴収するものをいう。

ばならない[26]（法368②）。

3　資産なし・資産の増減なしの申告

　未申告の場合や申告内容に疑義がある場合など，課税客体漏れが疑われるときは，最終的に実地調査を行うことになる。調査の目的や調査対策などにより，実地調査を効率的に行う必要がある。たとえば，「資産なし」または「資産の増減なし」として申告書が提出されるケースを想定すると，その対応策について，以下のように整理される[27]。

（1）納税義務者側

　つぎのような納税義務者側の原因により，「資産なし」または「資産の増減なし」と記入した申告書が提出されることがある。少なくとも，課税団体側においては，定期的に申告勧奨をする必要がある。さらに，「資産なし」または「資産の増減なし」と記入した申告書が提出された場合において，償却資産の申告漏れの疑いがあるときは，再度，申告案内等を送付する必要がある。その際には，不申告の場合，罰則がある旨を明示して，固定資産台帳（減価償却明細）の提出を依頼することになる[28]。

　イ　納税義務者が償却資産税の認識不足であるケース

　　第1の対応策は，家屋の新築時に工事見積書・外観調査等により，課税

---

[26]　当分の間は，その前年に租税特別措置法94条2項（延滞税の割合の特例）の規定により告示された割合に年1％の割合を加算した割合（特例基準割合）が年7.3％の割合に満たない場合には，その年中においては，年14.6％の割合については，特例基準割合に7.3％を加算した割合，年7.3％の割合については，特例基準割合に1％を加算した割合とされている。その計算の過程で1円未満の端数が生じたときは，これを切り捨てる（法附則3の2①・④）。なお，延滞金を計算する場合において，その計算の基礎となる税額に1,000円未満の端数があるとき，またはその税額が2,000円未満であるときは，その端数金額またはその全額を切り捨てる（法20の4の2②）。また，延滞金の確定金額に100円未満の端数があるとき，またはその全額が1,000円未満であるときは，その端数金額またはその全額を切り捨てる（法20の4の2⑤）。

[27]　資産評価システムセンター『平成28年度固定資産税関係資料集Ⅲ―償却資産調査編―』53～56頁（2016年）。

対象資産を把握し，納税義務者に対して申告勧奨を行う。第2に，業種によくある償却資産を提示するなど，その特性に応じた効率的・効果的な申告勧奨を行う。第3に，パンフレットの配布，広報誌，公式ウェブサイトなどでの広報を充実させ，償却資産税制度について積極的にPRを行う。

ロ　その翌年以降，全く申告がないケース

第1の対応策は，外観調査等により課税対象資産を把握しておく。第2に，納税義務者に対する継続的な申告勧奨を行う。第3に，必要に応じて，税務署調査―国税資料の閲覧―を行う。

ハ　関与税理士との連携が十分に図られていないケース

第1の対応策は，償却資産税制度に対する一部の税理士の理解不足があることも想定されるので，税理士会に対して償却資産税制度の説明会をはじめ，パフレットの配布，税理士会の会報への記事の掲載などの広報の充実に努める。もっとも，税理士との顧問契約では，通常「法人税，事業税，住民税及び消費税の税務書類の作成並びに税務代理業務」を委任業務の範囲としていることを考えると，それ以外の税目についてまでも，税理士が何らかの責任を負う必要はないのかもしれない。

第2に，地方税法353条（徴税吏員等の固定資産税に関する調査に係る質問検査権）の規定により，納税義務者やその他関係者に対して質問や帳簿などの検査する権限が与えられており，その権限に基づいて調査を行っていることを関与税理士や納税義務者に伝えておく。第3に，納税義務者に対して，申告の疑義に関する質問や実地調査の連絡などを行う場合は，納税義務者の了解を得た上で，関与税理士にも連絡を行い，納税義務者と連携して対応してもらうよう促すこともよいであろう。

---

28) ちなみに，固定資産台帳（減価償却明細）とは，事業者が土地・建物，機械装置などの固定資産や繰延資産を管理するために作成する帳簿をいい，固定資産の種類別に分類した上で，取得日や取得価額などの明細を記録し，減価償却が必要な資産に関して償却額等も記載される。

（2） 課税団体側

上記(1)のほか，「資産なし」または「資産の増減なし」と記入した申告書が提出されることには，課税団体側にも原因がある。具体的には，それぞれについて，つぎのようなケースが想定され，それぞれ異なる対応策が必要となる。

イ 資産なしの場合

(イ) 申告勧奨を行わなければ新規取得資産の申告を行わないケース

　　第1の対応策は，納税義務者に固定資産台帳（減価償却明細）の提出を依頼し，提出された帳簿等から償却資産の申告すべき資産がないか確認をする。第2に，税務署調査—国税資料の閲覧—を行う。第3に，業種によくある償却資産を提示するなど，その特性に応じた効率的・効果的な申告勧奨を行う。

(ロ) 課税団体が申告対象者から除外してしまうケース

　　第1の対応策は，課税対象資産の捕捉体制を確立する。第2に，償却資産の担当者は，業種において償却資産の申告対象となりそうな資産を把握し，申告がない場合は，申告漏れでないか疑う癖をつける。第3に，管理監督者や担当者の償却資産税制度に対する認識不足が原因の場合があるので，各種研修に積極的に参加し，能力の向上を図る。

ロ 資産の増減なしの場合

(イ) 事業用の土地・家屋の新規取得があるにもかかわらず，「資産の増減なし」として申告するケース

　　事業用の土地・家屋の新規取得がある場合は，償却資産の新規取得が考えられる。対応策としては，土地・家屋の担当者との連携を密にすることで，事業用の土地・家屋の新規取得情報を把握することにより，償却資産の申告勧奨に活用する。

(ロ) 事業用の土地・家屋の新規取得はないものの，事業用資産の新規取得があるにもかかわらず，「資産の増減なし」として申告するケース

　　対応策としては，一方で，「資産の増減なし」が複数年続く納税義務者に対して，定期的に固定資産台帳（減価償却明細）の提出の依頼をする。

他方で，定期的に税務署調査—国税資料の閲覧—を行い，償却資産の新規取得の把握に努める。

4　申告内容の確認

償却資産の申告はあるものの，外観調査から明らかに申告漏れと思われる場合や，税務署で閲覧した国税資料との比較から明らかに相違が見受けられる場合など，予測される申告漏れの原因とその対応策について，以下のように整理される[29]。

（1）人員不足から実地調査ができないケース

たとえ，人員不足であったとしても，最低限の確認調査は実施しなければならない[30]。また，固定資産台帳（減価償却明細）の提出を協力要請するというかたちで，納税義務者に申告時に依頼するとともに，疑義が生じた場合には確認の連絡を行うか，あるいは必要に応じて訪問調査を行う旨，納税義務者に伝えておく。これだけ行うだけでも調査になるし，申告漏れについて納税義務者に認識してもらうこともできる。

（2）担当者の知識・経験不足から実地調査ができないケース

知識や経験が不足する状況は，どの市町村においてもありうる。しかしながら，資産課税を強化する中で，納税義務者への理解を求めたり，説明責任を果たしていくためには，これまで以上に担当者のスキルアップが必要となる。たとえば，総務省や都道府県などの主催する研修会に積極的に参加するとともに，研修成果をしっかり業務に反映することが求められる。また，管理監督者と担当者の間で勉強会を行うとか，近隣市町村と定期的に情報交換したり，合同で研修会を行う方法もある。

---

29) 資産評価システムセンター・前掲注27）56～57頁。
30) たとえば，家屋担当と兼務している状況等があり，調査が実施できていないといった人員の問題がある。この場合でも，工夫すればできる最低限の調査方法があるはずである。

(3) 税理士と納税義務者の連携が十分に図られていないケース

償却資産税においても，地方税法353条（徴税吏員等の固定資産税に関する調査に係る質問検査権）の規定に基づく調査があることや，間違いやすい事例の説明などをPRするとよい。また，申告の疑義に関する質問や実地調査の連絡などを行う場合は，納税義務者の了解を得た上で，関与税理士にも連絡を行い，納税義務者と連携して対応してもらうよう促すこともよいであろう。

第3節　実地調査の進め方

市町村長は，納税義務者や課税客体などを把握するため，固定資産評価員または固定資産評価補助員に市町村所在の固定資産の状況を毎年少なくとも1回実地に調査（実地調査）させなければならない[31]（法408）。償却資産については，評価誤りや賦課漏れを防ぎ，適正にして公平な課税を期すため，納税義務者に対して帳簿調査・現物調査等を行うことによって，申告内容を検証することが必要不可欠である。実務的には，「実地調査の準備 → 実地調査の実施 → 実地調査後の事務処理」という事務の流れで，償却資産の実地調査は進められる。

1　実地調査の準備

実地調査の準備にあたっては，どのような根拠により，どの程度の調査を行うことができるかを確認しておくことが重要である[32]。実地調査は，地方税法408条（固定資産の実地調査）の規定を根拠としており，実地調査に際しては，同法353条（徴税吏員等の固定資産税に関する調査に係る質問検査権）の規定に基づ

---

[31] なお，固定資産評価員とは，市町村長の指揮を受けて固定資産を適正に評価し，かつ，市町村長が行う価格の決定を補助するため，市町村に設置される特別職をいい，固定資産の評価に関する知識および経験を有する者の中から，市町村長が議会の同意を得て選任する（法404①）。また，固定資産評価補助員とは，固定資産評価員の職務を補助させるために，市町村長が必要と認める場合において，市町村に設置される一般職をいい，通常，税務関係の事務に携わる事務職員が兼任することが多い（法405）。

[32] 資産評価システムセンター・前掲注27) 59〜83頁。

き，納税義務者等に対して，償却資産税の賦課徴収に関する調査のために質問をするとともに，帳簿書類・現物等を確認することができる。

しかし，実地調査は，納税義務者等の協力の下に行う任意調査であるので，納税義務者の意思に反して強制的に行うことはできない。もっとも，正当な理由がなく拒否された場合には，地方税法354条（固定資産税に係る検査拒否等に関する罪）の規定が適用される。要するに，実地調査のための質問検査権は，地方税法で付与されており，不申告・虚偽の申告をした者には罰則の適用がある。しかしこれは，不正申告や脱税を摘発するために行うものではない。

(1) 調査方法

具体的には，実地調査を効率に行うため，調査目的や調査対象などにより，つぎの調査方法に区分される。

イ　申告内容等確認調査

申告内容等確認調査は，納税義務者からの申告が適切にされているか，経理区分が正しく行われているかなどの確認をする調査で，必要に応じて価格等を決定・修正する。すなわち，納税義務者の全資産に対して調査を行うことが必要となるので，事業者の帳簿類等との照合を効率的に行う。

(イ)　調査対象者

①申告書の提出者，②価格修正の申出があった者

(ロ)　調査方法

①帳簿類等との照合，②対象資産の確認

(ハ)　必要書類等

①事業概要等，②国税申告書・別表，③決算書・添付資料等，④固定資産台帳（減価償却明細）

ロ　事業者等捕捉調査

事業者等捕捉調査は，新規事業者や未申告事業者の捕捉を行い，その事業者の償却資産を捕捉するための調査で，庁内公簿や国税資料などを活用し，該当者を特定して申告書等を送付する。

(イ)　調査対象者

　　　　①新規事業者，②未申告事業者
　　㈹　捕　捉　方　法
　　　　①庁内公簿，②国税資料，③保健所資料，④現地調査
　　㈺　資　産　調　査
　　　　①申告案内等の送付，②現地調査
　ハ　新増築家屋の資産把握
　　新増築家屋の資産把握は，新増築家屋に係る評価の時点において，工事見積書等の評価資料または現地調査により，償却資産の申告対象となる資産の把握をするための調査で，家屋の所有者に償却資産の申告対象となる資産の有無を確認し，申告漏れを防止するために行う。
　　㈵　調査対象者
　　　　①新増築家屋の所有者
　　㈹　捕　捉　方　法
　　　　①工事見積書，②現地調査
　　㈺　資　産　調　査
　　　　①対象資産のリストの提示
（2）　実地調査計画の策定
　適正な課税を期すために，実地調査はきわめて重要である。その効果的な実施のためには，計画の策定が必要である。市町村の時間と人員は限られた中で，実地調査が納税義務者の協力の下に行われることを考えれば，両者の事情を考慮しつつ，最小の労力で最大の効果をあげられるよう計画を立てることが大事である。実地調査は，全事業者を対象に少なくとも年１回行うことが理想である。しかし，現実には，各年度において調査対象者を限定し，最低でも３年から５年で全事業者に対して実地調査を実施できるような中期的計画を策定する必要がある。
　実地調査の時期は，申告書の受付事務から賦課決定にかかる時期を避け，５月頃から11月頃までにかけて行うことが一般的である。なお，事業者の決算期の前後２月程度（決算時期）については，調査を避けたほうがよい。決算時

期に調査を実施しても，帳簿等が十分整理されていない場合が多いので，調査効果が思ったほどあがらない可能性が高いためである。さらに，実地調査が調査対象者の協力の下に行われることを考えれば，その繁忙期に実地調査を行うことは，適当ではない。

（3） 調査対象者の選定

調査対象者の選定方法は，さまざまな観点から，つぎの方法が考えられる。はじめて調査を実施する場合には，日常生活上，身近な小規模事業者から始めて調査に慣れることと，調査技法を取得することに重点をおく。

イ　決定価格規模別に選定する方法

　　決定価格規模別に選定する方法は，調査対象者の経理状況，問題点，調査所要時間および資産件数が類似しているので，計画が立てやすい反面，調査地点が散在するおそれがある。

ロ　業種別に選定する方法

　　業種別に選定する方法は，問題点が類似しているので処理しやすく，取扱いの統一を図りやすい反面，業種によっては調査地点が散在するおそれがある。

ハ　所在地域別に選定する方法

　　所在地域別に選定する方法は，調査地域を限定することで，効率的に調査できる反面，規模・業種とも各種各様なので，調査方法や問題点を統一的に把握し難い。

ニ　申告内容に疑義があるものを選定する方法

　　この選定方法は，申告書の提出があったものの，申告内容に疑義がある事業者を抽出して対象とする方法である。

ホ　未申告のものを選定する方法

　　この選定方法は，土地・家屋の課税情報，保健所の営業許可申請書，風俗営業登録台帳の閲覧，自動車検査登録データ，道路占有許可申請書，国税資料の閲覧，タウンページ，地域巡回による外観調査などによって未申告事業者を把握する方法である。

ヘ　免税点以下の事業者を選定する方法

　　この選定方法は，免税点以下でその後に資産の増加がない事業者，またはその後に申告がない事業者を対象として，免税点以下になってから一定期間が経過した事業者を抽出して調査する方法である。

（4）事　前　準　備

効果的な実地調査を実施するためには，種類別明細書等の関係書類をチェックして，調査を行う際の問題点や重点的に調査すべき点を事前に整理しておく。また，担当者は，租税法の知識の修得はもとより，調査の技術・調査時の応接の方法等についても，日頃から十分研鑽しておく。それから，実地調査の重点項目・進捗状況等を一元的に管理するために，全調査対象者について，所有者の住所・氏名等，事業種目，資本金，資産所在地，申告状況，実施年月日，立会人，確認資料，資産内容，処理内容などの記入欄のある「償却資産実地調査票」を作成する。

　イ　償却資産申告書の内容確認

　　実地調査の前に，まず，調査対象者の申告書からその申告状況を検証する。具体的には，つぎの点をチェックする。

　　(イ)　業種別・規模別にみて類似する他の納税義務者の申告書との比較

　　(ロ)　当該業種に最低限必要な資産が申告されているか否か

　　(ハ)　過去の申告がある場合は，資産の増減状況

　　(ニ)　調査履歴等の確認

　　(ホ)　事業所用家屋の所有形態

　　(ヘ)　リース資産の有無

　　検証の結果，償却資産の申告に疑義がある場合には，その内容を「償却資産実地調査票」に記録し，実地調査時に確認する。なお，申告漏れ資産の多くは，建物附属設備に見受けられるので，調査に際しては，償却資産に該当するかどうかよく確認する。

　ロ　法人住民税の申告状況の確認

　　法人住民税申告書で法人税額の修正または更正を行っているものを調査

し，その修正または更正の年月日および事業年度を「償却資産実地調査票」に記録し，実地調査時にその理由が償却資産に関連があるものか確認する[33]。

ハ　国税資料との照合

国税資料と種類別明細書の資産内容との突合せを行うことによって，実地調査の事前準備を行うことができる[34]。国税資料に固定資産が計上されているのに償却資産の申告がない場合には，申告漏れである可能性が高く，取得価額について明らかに差異がある場合には，正しく申告されていない可能性が高いので，実地調査のポイントとなる。

かくして，店舗等の外観や法人住民税申告書・国税資料の内容から，償却資産に該当するものが存在すると考えられる。にもかかわらず，償却資産の申告書が提出されていない場合は，未申告事業者である可能性が高いので，「償却資産実地調査票」を作成の上，実地調査を行うことになる。

2　実地調査の実施

事前準備が終了すると，調査対象者の事務所等を訪問することになる[35]。

---

33)　たとえば，減価償却の計算において，①償却資産の耐用年数の誤り，②償却資産の計上漏れがあった場合は，償却資産の評価に影響するおそれがある。

34)　たとえば，①法人税の場合は，法人税申告書別表，附属明細書および添付書類，②所得税の場合は，所得税申告書の附属書類および添付書類が，閲覧・記録できる書類である（法354の2）。

35)　資産評価システムセンター・前掲注27) 84〜125頁。

36)　しかし判例上，事前通知は，法律上要件でないことを理由として，消極的に解されている（最決昭和48年7月10日刑集27巻7号1205頁，最判昭和58年7月14日訟月30巻1号195頁）。こうした判例の見解に対して，金子宏教授は，「調査理由等の告知は，明文の規定をまたずに憲法31条の解釈上当然に必要でこれを欠く質問・検査は違法である，と解することはできないとしても，質問・検査が公権力の行使であることにかんがみると，立法上・行政運営上その手続的整備の必要性は大きい」と強く指摘していた（金子宏『租税法』747〜748頁（弘文堂，第16版，2011年））。ところが，平成24年度税制改正により，課税団体が，原則として，調査日時等を事前通知する運用上の取扱いが法律上明確化されている（財務省『平成24年度税制改正の解説』232〜233頁（2012年））。

実地調査の依頼にあたっては，調査の趣旨を説明し，とりわけ事前に用意してもらう書類については明確に伝える[36]。なお，調査日時は，調査対象者の業務内容等により，なるべく繁忙期を避ける。また，訪問する際は，服装・言葉遣い等について十分留意し，悪い印象を与えないようにすることが大切である。

（1）調査依頼

償却資産の調査依頼にあたっては，電話による方法と文書による方法がある。いずれの場合も，調査の目的，調査内容，調査の根拠などについてわかりやすく説明するともに，調査当日に用意してもらう資料をあらかじめ依頼する。たとえば，電話連絡にて調査日時を確定した後，市町村長名で「調査依頼文書」を送付しておくと，調査に対する信頼が高まるし，調査日時や用意してもらう資料の聞き間違いもなくなる。一般的には，つぎのような書類を調査当日に用意してもらうことになる。

イ　事業概要等

ロ　固定資産台帳（減価償却明細）

ハ　直近の事業年度の法人税申告書別表16または直近の年分の所得税青色申告決算書

ニ　リース契約書や工事見積書

ホ　事業者の会計事務取扱規則や資産取得時の事務処理に関するフローチャート

（2）調査実施

実地調査を行う時間帯は，営業中であるから，できるだけ調査対象者の業務に支障がないよう注意を払う。もっとも，事業内容および規模，設備の状況，今後の事業展開などの情報は，帳簿調査にあたって参考になるので，調査対象者から説明を受ける。それから，あらかじめ用意してもらった固定資産台帳（減価償却明細）の資産内容と，申告されている「種類別明細書」（26号様式別表1・2）の資産内容とをチェックする。チェック終了後，疑問点が生じた場合は，その内容を整理し，調査対象者にまとめて質問する。

納税義務者にとっては，建築設備が家屋に該当するのか，あるいは償却資産

に該当するのかわかりにくいため，申告漏れとなるケースが多いので，特に注意して調査する[37]。なお，帳簿調査を行うと，帳簿に記載されている資産名称からだけでは，その資産が償却資産に該当するか否か判断に迷う場合がある。また，固定資産台帳（減価償却明細）に記載されていない設備等を所有している可能性がある場合もある。そこで，帳簿調査を補完するために，現物確認調査を実施する。その業種特有のものや，専門知識がないと用途がわからないものがあるので，調査対象者と一緒に現物確認調査を行うことになる。

3 実地調査の事後処理

　実地調査の終了後，その結果を「実地調査報告書」にまとめ，申告漏れや申告誤りがあったものについては，価格等の修正などを進めていく[38]。実地調査の結果，申告が適正に行われていない場合には，その原因を究明し調査対象者に説明することを通じて，過去に遡って追加課税するとともに，今後の償却資産の申告が適正に行われるよう改善指導することが大切である。

（1）報告書の作成と調査結果の通知

　実地調査の終了後，調査対象者について，その調査内容および調査結果の概要を「実地調査報告書」にまとめ決裁をとり，翌年度以降の賦課資料として保存する。なお，「実地調査報告書」には，単に「申告漏れがあった」とか「申告誤りがあった」と記載するのみではなく，調査をどのように行ったか，申告漏れや申告誤りの原因は何か，事実上の問題点はどこかなど，調査の経過がわかるようにまとめておくとよい。

　また，実地調査の結果，修正が生じた調査対象者には，今後の課税手続および事務日程を知らせるとともに，修正申告および翌年度以降の申告を適正に

---

37) なお，申告漏れ資産の例としては，①受電設備，②中央監視設備，③自家発電設備，④蓄電設備，⑤工場等の動力配電線設備，⑥屋外電気設備，⑦屋外給排水設備，⑧社員食堂等の厨房設備，⑨遊休資産，⑩中小企業者等の少額減価償却資産，⑪簿外資産などである。

38) 資産評価システムセンター・前掲注27）126～138頁。

行わせるため，その内容を正確に知らせることを目的に「固定資産税（償却資産）調査結果のお知らせ」を作成して通知する。もちろん，修正内容等の連絡は，電話による方法もある。しかし，修正申告を求める際にその内容を正確に知らせるためにも，翌年度以降の申告に実地調査の結果を確実に反映させるよう指導するためにも，文書による方法が望ましい。

（2） 価格等の修正と税額の変更

　実地調査の結果，申告漏れや申告誤りがあることが判明した場合には，償却資産課税台帳に登録された価格等を修正し，税額を変更する電算処理を行い，修正後課税台帳を出力して保存する[39]。なお，価格等の修正および税額の変更については，「事故処理票」を作成して決裁をとる。また，この場合においては，遅滞なく，調査対象者に「固定資産価格等（決定・修正）登録通知書」および「固定資産税納税通知書」を送付する（法417①）。

（3） 関係書類の保存と翌年度申告書の確認

　調査対象者ごとにファイルを作り，「実地調査報告書」および「固定資産税（償却資産）調査結果のお知らせ（写し）」などの関係書類を一定期間保存して，事後の問い合わせや翌年度以降の賦課資料とする。また，翌年度の申告において，実地調査により修正した内容が適正に反映されているかどうか，指導した事項が改善されているかどうか，調査対象者の電算システムの修正が正しく行われているかどうか，などについて必ず確認する。その結果，適正に反映されていない場合には，調査対象者と連絡をとり，必要な修正の内容を説明して，申告書の再提出を依頼する。

39） ただし，第1期分の納期限（法定納期限）の翌日から起算して5年を経過した日以後においては，修正をすることはできない（法17の5⑤）。なお，法定納期限とは，地方税法またはこれに基づく税条例の規定により，税金を納付し，または納入すべき期限をいい，納期を分けているものの第2期分以降については，その第1期分の納期限となる（法11の4①括弧書）。法定納期限は，賦課権の除斥期間の起算日として，また，徴収権の消滅時効の起算日として重要である。

第4節　賦課徴収

　償却資産税は，市町村長の賦課処分，すなわち，納税通知書を納税義務者に交付することによって，その納税義務が成立し，かつ確定する[40]。なお，償却資産税に係る賦課処分は，法定納期限の翌日から起算して5年を経過した日以後においては，することができない（法17の5⑤）。また，この課税権を行使できる期間（除斥期間）については，消滅時効におけるような「遡及効」（民144），「援用」（民145），「中断」（民147）または「停止」（民158〜161）は問題とならない[41]。課税処分は，この期間内に納税通知書が納税義務者に到達していることを要する。

1　納　　　期

　償却資産税の納期は，4月，7月，12月および翌年2月中において，市町村の税条例で定める。これを「標準納期」という。ただし，特別の事情がある場合においては，これと異なる納期を定めることができる（法362①）。標準納期を4回に分けているのは，納税者の納付の便宜を考慮し，できるだけ一時に

---

[40]　ちなみに，納税通知書を受けた納税者は，その価格等について不服がある場合には，納税通知書の交付を受けた日から3月以内に，文書をもって，固定資産評価審査委員会に対して審査の申出をすることができる（法432①）。
[41]　なお，「時効の中断」は，その名称にもかかわらず，それまでに進行した期間は御破算となる制度である。これに対して，時効の進行が一時中断する制度が「時効の停止」である。また，除斥期間には「停止」が認められていないとの見解が通説であったが，近年はこれを認めるべきという見解も有力で，判例も不法行為の20年の除斥期間に民法158条（未成年者・成年被後見人と時効の停止）の規定を類推適用している（最判平成10年6月12日民集52巻4号1087頁）。
[42]　原田淳志ほか『地方税Ⅱ』252頁〔内藤尚志〕（ぎょうせい，1999年）。もちろん，市町村が，災害その他これに類する事情，市町村の徴税事務処理上の事情などの「特別の事情」があることから，標準納期と異なる納期を定める場合には，標準納期と異なる月にその納期を定めることができるほか，納期の回数を増減することも可能である。ただし，この場合にも，納税者の便宜等を考慮している標準納期の趣旨に即した措置がとられるべきである。

多額の税負担を強いることを避け、円滑な徴収の確保を図るとともに、住民税・事業税等の納期との重複を避ける趣旨で定められているものである[42]。

なお、固定資産税額が市町村の税条例で定める金額以下であるものについては、納期のうちいずれか一の納期において、その全額を徴収することができる（法362②）。なぜなら、税額が些細な額にまで4回に分けて徴収することは、納税者にとっても、課税団体にとっても、かえって煩雑となるからである。

また、納税者は、納税通知書に記載された納付額のうち到来した納期に係る納付額を納付しようとする場合において、その後の納期に係る納付額を併せて納付（納付前納付）することができる（法365①）。ただし、未到来の納期に係る納付額を前納できるのは、納付額の全額を納付する場合に限られ、かつ、到来した納期に係る納付額と併せて納付する場合に限られる[43]。

納税者が納付前納付した場合には、納税者の納税意欲に応え、それに金利相当分の見返りの意味も含めて、市町村は、税条例で定める金額の報奨金を交付することができる[44]（法365②本文）。この場合、報奨金の額は、納期前に納付した税額の100分の1に、納期前に係る月数を乗じて得た額を超えることができない[45]（法365③）。

---

43) 固定資産税務研究会編『要説固定資産税』190〜192頁（ぎょうせい、平成28年度版、2016年）。たとえば、納期でない6月に第2期分から第4期分を一括して納付しても、「納付前納付」（法365②）に該当しないため、報奨金は交付されず、「予納」（法17の3）として取り扱われる。ところが、翌月の納期である7月にこれらを一括して納付すると、報奨金が交付される。この不合理な結果について、行政実例では、前納報奨金制度は、納税に対する積極的協力の勧奨、徴収事務の簡素化などの前納報奨金の交付の趣旨にかんがみ、納期内に併せて納付する場合にかぎり、特に、法律上限定的に適用されるものであり、それに該当しない場合については、期限の利益の放棄に関する債権債務関係の一般原則にたちかえり、報奨金を交付しないこととしても不合理ではないとしている（行実昭和44年9月20日自治市79号）。しかし近年、財政負担の軽減を図るため、多くの市町村が前納報奨金制度の廃止や見直しを行っており、その存続は危機的な状況にある。
44) ただし、納税者の未納に係る地方団体の徴収金がある場合においては、この限りでない（法365②但書）。
45) なお、1月未満の端数がある場合には、14日以下は切り捨て、15日以上は1月とする（法365③括弧書）。

《算　式》

納期前納付税額×交付率×前納月数＝報奨金額（100円未満切捨て）

滞納税額×(特例基準割合＋1％)×$\frac{31日}{365日}$＋滞納税額×(特例基準割合＋7.3％)×$\frac{滞納日数－31日}{365日}$＝延滞金額（100円未満切捨て）

　その一方で，納税者が納期限後に納付する場合には，固定資産税額に，その納期限の翌日から納付の日までの期間の日数に応じて，年14.6％—当該納期限の翌日から1月を経過する日までの期間については，年7.3％—の割合を乗じて計算した延滞金を加算して納付しなければならない[46]（法369①）。ただし，市町村長は，納税者が納期限までに納付しなかったことについて，やむを得ない事由があると認めるときは，延滞金を減免することができる（法369②）。

2　徴収の方法

　地方税の徴収の方法には，①普通徴収，②申告納付，③特別徴収，④証紙徴収の方法がある[47]。このうち，償却資産税の徴収については，普通徴収の方法によらなければならない（法364①）。

（1）普通徴収

　普通徴収とは，徴税吏員が納税通知書を納税者に交付することによって，税金を徴収する方法をいう（法1①七）。これは，賦課課税方式の税目について採用されている徴収方法であり，課税権者が租税債権の内容を具体的に確定させる賦課処分を行うことによって徴収するものである。納税通知書は，遅くとも，納期限前10日までに納税者に交付しなければならない（法364⑦・⑨）。という

---

46)　前掲注26)と同じ。
47)　なお，申告納付とは，納税者がその納付すべき地方税の課税標準額および税額を申告し，その申告した税金を納付する方法をいう（法1①八）。また，特別徴収とは，地方税の徴収について便宜を有する者にこれを徴収させ，かつ，その徴収すべき税金を納入させる方法をいう（法1①九）。そして，証紙徴収とは，地方団体が納税通知書を交付しないで，その発行する証紙をもって税金を払い込ませる方法である（法1①十三）。

のは，納税通知書の交付日と納期限との間に余裕期間をおくことによって，納税者に便宜を供与する趣旨による[48]。

納税通知書には，その賦課の根拠となった法律，市町村の税条例の規定，納税者の住所および氏名，課税標準額，税率，税額，納期，各納期における納付額，納付の場所，納期限までに税金を納付しなかった場合において執られるべき措置および賦課に不服がある場合における救済の方法を記載しなければならない（法1①六）。納税通知書に記載すべき課税標準額は，土地，家屋および償却資産の価額，ならびに，これらの合計額である（法364②）。なお，納税通知書の様式等については，市町村が税条例または税規則によって定められる。

(2) 仮 徴 収

都道府県知事または総務大臣が評価し，その価格等を関係市町村に配分する償却資産（配分資産）については，いわゆる「仮徴収」の制度が認められている。これは，配分通知が行われる日までの間に到来する納期において徴収すべき償却資産税にかぎり，前年度の価格を課税標準として仮に算定した税額（仮定税額）を当該年度の納期の数で除して得た額の範囲内において，仮算定税額の2分の1以内の額を徴収することができる制度である（法364⑤）。

イ　仮徴収の対象となる資産

仮徴収の対象となる資産の範囲は，地方税法389条1項各号に掲げる資産であって，都道府県知事または総務大臣が評価するものである[49]。

ロ　仮徴収ができる場合

仮徴収を行うことができるのは，上記イの資産について，つぎに掲げる場合に限られる（取扱通知(市) 3章28）。

(イ)　1月31日までに地方税法394条（都道府県知事・総務大臣によって評価される固定資産の申告）の規定に基づく申告が行われない場合

---

48) 固定資産税務研究会・前掲注43) 185頁。
49) ただし，移動性・可動性償却資産のうち，船舶は対象とならない（則15の5）。というのは，船舶の入港回数は年によって相当異なるため，各市町村が前年度において配分を受けた価格等を基準とした仮算定税額に基づいて仮徴収をするときは，当該年度のあるべき税額との間に相当な差異が生じることが予想されるからである。

㈹　申告書に脱漏した償却資産がある場合
　　㈻　法令の改廃に伴い都道府県知事または総務大臣がする償却資産の価格等の決定が遅延する場合
　　㈾　一般に納税通知書の交付期限までに配分通知が行われない場合
　ハ　仮徴収の納税通知書
　　市町村は，仮算定税額によって償却資産税を徴収する場合において，納税者に交付する納税通知書は，仮徴収の対象となった償却資産以外の償却資産と区分して交付しなければならない（法364⑦）。
　ニ　仮徴収税額の清算の納税通知書
　　市町村は，仮徴収をした後において，配分通知が行われ，当該通知に基づいて算定した当該年度分の固定資産税額（本算定税額）に，すでに徴収した仮算定税額が満たない場合は，配分通知が行われた日以後の納期においてその不足税額を徴収し，すでに徴収した仮算定税額が本算定税額を超える場合には，その過納額を還付し，または納税義務者の未納に係る地方団体の徴収金に充当しなければならない（法364⑥）。

3　納税管理人

　償却資産税の課税客体たる償却資産の所有者は，必ずしも，当該資産の所在する市町村に所在しているとは限らない。このような場合に，納税義務者にとっては，納税手続が煩雑となる。そればかりか，市町村にとっては，賦課徴収の事務を複雑かつ困難にし，納税事務の遅延や経費の増大を招くことになってしまう。このような事態を避け，賦課徴収の事務を適正かつ円滑に行い，併せて徴税の確保を図ることを目的として，償却資産税に係る納税管理人の制度が設けられている。

（1）　選定の方法

　償却資産税の納税義務者は，納税義務を負う市町村内に住所，居所，事務所または事業所（住所等）を有しない場合には，納税に関する一切の事項を処理させるため，市町村の税条例で定める地域内に住所等を有する者のうちから納

税管理人を定めて，これを市町村長に申告し，または地域外に住所等を有する者のうちその処理につき便宜を有するものを納税管理人として定めることについて市町村長に申請して，その承認を受けなければならない（法355①）。

　もちろん，納税義務者が市町村内に住所等を有しない場合であっても，償却資産税の徴収の確保に支障がないことについて市町村長に申請して，その認定を受けたときは，納税管理人を定めることを要しない（法355②）。この場合を除いて，納税義務者が納税管理人を定めないで，市町村内に住所等を有しないことになるときは，繰上徴収の事由となる[50]（法13の2①五）。

(2) 資格要件

　納税管理人とは，納税に関する一切の事項を処理させるために納税義務者から権限を授与された代理人としての性格を有し，その権限内において行った行為は直接納税義務者に対して効力を生ずることになる。したがって，納税管理人は，必ずしも行為能力者であることを要せず，制限行為能力者であっても，意思能力を有するかぎり，納税管理人となれる[51]。というのは，制限行為能力者保護の見地から，代理行為の結果としての法律効果は，納税義務者本人に帰属するからである。

　いずれにせよ，納税管理人は，納税義務者に代わって意思表示をしなければならないため，意思能力は必要とされる。また，市（町・村）税条例（例）64条では，納税管理人の資格要件について，「区域内に住所等を有する者（個人にあっては，独立の生計を営むものに限る）」としている。このほかには，納税管理人の資格要件となるものはない。したがって，納税義務者は，この要件の範

---

[50] 繰上徴収とは，すでに納付の義務の確定しているものについて，その租税債権の到来を待っては徴収すべき地方団体の徴収金の全額を徴収することができないと認められる特定の事情が生じた場合に，直ちに地方団体の徴収金を徴収することをいう。もっとも，繰上徴収は，納税義務者の利益のために定められている期限の利益を，債権者たる課税団体の都合により，一方的に喪失させる性質をもつものであるので，客観的事態の発生がなければ，繰上徴収はできない。

[51] 制限行為能力者とは，未成年者，成年被後見人，被保佐人および補助人の同意を要する旨の審判を受けた被補助人をいう（民17①・20①）。

囲内で，本人が適当と思う者を納税管理人として選定することができる。

(3) 権限の範囲

納税管理人の選任は，納税義務に関しての代理の委託であり，典型的な委任契約である。通常の委任契約ならば，代理権の範囲は，当事者の意思により決定される[52]。しかし，納税義務者と納税管理人との間の委任契約は，通常の委任契約と異なり，地方税法355条の要件に該当すれば法律上必置しなければならない点と，代理権の範囲が「納税に関する一切の事項」と法定化され，任意に代理権の範囲を決定できない点とが，特殊な委任契約となっている。そのため，納税管理人の権限の範囲は，自ずと限定される。

すなわち，償却資産税の賦課徴収または還付に係る書類については，納税管理人の住所等に送達することになる[53]（法20①）。しかし，賦課徴収から滞納処分を除くこととされているので，滞納処分およびそれに関する書類の送付は，納税管理人にすることはできない。このほか，納税義務の決定と密接な関連がある「償却資産の申告」や，納税義務の重要な要素である納税額を変化させることを目的とする「償却資産税の減免申請」は，納税管理人の権限の範囲に含まれない。

このように，納税管理人は，納税義務者に代わって納税に関する事項を管理するものであって，納税義務者との関係は委任による代理人にすぎない。したがって，「納税に関する一切の事項」とは，税額を基礎付ける納税義務そのものには影響を及ばさないものに限定して解釈すべきであり，その代理の範囲も

---

52) なお，民法は，「当事者の一方が法律行為をすることを相手方に委託し，相手方がこれを承諾することによって，その効力を生ずる」（民643）と規定しており，委任契約は諾成契約であり，方式は不要である。代理権の授与を伴う委任契約の際には，委任状が交付されることが多い。しかしこれは，受任者の権限を対外的に証明するための書面であり，委任契約の成立に必要なものではない。また，代理とは，代理人と相手方との間の法律行為の効果を直接本人に帰属させる制度である。
53) 滞納処分を除く賦課徴収に関する書類とは，納税通知書，更正・決定に関する書類，督促状をいい，他方，還付に関する書類とは，過誤納金の還付または充当に関する書類である。したがって，納税管理人は，これらの書類を受理したときは，納税者に代わって納税手続を行うことになる。

納税に関する事項に限られる。

4　救済制度

　償却資産課税台帳に登録された価格（評価額）について不服がある納税者は，その公示の日から納税通知書を受け取った日後3月以内に，文書をもって固定資産評価審査委員会に審査の申出をすることができる[54]（法432①）。審査の申出を受けた固定資産評価審査委員会は，直ちに，その必要と認める調査その他事実審査を行い，その申出を受けた日から30日以内に審査の決定をする（法433①）。この決定をした場合には，その決定のあった日から10日以内に，これを審査申出者および市町村長に文書をもって通知しなければならない（法433⑫）。

　審査の決定の通知を受けた市町村長は，その通知に基づいて償却資産課税台帳に登録された価格等を修正する必要があるときは，その通知を受けた日から10日以内にその価格等を修正して登録し，その旨を納税者に通知する。そのうえ，価格等を修正した場合には，償却資産税の賦課後であっても，その修正した価格等に基づいて賦課額を更正しなければならない（法435）。なお，償却資産税の納税者は，固定資産評価審査委員会の決定に不服があるときは，その取消しの訴えを提起することができる（法434①）。

　もっとも，審査の申出ができる事項は，償却資産課税台帳に登録された価格に限られるので，価格以外の課税の内容——たとえば，課税標準や税額など——に関して不服がある場合は，その処分があったことを知った日の翌日から起算して3月以内に，行政不服審査法に基づく審査請求をすることになる（行審18①）。なお，審査請求は，所定の事項を記載した「審査請求書」を提出して行わなけ

---

[54]　固定資産評価審査委員会とは，審査の中立性や課税の円滑な遂行のため，評価額に関する不服を審査決定する第三者機関をいう。なお，委員の定数は，3人以上とし，市町村の税条例で定めることとされている（法423①・②）。また，固定資産評価審査委員会は，委員のうちから同委員会が指定する者3人をもって構成する合議体で，審査の申出の事件を取り扱う（法428①）。このため，複数の合議体に同一の委員が属してもよいと解されている。

ればならない（行審19①・②）。

　まず，審理の公正性・透明性を高めるため，審査請求書が提出されると，審査庁—市町村長がした処分については市町村長，都道府県知事または総務大臣がした処分については都道府県知事または総務大臣—は，その所属職員のうちから審理員を指名するとともに，その旨を審査請求人に通知する（行審9①）。審理員は，審理関係人からの弁明書・反論書等の提出，口頭意見陳述，証拠書類等の提出などを求め，簡易迅速かつ公正な審理を行わなければならない（行審28〜37）。審理が終結すれば，審理員は，遅滞なく「審理員意見書」を作成し，これを事件記録とともに審査庁に提出する（行審42）。

　また，裁決の客観性・公正性を高めるため，審理員意見書が提出されると，審査庁は，審査請求が不適法であり却下する場合や審査請求の全部を認容する場合などを除き，行政不服審査会—審理員が行った審理手続の適正性や法令解釈を含め，審査庁の判断の妥当性をチェックする機関。具体的には，審査庁に応じて市町村行政不服審査会，都道府県行政不服審査会または総務省行政不服審査会—へ諮問を行う（行審43①）。そして，審査庁は，行政不服審査会から答申を受けたときは，遅滞なく，裁決をしなければならない（行審44）。裁決は，審査請求人に送達されたときに効力を生じ，関係行政庁を拘束することになる（行審51①・52①）。

参 考 文 献

　本書の執筆にあたっては，主に，つぎの文献を参考にした。なお，これらの多くは，償却資産税のみならず，減価償却制度および地方税の理解を深める上でも，役立つものと思われる。

［全　体］
石島弘ほか『固定資産税の現状と納税者の視点―現行制度の問題点を探る―』（六法出版社，1988年）
碓井光明『要説地方税のしくみと法』（学陽書房，2001年）
宇南山英夫＝安平昭二編『現代簿記会計用語辞典』（同文館出版，第2版，2001年）
金子宏『租税法』（弘文堂，第21版，2016年）
金子宏監修『租税法辞典』（中央経済社，2001年）
金子宏ほか編『法律学小辞典』（有斐閣，第4版補訂版，2008年）
固定資産税務研究会編『償却資産の実務100問100答』（ぎょうせい，2001年）
固定資産税務研究会編『要説固定資産税』（ぎょうせい，平成28年度版，2016年）
田中二郎『租税法』（有斐閣，1968年）
地方税法総則研究会編『逐条問答地方税法総則入門』（ぎょうせい，新訂版，1994年）
原田淳志ほか『地方税Ⅱ』（ぎょうせい，1999年）
丸山高満『日本地方税制史』（ぎょうせい，1985年）
吉田隆一『知っておきたい固定資産税の常識』（税務経理協会，第9版，2005年）

［序　章］
伊川正樹「目的税に関する基礎的考察」名城法学51巻4号1頁（2002年）
牛嶋正『これからの税制目的税―新しい役割―』（東洋経済新報社，2000年）
兼子仁『新地方自治法』（岩波新書，1999年）
兼子仁「地方税の応益税的本質について―地方税制を抜本改革する立法論―」税70巻1号8頁（2015年）
兼子仁＝編集局「インタビュー地方税務をめぐる"数寄ばなし"―兼子仁東京都立大学名誉教授に聞く―」69巻9号158頁（2014年）
林健久編『地方財政読本』（東洋経済新報社，第5版，2003年）
林栄夫ほか編『現代財政学体系2 現代日本の財政』（有斐閣，1972年）
林宜嗣「応益課税としての固定資産税の評価」経済学論究58巻3号267頁（2004年）
林宜嗣「東京一極集中と第二階層都市の再生」経済学論究68巻3号243頁（2014年）
松下圭一『日本の自治・分権』（岩波新書，1996年）

三木義一『受益者負担制度の法的研究』(信山社出版, 1995年)
原田尚彦『地方自治の法としくみ』(学陽書房, 全訂3版, 2001年)

[第1章 減価償却制度]
新井益太郎「沿革(減価償却制度)」日税研論集5号21頁 (1987年)
岡村忠生「わが国における改正の経緯と理由」税研31巻3号32頁 (2015年)
木村和三郎『減価償却論』(森山書店, 新版, 1981年)
高寺貞男『明治減価償却史の研究』(未来社, 1974年)
武田昌輔「昭和39年度の法人税の改正」産業経理24巻5号88頁 (1964年)
武田昌輔『立法趣旨法人税法の解釈』(財経詳報社, 1984年)
武田隆二『法人税法精説』(森山書店, 平成9年版, 1997年)
忠佐市「税法上の固定資産耐用年数論(1)」會計59巻6号79頁 (1951年)
成松洋一『新減価償却の法人税務』(大蔵財務協会, 2007年)
成道秀雄「減価償却課税制度の見直しの論点」税研22巻1号35頁 (2006年)
日本税理士会連合会編『減価償却―税務処理・申告・調査対策―』(中央経済社, 第5版, 2007年)
野田秀三『減価償却の理論と実務』(税務経理協会, 2010年)
宮森俊樹『減価償却・リースの税務詳解―図解・事例による計算と処理の留意点―』(中央経済社, 第3版, 2012年)
森田政夫『問答式:固定資産・減価償却の税務と会計』(清文社, 2008年)

[第2章 沿革と課税客体]
碓井光明「地方財政の展開とシャウプ勧告」日本租税研究協会編『シャウプ勧告とわが国の税制』307頁 (日本租税研究協会, 1983年)
津田正=柴田護「地方税制の基本問題を語る」税37巻1号34頁 (1982年)
戸谷裕之「戦後日本の固定資産税―地価上昇と激変緩和のはざまで―」総合税制研究6号23頁 (1998年)
戸谷裕之「わが国の固定資産税「償却資産課税」の成立―シャウプ勧告における資産再評価税との関連で―」大阪産業大学経済論集14巻2号113頁 (2013年)
根岸睦人「日露戦後から第一次大戦後にかけての都市税制改革―家屋税を中心として―」立教経済学研究58巻4号249頁 (2005年)
橋本徹編『地方税の理論と課題』(税務経理協会, 改訂版, 2001年)
吉川宏延「地方目的税の基礎理論と基本問題(3)法定任意税」税68巻12号144頁 (2013年)

[第3章　納税義務者と課税団体]

浅沼潤三郎『租税法要論』（八千代出版，1999年）
新井隆一『租税法の基礎理論』（日本評論社，第3版，1997年）
石田直裕ほか『地方税Ⅰ』（ぎょうせい，1999年）
牛嶋正『租税体系論』（中央経済社，第4版，1985年）
碓井光明『地方税の法理論と実際』（弘文堂，1986年）
内田貴『民法Ⅲ債権総論・担保物権』（東京大学出版会，第3版，2005年）
内田貴『民法Ⅳ親族・相続』（東京大学出版会，補訂版，2004年）
北野弘久『企業・土地税法論』（勁草書房，1978年）
鯖田豊則『信託の会計と税務』（税務経理協会，第2版，2016年）
前田高志「固定資産税における償却資産課税について」経済学論究63巻3号571頁（2009年）

[第4章　課税標準と特例措置]

碓井光明『地方税条例』（学陽書房，1979年）
北野弘久『税法学原論』（青林書院，第6版，2007年）
自治省固定資産税課編『固定資産税逐条解説』（地方財務協会，改訂版，1986年）
神野直彦＝池上岳彦『地方交付税何が問題か─財政調整制度の歴史と国際比較─』（東洋経済新報社，2003年）
土居丈朗「地方交付税の機能と地域所得変動リスクに関する厚生分析」フィナンシャル・レビュー108号73頁（2012年）
古郡寛「Ｑ＆Ａで理解する実践固定資産税運用の手引き（第80回）免税点」税69巻5号157頁（2014年）
吉田克己『現代租税論の展開』（八千代出版，2005年）

[第5章　資産評価制度]

小島多計司『資本的支出と修繕費』（中央経済社，1983年）
固定資産税務研究会編『平成25年度償却資産評価実務ハンドブック』（地方財務協会，2013年）
佐藤主光『地方税改革の経済学』（日本経済新聞出版社，2011年）
中里実『デフレ下の法人課税改革』（有斐閣，2003年）
広瀬義州『財務会計』（中央経済社，第13版，2015年）
吉牟田勲『新版法人税法詳説─立法趣旨と解釈─』（中央経済社，平成10年度版，1998年）
渡辺淑夫＝山本守之『法人税法の考え方・読み方』（税務経理協会，4訂版，1997年）

[第6章　賦課徴収と申告制度]

内田貴『民法Ⅰ総則・物権総論』(東京大学出版会, 第4版, 2008年)

内田貴『民法Ⅱ債権各論』(東京大学出版会, 第3版, 2011年)

金子宏『租税法』(弘文堂, 第16版, 2011年)

償却資産実務研究会編『固定資産税における償却資産の申告と実務』(法令出版, 平成28年度版, 2016年)

古郡寛「Q&Aで理解する実践固定資産税運用の手引き(第83回)税務調査における質問検査等」税69巻8号121頁(2014年)

古郡寛「Q&Aで理解する実践固定資産税運用の手引き(第84回)税務調査における質問検査等(2)」税69巻9号174頁(2014年)

古郡寛「Q&Aで理解する実践固定資産税運用の手引き(第85回)納税管理人制度」税69巻10号132頁(2014年)

古郡寛「Q&Aで理解する実践固定資産税運用の手引き(第86回)賦課期日制度」税69巻11号118頁(2014年)

索　引

〔あ〕

圧縮記帳 …………………………… 48
アーケード ………………………… 83
移設費 ……………………………… 174
一時償却 …………………………… 41
1日当たりの超過使用時間 ……… 40
一部課税免除 ……………………… 141
一括償却資産 …………… 44, 71, 155
一定税率 …………………………… 134
一般財産税 ………………………… 67
一般方式 …………………………… 205
移動性償却資産 …………………… 111
委任契約 …………………………… 235
延滞金 ……………………………… 215
応益原則 ………………… 8, 69, 108, 110
応能原則 …………………………… 68
オペレーティング・リース取引 … 104

〔か〕

会社合併 …………………………… 85
会社分割 …………………………… 85
改定取得価額 ……………………… 35
改定リース期間 …………………… 35
改良費 ……………………………… 190
家屋 ………………………………… 82
価格代替税 ………………………… 9
価格の据置制度 …………………… 158
課税客体 …………………………… 87
課税処分 …………………………… 199
課税団体 …………………………… 109

課税都合税 ………………………… 10
課税定額 ………………… 115, 121
課税標準 …………………………… 88
課税物件 …………………………… 87
課税免除 …………………………… 141
合算方式 …………………………… 192
割賦販売 …………………………… 102
可動性償却資産 …………………… 111
仮算定税額 ………………………… 232
仮徴収 ……………………………… 232
還付に関する書類 ………………… 235
簡便法 ……………………………… 179
企業組織再編成 …………………… 171
基準財政収入額 ………… 121, 123
基準財政需要額 ………… 121, 122
帰属 ………………………………… 88
寄託 ………………………………… 101
旧定額法 …………………………… 25
旧定率法 …………………………… 27
旧リース期間定額法 ……………… 35
狭義の特別償却 …………………… 36
強制償却 …………………………… 25
行政不服審査会 …………………… 237
共同使用物 ………………………… 98
共有物 ……………………………… 98
虚偽の申告等に関する罪 ………… 215
均等償却 …………………………… 43
区分評価方式 ……………………… 192
繰上徴収 …………………………… 234
経営革新等支援機関 ……………… 131
軽減 ………………………………… 146

243

形式的財産税 …………………… 70	作用目的税 ……………………… 5
軽自動車等 ……………………… 70	残価保証額 ……………………… 34
減価償却 …………………… 15, 22	事業 …………………………… 70
減価償却可能限度額 …………… 186	事業税 ………………………… 108
減価償却明細 …………………… 217	時効の中断 …………………… 229
検査 …………………………… 211	時効の停止 …………………… 229
原始取得価額主義 ……………… 168	資産構成支出 …………………… 32
建設仮勘定 ……………………… 76	実質課税の原則 ………………… 89
減免 …………………………… 146	実質的財産税 …………………… 70
公益上の事由 …………………… 143	実地調査 ………………… 213, 220
公益法人 ………………………… 70	質問 …………………………… 211
交換型 …………………………… 49	質問検査権 …………………… 213
鉱業用坑道 ……………………… 159	自動確定方式 ………………… 199
構築物 …………………………… 79	自動車 ………………………… 71
公平の原則 …………………… 142	資本価格 …………………… 57, 61
合法性の原則 ………………… 146	資本的支出 …………… 32, 193, 194
国外リース資産 ………………… 24	収益還元価額 ………………… 118
固定資産課税台帳 ……………… 89	収益税 ………………………… 67
固定資産税 …………………… 108	収益税的な財産税 ……………… 67
固定資産台帳 ………………… 217	収益的支出 ………………… 32, 193
固定資産の流動化 ……………… 15	修繕費 ……………… 32, 191, 194
固定資産評価員 ……………… 220	住民自治 ………………………… 2
固定資産評価審査委員会 ……… 236	受益者負担金 …………………… 7
固定資産評価補助員 ………… 220	受益者負担原則 ……………… 7, 8
個別財産税 ……………………… 67	主たる定けい場 ……………… 111
〔さ〕	主たる定置場 ………………… 112
	取得 …………………… 160, 168
財源保障機能 ………………… 122	取得価額 …………………… 42, 167
財源保障の制度 ……………… 123	少額減価償却資産 …………… 71, 155
財源保障率 …………………… 123	少額リース資産 ……………… 155
財産税 ………………………… 67	使用可能期間 …………………… 41
再取得価額 ……………… 118, 176	償却資産 …………………… 70, 100
財政調整機能 ………………… 122	償却資産の価格 ……………… 118
再調達原価 …………………… 118	償却資産の取得年月日 ………… 168

償却資産の所有者	96	セール・アンド・リースバック	
償却済資産	76	取引	105
承継取得価額主義	168	世代間の公平	142
証紙徴収	231	船籍港	111
消費税等	43,172	前年中	160
除却法	194	前年中に取得した償却資産	160
除斥期間	229	前納報奨金制度	230
所有権移転外ファイナンス・リース		増加償却	39
取引	34	増加償却割合	39,185
所有権移転ファイナンス・リース		相続	106
取引	34	相続財産法人	105
所有権移転リース取引	204	相続人	106
所有権留保付割賦販売	202	贈与型	49
所有権留保付売買	105	租税	5,6
所有権留保付売買資産	102	租税支払能力	69
所有者	88,97	租税法律主義	107
所有者課税の原則	88,97	その他の事由	143
書類調査	213	損金経理	48
申告納税方式	199		
申告納付	199,231	〔た〕	
新設大規模償却資産	124	大規模償却資産	115
信託	101	大規模法人	47
人的非課税	136	台帳課税主義	89,98
新品購入価額	176	代物弁済	101
垂直的公平	142	代理	101,235
水平的公平	142	建物	82
制限行為能力者	234	棚卸資産	73
制限税率	134	短縮耐用年数	165
税込経理方式	172	団体自治	2
清算法人	74	地方交付税	122
税抜経理方式	172	地方交付税制度	121
税率	88	地方自治	1,2
政令指定都市	115	地方自治の本旨	2
		地目	79

中小企業者等 …………………… 47	納税義務者 …………………… 87
中小企業者等の少額減価償却資産 … 156	納税義務の確定 ……………… 199
徴税吏員等 …………………… 211	納税通知書 …………………… 232
貯蔵品 ………………………… 73	納付前納付 …………………… 230
月割償却法 …………………… 162	能力税 ………………………… 11
庭園 …………………………… 81	
定額法 …………………… 30,162	〔は〕
定率法 …………………… 30,162	売買型 ………………………… 49
適格合併 ……………………… 169	配分資産 ………………… 112,232
適格現物出資 ………………… 171	配分通知 ……………………… 114
適格現物分配 ………………… 169	半年償却法 …………………… 162
適格分割 ……………………… 171	非課税 ………………………… 136
適正な時価 ……………… 117,158,159	評価額の最低限度 …………… 186
電算処理方式 ………………… 206	表見課税の原則 ……………… 88
電子申告 ……………………… 206	標準稼働時間 ………………… 40
登記名義人課税 ……………… 90	標準税率 ……………………… 134
特定納税義務者 ……………… 136	標準納期 ……………………… 229
特定附帯設備 …………… 84,100,203	ファイナンス・リース取引 …… 34,104
特別償却 ……………………… 36	賦課課税方式 ………………… 199
特別徴収 ……………………… 231	賦課期日 ……………………… 96
特別の事情 …………………… 229	賦課決定 ……………………… 199
特例基準割合 ………………… 216	賦課徴収に関する書類 ……… 235
都市計画事業 ………………… 63	賦課徴収に関する調査 ……… 211
都市計画税 …………………… 63	複成原価 ……………………… 176
土地 …………………………… 79	不申告に関する過料 ………… 214
土地区画整理事業 …………… 63	不申告による延滞金 ………… 215
取替資産 ……………………… 159	負担配分税 …………………… 9
取替法 ………………………… 194	普通税 ……………………… 4,64
	普通徴収 ………………… 199,231
〔な〕	物的非課税 …………………… 136
任意償却 ……………………… 25	平均超過使用期間 ………… 40,185
任意税率 ……………………… 134	包括遺贈 ……………………… 106
農業協同組合等 ……………… 46	法人成り ……………………… 85
納税管理人 …………………… 234	法定耐用年数 ………………… 178

索　引

法定納期限 …………………………… 228	有姿除却 ……………………………… 78
簿外資産 ………………………………… 75	用途廃止資産 ………………………… 78
補完性の原理 …………………………… 4	用途目的税 ……………………………… 5
本算定税額 …………………………… 233	

〔ま〕

〔ら〕

未稼働資産 ……………………………… 78	リース期間定額法 …………………… 34
見積耐用年数 ………………………… 179	リース資産 ……………………… 34, 104
見積法 ………………………………… 179	リース賃貸資産 ……………………… 35
みなし所有者課税 …………………… 93	リース取引 …………………………… 104
みなし所有者制度 ………………… 202	リース譲渡 …………………………… 104
免除 …………………………………… 146	利益税 …………………………………… 11
免税点制度 ……………………… 151, 204	緑化施設 ……………………………… 80
目的税 ………………………… 5, 11, 64	連帯納税義務 ………………………… 98

〔や〕

〔わ〕

遊休資産 ………………………………… 78	割引現在価値 ………………………… 118
	割増償却 ……………………………… 37

247

著者紹介

吉川　宏延（よしかわ　ひろのぶ）

1964年　兵庫県生まれ
1990年　神戸大学経営学部卒業
2007年　神戸大学大学院法学研究科博士課程修了
現　在　税理士，博士（法学）（神戸大学）
　　　　日本公法学会・租税法学会・日本税法学会・税務会計研究学会会員
　　　　第29回日税研究賞奨励賞・2008年日本地方自治研究学会賞受賞
著　書　『地方企業課税の理論と実際』関西学院大学出版会
　　　　『源泉所得税と個人住民税の徴収納付―しくみと制度―』税務経理協会
　　　　『消費税・地方消費税のしくみと制度』税務経理協会
　　　　『法人事業税のしくみと実務』税務経理協会
　　　　『法人住民税のしくみと実務』税務経理協会
　　　　『中小企業の経理と税務入門』法令出版

著者との契約により検印省略

平成28年9月30日　初版第1刷発行　　　**償却資産税のしくみと実務**

著　者　吉　川　宏　延
発行者　大　坪　嘉　春
印刷所　税経印刷株式会社
製本所　株式会社　三森製本所

発行所　〒161-0033 東京都新宿区下落合2丁目5番13号　　株式会社　税務経理協会
　　　　振　替　00190-2-187408　　電話 (03)3953-3301（編集部）
　　　　ＦＡＸ (03)3565-3391　　　　　　 (03)3953-3325（営業部）
　　　　URL　http://www.zeikei.co.jp/
　　　　乱丁・落丁の場合は、お取替えいたします。

© 吉川宏延 2016　　　　　　　　　　　　　　　　　Printed in Japan

本書の無断複写は著作権法上での例外を除き禁じられています。複写される場合は、そのつど事前に、（社）出版者著作権管理機構（電話 03-3513-6969, FAX 03-3513-6979, e-mail：info@jcopy.or.jp）の許諾を得てください。

JCOPY ＜(社)出版者著作権管理機構 委託出版物＞

ISBN978-4-419-06387-0　C3032